全国高等院校旅游专业规划教材

旅游业公共关系理论与实务(第3版)

杜炜 编著

北京·旅游教育出版社

责任编辑：刘彦会

图书在版编目(CIP)数据

旅游业公共关系理论与实务／杜炜编著. — 3 版. — 北京：旅游教育出版社，2018.6
 ISBN 978-7-5637-3768-0

Ⅰ.①旅… Ⅱ.①杜… Ⅲ.①旅游业—公共关系学 Ⅳ.①F590.65

中国版本图书馆 CIP 数据核字(2018)第 129232 号

旅游业公共关系理论与实务
（第3版）

杜 炜 编著

出版单位	旅游教育出版社
地　　址	北京市朝阳区定福庄南里1号
邮　　编	100024
发行电话	(010)65778403 65728372 65767462(传真)
本社网址	www.tepcb.com
E-mail	tepfx@163.com
排版单位	北京旅教文化传播有限公司
印刷单位	北京柏力行彩印有限公司
经销单位	新华书店
开　　本	720毫米×960毫米　1/16
印　　张	15.25
字　　数	245千字
版　　次	2018年6月第3版
印　　次	2018年6月第1次印刷
定　　价	29.00元

（图书如有装订差错请与发行部联系）

出版说明

为适应旅游业的发展要求，满足旅游高等教育的需要，我们根据高等院校旅游专业的课程设置、教学目标，在国家旅游局人事劳动教育司的主持下，集合国内旅游高等院校的众多专家学者，自20世纪90年代起开始规划出版系列旅游高等院校教材。该套教材出版以来，得到了广大院校师生和业界的普遍好评，至今仍是众多院校的首选教材，一版再版。迄今为止，该套教材不仅为众多院校广泛使用，而且是规模最大、品种最多的一套高等院校旅游专业教材。

但是我们深知，教材出版本身是一个不断完善的动态过程，需要产业的推动、研究的深化、时间的积淀，更需要广大师生的参与。本着这一目的，根据21世纪旅游业的发展要求与广大师生的殷切希望，我们根据教育部与国家旅游局对旅游学科的规划与行业要求，对本套教材进行了必要的增补与修订，以确保该系列教材的科学性、权威性。

与原教材相比，本版教材注意了课程设置与教材编写的科学性、针对性、规范性，使整套教材更适合学科教学和行业发展要求。在此基础上，本版教材强调了教材的研究含量，旨在倡导教材编写的严肃性、高等教育的研究性，避免教材编写中存在的简单雷同现象，体现了国家骨干教材应有的规范性与原创性。可以说，本版教材更加贴近了我国高等院校旅游专业教学实际，严格按照课程设置和教学目标设计安排教材内容，使高等教育教材的先进性与研究性得到充分保证。

在此次增补与修订中，我们始终强调教材编写应有的学术规范，从框架的确定、内容的取舍，乃至思考复习题的设计、注释引文的处理，每一个细节都力求体现教材编写应有的学术规范。为了实现这样的目标，我们先后在全国广泛遴选作者，聘请在学科研究与教学领域有所建树的专家学者担任教材的编写工作。不少作者都有相关领域的专著成果作为教材写作的支撑，为本套教材的研究含量提供了必要保障。

作为国内唯一一家旅游教育专业出版社，我们始终得到广大旅游院校师生的关心与帮助，在21世纪，我们更期待着大家一如既往的呵护。我们希望将我们的教材建设成为一个开放式的园地，能始终站在学科研究与行业发展的前沿，随时反映旅游教育最新发展的动态。我们期待着教材使用者的意见和建议，更期待着潜在作者的新思路、新理念、新观点、新教学方式——我们定会"从善如流"，不断调整、完善现有教材，不断吸纳新的作者、新的观点。

旅游教育出版社

目 录

导 论　公共关系与公共关系学 ……………………………………………… (1)
　　本章导读 …………………………………………………………………… (1)
　　第一节　公共关系概述 ………………………………………………… (1)
　　　　一、公共关系的概念 ………………………………………………… (1)
　　　　二、公共关系认识的几个误区 ……………………………………… (7)
　　第二节　公共关系的发展历程 ………………………………………… (8)
　　　　一、古代公共关系的萌芽 …………………………………………… (9)
　　　　二、现代公共关系的产生与发展 …………………………………… (10)
　　第三节　现代公共关系意识与行为准则 ……………………………… (14)
　　　　一、现代公共关系意识 ……………………………………………… (14)
　　　　二、现代公共关系行为准则 ………………………………………… (16)
　　第四节　公共关系学的学科性质和基本理论 ………………………… (17)
　　　　一、公共关系学的学科性质 ………………………………………… (17)
　　　　二、公共关系学的基本理论 ………………………………………… (18)
　　专业词汇 …………………………………………………………………… (23)
　　思考与练习 ………………………………………………………………… (23)

第1章　旅游业公共关系综述 ……………………………………………… (24)
　　本章导读 …………………………………………………………………… (24)
　　第一节　旅游业公共关系的构成要素 ………………………………… (24)
　　　　一、旅游业公共关系的界定 ………………………………………… (24)
　　　　二、旅游业公共关系的构成要素 …………………………………… (25)
　　第二节　旅游业公共关系的职能和功能 ……………………………… (27)
　　　　一、旅游业公共关系的职能 ………………………………………… (27)
　　　　二、旅游业公共关系的功能 ………………………………………… (30)
　　第三节　旅游业公共关系的特点和原则 ……………………………… (33)

一、旅游业公共关系的特点 ……………………………………………… (33)
　　二、旅游业公共关系的原则 ……………………………………………… (35)
　专业词汇 …………………………………………………………………… (38)
　思考与练习 ………………………………………………………………… (38)

第2章　旅游业公共关系机构和公关人员 ………………………………… (39)
　本章导读 …………………………………………………………………… (39)
　### 第一节　旅游组织的类型和特征 ……………………………………… (39)
　　一、旅游组织的类型与结构 ……………………………………………… (39)
　　二、旅游组织的基本特征 ………………………………………………… (42)
　### 第二节　旅游组织的公关机构 ………………………………………… (43)
　　一、公共关系部在旅游组织中的地位 …………………………………… (43)
　　二、公共关系部的设置 …………………………………………………… (44)
　　三、公共关系部的工作 …………………………………………………… (49)
　　四、公共关系部的作用 …………………………………………………… (50)
　### 第三节　旅游业的公共关系人员 ……………………………………… (53)
　　一、旅游业公共关系人员的素质要求 …………………………………… (53)
　　二、旅游业公共关系人员的任务和职责 ………………………………… (56)
　　三、旅游业公共关系人员的选拔和培养 ………………………………… (57)
　专业词汇 …………………………………………………………………… (60)
　思考与练习 ………………………………………………………………… (60)

第3章　旅游业公众与公众策略 …………………………………………… (62)
　本章导读 …………………………………………………………………… (62)
　### 第一节　旅游业公众的特征与分类 …………………………………… (62)
　　一、旅游业公众的范围 …………………………………………………… (62)
　　二、旅游业公众的特征 …………………………………………………… (63)
　　三、旅游业公众的分类 …………………………………………………… (64)
　　四、旅游业公众分类的意义 ……………………………………………… (67)
　### 第二节　旅游组织的内部公共关系 …………………………………… (68)
　　一、旅游组织内部公众的含义和特征 …………………………………… (68)
　　二、旅游组织内部公共关系的意义及公众策略 ………………………… (69)
　### 第三节　旅游组织的外部公共关系 …………………………………… (75)
　　一、旅游组织外部公众的含义和特征 …………………………………… (75)
　　二、旅游组织外部公共关系的意义及公众策略 ………………………… (77)

专业词汇 ·· (84)
思考与练习 ·· (84)

第4章 旅游业公共关系传播 ·· (85)
本章导读 ·· (85)
第一节 公共关系传播概述 ·· (85)
一、传播的概念和特点 ·· (85)
二、传播要素和传播形态 ··· (86)
三、公共关系传播模式的演进 ··· (89)
四、新技术给传播带来的影响 ··· (92)
第二节 旅游业公共关系传播策略 ·· (92)
一、坚持旅游业公共关系的传播原则 ·· (92)
二、把握公共关系传播的基本规律 ··· (93)
三、克服公共关系传播的障碍 ··· (95)
四、选择适宜的公共关系传播媒介 ··· (96)
第三节 旅游业公共关系的传播技巧 ··· (100)
一、公共关系口头传播技巧 ··· (100)
二、公共关系书面传播技巧 ··· (103)
三、公共关系实像传播技巧 ··· (106)
第四节 广告在旅游业公共关系中的应用 ·································· (107)
一、公共关系广告的概念和类型 ··· (107)
二、旅游业公共关系广告的策划 ··· (109)
专业词汇 ··· (111)
思考与练习 ·· (111)

第5章 旅游业公共关系的工作程序 ··· (113)
本章导读 ··· (113)
第一节 旅游业公共关系调查 ·· (113)
一、旅游业公共关系调查的作用和原则 ·· (113)
二、旅游业公共关系调查的基本程序 ··· (115)
三、旅游业公共关系调查的主要内容 ··· (117)
四、旅游业公共关系调查的方法 ··· (121)
第二节 旅游业公共关系策划 ·· (124)
一、旅游业公共关系策划的含义 ··· (124)
二、旅游业公共关系策划的核心要素 ··· (124)

三、旅游业公共关系策划的程序及内容 …………………………… (126)
　第三节　旅游业公关计划实施 ………………………………………… (130)
　　一、旅游业公关计划实施的方法 ……………………………………… (130)
　　二、消除公共关系计划实施中的障碍 ………………………………… (131)
　　三、旅游业公共关系实施的控制 ……………………………………… (133)
　第四节　旅游业公共关系效果评估 …………………………………… (133)
　　一、旅游业公共关系效果评估的目的 ………………………………… (133)
　　二、旅游业公共关系效果的分类 ……………………………………… (134)
　　三、旅游业公共关系效果评估的方法 ………………………………… (134)
　　四、旅游业公共关系效果评估的程序 ………………………………… (135)
　专业词汇 …………………………………………………………………… (139)
　思考与练习 ………………………………………………………………… (139)

第6章　旅游业公共关系专题活动 …………………………………… (140)
　本章导读 …………………………………………………………………… (140)
　第一节　公共关系专题活动的特点和要求 …………………………… (140)
　　一、公共关系专题活动的特点 ………………………………………… (140)
　　二、公共关系专题活动的基本要求 …………………………………… (141)
　　三、公共关系专题活动的主要形式 …………………………………… (142)
　第二节　旅游业公关专题活动的策划 ………………………………… (143)
　　一、旅游业公关专题活动策划的原则 ………………………………… (143)
　　二、旅游业公关专题活动实施方案的制订 …………………………… (144)
　　三、旅游业公关专题活动的创意 ……………………………………… (145)
　第三节　旅游业公共关系主要专题活动 ……………………………… (149)
　　一、纪念庆典活动 ……………………………………………………… (149)
　　二、新闻发布会 ………………………………………………………… (153)
　　三、社会公益活动 ……………………………………………………… (156)
　　四、展览、展销活动 …………………………………………………… (158)
　　五、联谊、娱乐类活动 ………………………………………………… (161)
　专业词汇 …………………………………………………………………… (163)
　思考与练习 ………………………………………………………………… (163)

第7章　旅游业公共关系礼仪 ………………………………………… (164)
　本章导读 …………………………………………………………………… (164)
　第一节　旅游业公共关系礼仪概述 …………………………………… (164)

一、旅游业公共关系礼仪的基本含义 ……………………………… (164)
　　二、旅游业公共关系礼仪的理论基础 ……………………………… (164)
　　三、旅游业公共关系礼仪的一般性原则 …………………………… (166)
　　四、公关礼仪对旅游业公共关系活动的重要作用 ………………… (166)
　第二节　旅游业公共关系的交际礼仪 ………………………………… (167)
　　一、个人的仪表、仪态 ……………………………………………… (167)
　　二、见面礼仪 ………………………………………………………… (170)
　　三、交谈礼仪 ………………………………………………………… (171)
　　四、馈赠礼仪 ………………………………………………………… (172)
　第三节　旅游业公共关系的公务礼仪 ………………………………… (173)
　　一、接待礼仪 ………………………………………………………… (173)
　　二、宴请礼仪 ………………………………………………………… (175)
　　三、会晤礼仪 ………………………………………………………… (177)
　　四、电话、文书礼仪 ………………………………………………… (178)
　专业词汇 ………………………………………………………………… (181)
　思考与练习 ……………………………………………………………… (181)

第8章　旅游业国际公共关系的展开 …………………………………… (182)
　本章导读 ………………………………………………………………… (182)
　第一节　旅游业国际公关的内涵和特殊性 …………………………… (182)
　　一、旅游业国际公关的内涵 ………………………………………… (182)
　　二、旅游业国际公关的特殊性 ……………………………………… (183)
　第二节　旅游业国际公关的环境分析 ………………………………… (185)
　　一、政治、法律环境分析 …………………………………………… (186)
　　二、经济环境分析 …………………………………………………… (186)
　　三、文化环境分析 …………………………………………………… (187)
　第三节　旅游业国际公关的基本准则和策略 ………………………… (189)
　　一、旅游业国际公关活动的基本准则 ……………………………… (189)
　　二、旅游业国际公关的基本策略 …………………………………… (190)
　第四节　旅游业国际公关的工作程序和主要任务 …………………… (191)
　　一、旅游业国际公关活动的工作程序 ……………………………… (191)
　　二、旅游业国际公关的主要任务 …………………………………… (193)
　专业词汇 ………………………………………………………………… (196)
　思考与练习 ……………………………………………………………… (196)

第9章 旅游业公共关系危机管理 (197)
本章导读 (197)
第一节 旅游业公共关系危机的分析 (197)
一、公关危机的概念及特点 (197)
二、旅游业组织公关危机产生的原因 (199)
第二节 旅游业公关危机的监测及预防 (203)
一、旅游业公关危机监测 (203)
二、旅游业公关危机预防 (203)
第三节 旅游业公关危机的处理 (208)
一、旅游业公关危机处理原则 (209)
二、旅游业公关危机处理程序 (210)
三、旅游业公关危机处理策略 (212)
专业词汇 (217)
思考与练习 (217)

第10章 旅游目的地形象塑造中的公共关系 (218)
本章导读 (218)
第一节 公共关系在旅游目的地形象塑造中的功能 (218)
一、旅游目的地形象与公共关系 (218)
二、旅游目的地形象塑造的阶段划分 (219)
三、公共关系在旅游目的地形象塑造不同阶段的功能 (221)
第二节 目的地形象塑造中的公共关系构成要素 (222)
一、目的地形象塑造中的公共关系主体 (222)
二、目的地形象塑造中的公共关系客体 (223)
三、目的地形象塑造中的公共关系媒介 (223)
第三节 旅游目的地形象塑造各阶段中的公共关系策略 (224)
一、形象创建中的建设型公共关系策略 (224)
二、形象维系中的维系型、进攻型公共关系策略 (225)
三、形象危机中的矫正型、防御型公共关系策略 (226)
专业词汇 (230)
思考与练习 (230)

参考文献 (231)
后　记 (233)

导 论

公共关系与公共关系学

本章导读

旅游业公共关系需要运用公共关系学的相关理论和方法来解决旅游经营管理活动中的相关问题,因此,在导论中,我们将对公共关系的基本概念、公共关系的发展过程及其核心思想作一个基本的阐述,以便为进一步探讨旅游业公共关系问题打下一定的基础。

第一节 公共关系概述

一、公共关系的概念

(一)公共关系的词源

"公共关系"一词源于英文 Public Relations。而 Public Relations 一词则最早出现于 1870 年出版的《韦伯斯特大学词典》(新 9 版)。"Public"一词有两种用法,作为形容词表示"公开的""公共的",作为名词意为"公众"。20 世纪 80 年代,我国学者在引入 Public Relations 时,大多采用了"公共关系"的中文译法。国际上将 Public Relations 简称为"PR",与之对应,我国将"公共关系"简称为"公关"。

(二)公共关系的多种含义

无论是在对公共关系的理论研究过程中,还是在公共关系的工作实践中,在使用"公共关系"一词时可能会有多种含义指向。

1. 静态的角度

从静态的角度分析,公共关系是一种状态,即组织与社会公众之间所形成的社会关系状态和社会舆论状态。公共关系状态可以表现为自然状态和自觉状态,良好状态和不良状态。

自然的公关状态也称为原始状态,它表现为组织在没有开展任何公共关系活动情况下的公共关系状态。任何组织都会处于某种公共关系状态之下,这是不以人的意志为转移的。

自觉的公关状态是指一种意识状态,它是指组织有意识地追求和希望达到的公共关系状态。它是商品经济发展的产物，是人们在现代公关意识的指导下，通过有计划地实施一系列公关活动而使组织达到的公共关系状态。

良好的公关状态是指组织处于得到公众的理解和支持、有良好的组织形象、赢得公众信任的一种状态。良好的公关状态是组织通过各项公关活动要努力实现的目标状态。

不良的公关状态是指组织形象欠佳，不被公众支持和信赖，甚至和公众之间产生摩擦、矛盾乃至冲突，也就是公共关系危机状态。

2. 动态的角度

从动态的角度分析，公共关系是一种活动，即在自觉意识下进行的公共关系活动。当一个社会组织意识到公共关系状态的存在，并认识到这种状态对组织存在和发展的重要性时，就会主动地、有目的地开展改善本组织公共关系状态的活动。

公共关系活动可以分为日常性公关活动和专门性公关活动，常规性公关活动和非常规性公关活动。

3. 思想观念的角度

从思想观念的角度分析，公共关系是一种意识。公关意识是指经过公关知识和实践的积累，对公关工作和活动的概括与升华，是一种自觉树立信誉、塑造良好形象的指导思想。公关意识是现代人应具备的思想观念，是一种开明的现代经营管理理念。

公关意识包括信誉和形象意识、公众导向意识、传播沟通意识、全员公关意识、社会责任意识等。

4. 学科的角度

从学科建设、理论研究的角度分析，公共关系是一门学科，即公共关系学。公共关系学作为以研究公共关系活动并揭示其规律为主要内容的学科，是伴随着公共关系职业的兴起而产生的一门应用性、综合性很强的独立学科，它涵盖了公共关系理论和公共关系实务的各个领域。

5. 职业化的角度

从公共关系的社会化、职业化的角度分析，公共关系是一种职业。公共关系发展到现在，在国际上已经完成了职业化的进程。以公共关系公司的兴起和专门从事公关工作的公关人员的出现为标志，公共关系已经成为一种独立的职业。

（三）公共关系概念的演进

公共关系有多种概念解释，并有丰富的内涵。随着公共关系的发展，对公共关系的理解和解释也有一个逐步完善的过程，这个过程也反映了公共关系在各个时代的组织与社会中所发挥的不同功能和作用。公共关系概念的演进大致经历了三个阶段：单向诱导说服阶段、相互沟通阶段和协调组织行为阶段。

1. 单向诱导说服阶段

20世纪初,公共关系经常被用来保护大企业的利益,抵御新闻舆论的"攻击"和协调与政府的关系。虽然这一时期公共关系具有许多积极的作用,但是,其重点是"介绍自己的情况",制定应对"攻击"的相应对策,影响公共舆论,避免因政府公共政策的变化给企业经营管理带来的不利影响。在美国卷入第一次世界大战期间,美国政府建立了"公众消息委员会",主要负责组织全国性的、广泛的宣传运动,统一社会公众舆论来支持战争。这个时期,因为战争宣传的特别需要,公共关系被看作是一种影响他人的宣传活动,公共关系的概念也被看成是一种控制社会舆论和社会局势的单向诱导式宣传。因而在这一阶段,诱导式宣传一直被许多人用来解释公共关系的含义:公共关系,是为了获得社会公众的理解和好感,而进行的一种控制社会舆论和社会局势的诱导活动。

2. 相互沟通阶段

在第二次世界大战之后的几十年中,公共关系逐渐由诱导说服演化为有组织的沟通交往活动。在公共关系的定义中也出现了"交流的"和"相互之间"这样的词语。这说明,公共关系已由单方面的诱导发展为双方面的交互作用和影响。如在第3版的《韦伯斯特国际大字典》中,公共关系被解释为"它已发展成为一种相互理解和信赖的艺术和科学"。英国公共关系协会把公共关系表述为:"一个组织努力建立和维持与相关社会公众之间的相互了解关系"。美国公共关系专家斯科特·卡特利普(S.Cutlip)等著的《有效公共关系》则称:"公共关系是通过优良的品德和尽责的行为来影响社会公众舆论的一种有计划的活动,它是以相互满足的双向沟通为基础的。"

3. 协调组织行为阶段

20世纪70年代末期,协调组织行为的概念成为现代公共关系思想的重要组成部分。实际上,早在20世纪30年代末期,哈伍德·L.蔡尔兹(H.L.Chils)提出的公共关系概念已经包含了这一思想。蔡尔兹认为,公共关系的基本作用是对我们社会中个体或组织的具有社会意义的行为在公众利益方面的协调或调整,也就是说,公共关系是用来调整一个组织内外环境的。这种观点,不仅对公共关系的思想,而且对公共关系实践活动都有很大的影响。这一概念成为国际公共关系协会1978年所采用定义的核心内容。

(四)公共关系的定义

近一个世纪以来,各国的相关学者、实业家根据所处的不同时期、社会环境及个人地位,从不同的角度对公共关系进行了解释,迄今为止已有近千条定义。归结起来,具有代表性的定义有如下几类:

1. 认为公共关系是一种管理职能

国际公共关系协会曾给公共关系作过如下界定:公共关系是一种管理功能,它是一种连续性和计划性的工作,社会组织通过它来赢得并保持与其相关的公众的理解、同情和支持,即分析、把握公众意见,使本组织的政策和措施尽可能与之相协调,并依靠有计划、广泛的信息传播,获得有效的合作,实现共同利益。

美国学者雷克斯·哈罗博士(Rex Harlow)分析了 472 种对公共关系的定义后提出了一个详尽的定义:公共关系是一种独特的管理职能,它帮助一个组织建立并维持与公众之间双向的交流、理解、认可与合作;它参与处理各种问题和实践;它帮助管理者及时了解公众舆论,并对之做出反应;它确定并强调管理部门为公众利益服务的责任;它作为社会发展趋势的监视系统,帮助管理者有效地利用社会变化,保持与社会变动同步;它运用健全的、正当的传播技能和研究方法作为主要的工具。

2.认为公共关系是一种信息传播

英国著名公共关系专家弗兰克·杰夫金斯(Frank Jefkins)认为:公共关系是一种社会组织为达到与相互理解有关的特定目标而进行的各种有计划的对内和对外的传播沟通活动的总和。

3.认为公共关系是一门艺术和社会科学

1978 年 8 月,在墨西哥城召开的世界公共关系协会大会上,与会者对公共关系的含义达成共识:公共关系的实施是分析趋势,预测后果,向组织领导人提供咨询意见,并履行一系列有计划的行动以服务于本组织和公众共同利益的艺术和社会科学。

我国学者王乐夫在其《公共关系学》一书中提出:"公共关系是一种内求团结、外求发展的经营管理艺术。它运用合理的原则和方法,通过有计划而持久的努力,协调和改善组织机构的内外关系,使本组织机构的各项政策和活动符合广大公众的要求,在公众中树立良好的形象,以谋求公众对本组织机构的了解、信任、好感和合作并获得共同利益。"

(五)公共关系的基本内涵

从公共关系的概念解释到公共关系的多种定义,虽众说不一,但我们可以从以下几个基本点来认识和理解现代公共关系的基本内涵。

1.公共关系的构成要素

公共关系的构成要素包括公共关系的主体、公共关系的客体和公共关系媒介。

(1)公共关系的主体是社会组织。社会组织是人们有目的、有计划、有组织地建立起来的一种社会机构,它有领导、有目标,组织内部成员有明确的分工和职责范围,有一整套工作制度。作为公共关系主体的社会组织包括各种营利和非营利组织,如机关、团体、企业、集团等各种类型。社会组织的主体是人。

无论何种类型的社会组织都存在公共关系状态。在现代社会,组织要生存、要发展,都需要建立良好的公共关系。组织通过开展公共关系工作,观察和预测影响社会组织目标实现的环境和公众情况的变化;通过公共关系工作搜集各种有关的公众信息为组织的科学决策提供参考;通过公共关系工作向公众传播本组织的信息,扩大组织的知名度和美誉度,塑造组织的美好形象;通过开展公关工作加强与各类公众的沟通交往和相互理解,为组织协调各种内外关系,营造有利于组织生存和发展的"人和"环境。

(2)公共关系的客体是社会公众。作为公共关系客体的社会公众指的是与该组织有直接或间接关系的群体、组织和个人的总和,它构成了组织环境的主体,是公共关系传播沟通的对象。公众关系既包括组织机构内部的领导与员工、员工之间以及部门与部门之间的关系,也包括主体与其发生联系的顾客、政府、媒体、同行、社区公众等的关系。前者统称为内部公众关系,后者统称为外部公众关系。公众具有群体性、共同性、多样性、多变性和相关性的特点。

有组织,自然就有其特定的公众,两者的关系表现在:首先,组织在运行过程中要和各种类型的公众发生交往,他们以某种利害关系为纽带,与组织保持着密切的关系;其次,从长远来看,组织只有满足公众的利益,自身的利益才能最终实现;最后,公众与组织间存在着相互影响、相互作用的紧密关系,组织的方针、政策和行为直接影响着某些特定的公众,而公众的态度、利益要求也对组织的方针、政策及其实施产生重要的影响和制约作用。

(3)公共关系的媒介是传播与沟通。公共关系的重要手段或者说连接公共关系主体与客体的媒介是传播与沟通。传播是指个人或社会组织利用各种媒介,有计划地向公众传递信息和交流情感的活动过程。根据传播媒介的物质形式,传播媒介可以分为大众传播媒介和人际传播媒介。大众传播媒介包括印刷媒介和电子媒介,前者如报纸、杂志、书籍;后者主要有广播、电视、电影、录音、录像、计算机网络等。人际传播媒介可分为语言媒介和非语言媒介,前者如日常交谈、讨论问题、会议报告;后者如书信、图画、姿态、表情、眼神等。

公共关系中所重视的传播是一种组织与公众之间的双向的信息交流与沟通,它伴随于社会组织运行过程的始终。社会组织在运行过程中通过公关活动捕捉传入信息,经精选加工分析后发布有利于本组织的及时而有效的信息,又及时获得信息的交流反馈。在这个过程中,公共关系传播发挥着巨大的作用,它使社会组织的决策建立在及时、准确的信息基础上,也使组织与公众之间的交流和沟通产生互动作用,使双方建立起长期的信任和理解关系。公共关系功能的有效发挥很大程度上取决于能否科学、专业化、娴熟地运用传播和沟通手段来开展各项工作。

2.公共关系的主要目标①

公共关系的主要目标是指社会组织通过一系列的工作,所欲达到的树立组织

---

① 参见王培才,刘瑞军.公共关系.北京:中国科学技术出版社,2003:2-3.

形象、与公众和谐发展的一种状态,具体表现为认知度、美誉度、和谐度三大目标。

(1)认知度。认知度是一个社会组织被社会公众所认知、知晓的程度,它包含被认知的深度和被知晓的广度两个方面。与"知名度"相比,认知度的内涵更为丰富,公众不仅知其名,而且还要对组织有足够的了解。公众对组织认识得越多、越深,对组织的意义或作用就越大。因此,提高认知度是组织开展公关工作的目标之一。

(2)美誉度。美誉度是指一个社会组织获得公众赞美、称誉的程度,是公众对组织给予好坏评价的舆论倾向性指标,是对组织的一种道德价值评判。在不同的道德价值标准体系下,对于不同性质的社会组织,如企业和政府机构,美誉度所包含的内容有所区别。

(3)和谐度。和谐度是一个组织在发展运行过程中,获得目标公众态度认可、情感亲和、言语宣传、行为合作的程度,它也属于公众对组织道德价值评判的范畴。和谐度是在认知度、美誉度基础上的必然延伸,是组织处理各种社会关系的基本准则,是公共关系所追求的最佳境界。

3.公共关系工作的基本方法

公共关系作为一种独特的管理方法是其他管理方法所不能取代的。公共关系活动具有明确的目的、任务和工作方式、方法。一套完整的公共关系活动包括信息传播交流、公关方法的自身调整、公关效果的检验评价和反馈。因此,要使组织达到良好的公共关系状态,组织必须有一套科学的公共关系管理系统,通过精心的公关策划并在实施过程中不断地调整,才能避免因双向信息交流受阻而误失公关良机,降低公关效果。

公共关系的管理方法主要体现在三个方面:

(1)形象塑造。形象塑造是指社会组织通过开展组织形象的定位与设计、建立与推广、巩固与矫正等工作,做好社会组织的实力形象、文化形象、人才形象、品牌形象等各方面形象的塑造工作。形象塑造是实现组织目标的先决条件,如何塑造良好的组织形象是公共关系理论和实践的一个核心问题和基本问题。

(2)传播管理。传播管理是指社会组织为了提高自身的认知度、美誉度、和谐度,对借助传播方式所展开的传播活动进行计划、组织、指挥、控制和监督等一系列活动的总和。公共关系传播活动形式多样,如新闻发布会、庆典活动、公共关系广告、展览促销等。传播的主要任务就是吸引公众的注意力,培养公众对组织的好感和获得公众的支持,为组织营造良好的舆论环境。

(3)协调关系。协调关系是指组织在建立和谐的组织环境的过程中对公众所开展的利益协调、态度协调、行为协调等一系列工作以及为此而采用的一系列方法。其中,利益协调是赢得和谐公共关系状态的基本途径。

鉴于上述对公共关系基本内涵的认识,我们将公共关系概括为:公共关系是社会各类组织通过传播与沟通促使组织与公众相互了解、理解、信任,进而产生好感并建立支持和合作关系,最终实现塑造组织形象、营造组织环境、与公众共同发展目标的科学和管理艺术。

二、公共关系认识的几个误区

（一）把公共关系等同于广告、宣传

广告、宣传是企业从事市场营销活动的有力手段,是由一方单向地向公众传播组织的形象和相关信息的活动。从形式上看,公共关系与广告、宣传有类似之处。它们都是一种信息的传播过程,都要借助于大众传播媒介来实现自己的目标。公共关系也时常把宣传、广告当作传播战略的一部分,将其作为开展公共关系的手段。两者的区别在于:广告、宣传是一种主动的自我宣传,虽然在一定程度上这种手段可以增进公众对自己的认知和了解,但是单向的传播往往主观性较强,难以了解公众的真正意愿和对信息的反馈,失于片面。而公共关系侧重于组织与公众之间的相互沟通和理解,特别是组织通过汲取公众的意见和建议,不断调整和改进自己的行动,以获取公众的支持,这种通过有效的双向沟通才能达到的功效,是单向传播所难以实现的。

此外,对于企业品牌理念的传达和产品的推广而言,广告和公关传播各有不同的功能。广告侧重于对知名度的提升和销售的拉动,而公关传播则侧重于建立企业和品牌的影响力；广告的传播功能比较直接,而公关传播的影响则比较间接。总之,广告和公关是不同的传播手段,两者在绝大多数情况下需要整合运用。

（二）把公共关系等同于市场营销

公共关系和市场营销是最容易被混淆的,在有些小规模的组织里,甚至可以看到由一人兼做公共关系和市场营销两项工作,因此,常有人误认为公共关系就是市场营销。从工作过程来看,二者确有相似之处。市场营销是组织或个人为实现自己的目标而进行的交换过程,这一过程既包括产品流通过程,也包括诸如市场调研与预测和售后服务等活动。在市场营销活动中,组织要宣传企业和产品形象,争取相关者的合作与认可,同时还需要了解公众对企业、产品的意见和要求,因此,传统的市场营销将公共关系看作是一个有效的促销手段。1985年,美国市场营销学专家巴巴拉·本德·杰克逊(Barbara Bund Jackson)提出"关系营销"的新概念,即企业与其顾客、分销商、经销商、供应商等建立、保持并加强关系,通过互利交换及共同履行诺言,使有关各方实现各自目的。关系营销强调顾客忠诚度,注重企业与顾客的广泛而密切的关系,价格不再是最重要的竞争手段,关系营销的最终结果是为企业带来一种独特的资产——市场营销网络,也就是由企业及其与之建立起牢固的、相互信赖的商业关系的其他企业所构成的网络,在这样的网络中,企业可以找到战略伙伴并与之联合,可以获得更广泛、更有效的地理占有。随着市场营销学的进一步发展,1986年,著名的市场营销专家科特勒(P.Kotler)在《哈佛商业评论》第二期发表文章,提出在原来4P's组合(即产品Product、价格Price、渠道Place、促销Promotion)的基础上,增加政治力量(Political Power)和公共关系(Public Relations),形成新的6P's组合,即"大市场营销"概念。他认为,企业的市场营销离不开公共关系,而公共关系的发展又促进了企业的市场营销,两者共同作用于企业生产经营管理的全过程,相互渗透,不可分割。可见,公共关系活动贯穿于营销活动的整个过程,有助于营销目标的实现。

尽管公共关系与市场营销关系如此紧密,但是二者不能相互取代。首先,从业务角度看,公共关系并不是直接操作某项业务,直接推销商品,也就是说公关不能代替营销人员的业务活动,企业需要专门的营销人员直接操作营销活动中的具体业务,直接推销产品;反之,营销活动也不能完全实现公关所预期的目标。其次,在企业组织中,二者具体发挥的作用有所不同:市场营销的关键是通过交换产品和服务来满足人们的需求,其注意力集中于顾客关系,目的在于盈利;公共关系的关键是与各类公众的广泛的双向交流,目的是塑造形象、树立信誉。最后,二者的作用范围也有所不同,市场营销主要应用于工商企业界,而公共关系的应用范围则更加广泛,不仅包括各行各业的企业组织,还包括诸如政府、教育、卫生、文化团体等各类非营利组织。

(三)把公共关系等同于人际关系

从行为的表象上看,公共关系和人际关系的活动都离不开人与人之间的直接交往活动,但二者存在本质的区别。人际关系是指个人在社会交往中形成的人与人的相互关系,其行为主体是个人,其行为对象是与组织无关的私人关系,人际关系主要是靠个人的交际能力和技巧,正当的目的是为了增进社交往来、促进友谊、和睦相处,但也存在着损人利己、损公肥私、拉关系等不正当现象。公共关系是指社会组织与公众之间的关系,其主体是组织,客体是公众。由于组织的主体就是人,因此,在处理组织与公众关系的大量活动中便表现为人与人之间的直接沟通和交往,其交往的目的是要建立友谊、传播组织信息、增进了解和便于合作。公关人员,包括为实现公关目标而展开社交活动的相关人员,是组织形象和组织利益的代表,是社会角色,而非个人角色。更何况,社会交往也只是公关活动中的手段之一,而非主要手段,更不是唯一手段。因此,将公共关系误解为一种以纯粹人际关系为主要内容的交际手段是对公共关系的曲解。

第二节 公共关系的发展历程

公共关系作为一种客观存在的社会关系、社会现象和社会活动,具有久远的历史,而它作为一门科学和一种专门化的社会职业,发展至今不过近百年的时间。追溯公共关系的发展历程,可以分为古代时期和现代时期两个阶段。

一、古代公共关系的萌芽

在古代,伴随着生产力的不断发展和社会政治、经济结构的日趋复杂化,人们在自己的生产和社会活动的某些范围内不自觉地展开了具有公共关系性质的活动。从相关的历史记载中我们可以看到,这一时期许多文明古国公共关系开始萌芽的情况。

在古希腊,人们重视和推崇沟通技能,对掌握这门技能的人给予很高的评价和奖酬。著名的古希腊思想家亚里士多德在他的经典著作《修辞学》一书中详细地阐述了修辞的艺术,即如何运用语言来影响听众的思想和行为。西方公共关系学界认为,这部书堪称最早的公关学理论书籍。这一时期的公关思想和实践主要体现在政治领域。有的统治者、政治家已经运用诱导、劝说、宣传等传播沟通手段影响公众的态度,引导社会舆论,以期在公众中树立自己的良好形象,来达到获取和巩固自己统治地位的目的。除此之外,社会的人际交往中也出现了具有社会意义的宣传和传播,甚至出现了专业的劝说者,他们通过运用娴熟的演讲和写作技巧,在投票选举会上击败对手,有些王公贵族还雇请文人墨客专门写赞美诗颂扬自己。

古罗马在历史上受到古希腊文明的巨大影响。著名的恺撒大帝便是一位精通沟通艺术的统治者。他通过散发传单展开大规模的宣传活动以获得民众的支持,他还著有记载他的功绩的纪实性著作《高卢战记》,为自己作了有利的宣传,使其胜利后登上了独裁者的宝座。古罗马的历史学家,因为深受希腊修辞学的影响,常常将史料与神话传说相结合,运用优美、华丽的文字描述历史,进行政治宣传。

在古代中国,这些带有公共关系意识的思想或事例更是不胜枚举。早在春秋战国时期,中国就出现了许多周游列国、四处游说、宣传政治主张的"士",其职责就是树立各国君主的形象、协调诸侯国之间的关系,他们所运用的技巧非常近似于现代公共关系工作中的说服、引导、协调、沟通等。再如,汉代张骞出使西域、人们耳熟能详的许多三国典故以及明代的郑和下西洋等都体现了古代中国人萌发出来的公共关系意识和方法。

尽管我们并没有一一列举出所有的史实和相关记载,但是从上述文字中已经可以看出人类的古代文明中确实存在着公共关系思想和实践的萌芽,它们直接或间接地对现代意义上的公共关系的形成和发展产生影响,是现代公共关系的历史源头。

但是应该看到,古代公共关系萌芽与现代公共关系活动存在本质的不同,并非所有进行宣传和争取民心的活动都可以贴上公共关系的标签。根据我们在前文中对现代公共关系特征的分析,可以看出二者的本质区别。就目的而言,前者是以利用民众实现统治者的利益为目的的;就手段而言,前者引起民众关注和了解的手段并非靠公开事实真相,而是依靠制造神化或带有宗教色彩的活动唤起民众非理性的支持。所以古代时期的公共关系只是初显公共关系的表面征象,而不具备现代公共关系的核心思想。

二、现代公共关系的产生与发展

(一)现代公共关系形成和发展的条件

现代公共关系是随着社会生产力和生产方式的发展变化以及社会历史条件的逐步形成而产生和发展起来的。

1. 商品经济的高度发展为公共关系提供了经济基础

19世纪末20世纪初,欧美国家的商品经济已经进入了高度发展阶段。与以往的自给自足的自然经济不同,发达的商品经济建立在社会化大生产基础之上,通过市场与分工两个支点,由竞争杠杆进行调节,形成了竞争十分激烈的市场经济系统。社会组织只有不断与外界交换信息、能量,树立自身良好的社会形象,才能在竞争中占据有利地位。现代公共关系正是在这一开放竞争的社会经济环境基础上得到培育并发展起来的。

2. 统治思想和管理思想的重大转变为公共关系的发展提供了思想基础

在20世纪初的资本主义社会,随着工业化进程的推进,其统治思想和管理思想发生了重大的改变。在社会政治领域,政府首脑和各级官员必须取得民众的信任,通过选举才能产生,政府的决策必须赢得民众的认同才能顺利实施。过去那种强权政治的统治思想已转变为争取民众信任和支持、及时了解民意、加强与公众联系、提高个人和政府声誉的指导思想。虽然资产阶级民主政治有其诸多缺陷,但较封建专制而言毕竟是一大进步。就企业管理而言,企业主们也不得不考虑和重视社会公众的态度和企业员工的心理需要,他们开始认识到应该顺应公众的利益和公众的心理而不是与之对抗,应该努力消除社会组织与公众之间以及劳资之间的隔阂与冲突,以利于组织的稳定。现代公共关系正是这种思想发生转变后的产物。

3. 传播现代化为公共关系的发展提供了技术与中介支持

现代公共关系的产生直接得力于新闻媒体的力量。19世纪中叶后,报纸发行量快速增长,新闻工作成为一种职业,新闻传播媒介组织在社会上发挥着越来越重要的作用。20世纪初,资本主义大工业时代到来,科学技术日新月异。火车、汽车、飞机的发明和使用,大大缩短了人们之间的空间距离;电报、电话的发明和应用,开创了信息革命的新时代;印刷、广播、电视以及光导通信的发展和推广,扩大了信息传播的范围,特别是电子计算机的发明和使用,进一步革新了信息传播和沟通的方法。交通与信息传播条件的这些变化,为人与人、组织与组织、国与国之间的联系与交往提供了技术与工具,更为公共关系的产生和发展提供了技术与中介支持。随着社会生产力和生产方式的发展变化,现代公共关系产生的历史条件逐渐形成。

(二)现代公共关系的产生

1.巴纳姆时期

学界公认的观点是,自觉的、有序的现代公共关系发端于19世纪中叶风行的美国报刊宣传代理活动。美国19世纪30年代开始了"便士报运动",价格低廉、发行量大的报纸成为当时真正的大众化的传播工具。报纸的大众化促进了报纸的商业化,发行量的大增,促使广告价格猛涨。为了节省广告费,一些工商企业主就聘请了一些报纸记者作为自己的新闻代理人,利用大众传媒进行"免费宣传"。廉价的媒介引发了一场"报刊宣传活动",这种"报刊宣传活动"客观上造就了一大批深谙新闻传播的职业化的专业公关人士,因此,这种现象被看作是公共关系职业化的雏形。这一时期的突出人物是美国马戏团的老板菲尼斯·泰勒·巴纳姆(Phines T. Barnum),他因制造舆论宣传推动马戏演出而闻名于世。他曾利用报刊的传播作用为自己的马戏团编造了许多神话。他的行径使公关在起步时就背离了轨道,因此这一时期被业内人士称为"公共关系黑暗时期"或"公众受愚弄时期"。

2.艾维·李时期

巴纳姆式的"愚弄公众"好景不长,随后而起的"新闻揭丑运动"也叫"扒粪运动"成为现代公共关系职业诞生的真正催化剂。据统计,从1903年到1912年的10年间,美国新闻出版界共发表了两千多篇揭丑文章及漫画,迫于公众舆论的巨大压力,工商企业主不得不求助新闻传播来改善公众舆论和社会关系,以改善自身形象。新闻记者出身的艾维·李(Ivy Lee)这时登上了历史的舞台,成为现代公共关系之父。1903年,艾维·李在纽约开办了一家宣传顾问事务所,向客户提供新闻咨询并收取劳务费,公共关系作为一种职业开始出现。艾维·李以"说真话"为基本思想,提出了"公众必须被告知"的公共关系基本原则。他反复向客户灌输这样的信念:凡是有益于公众的事业,最终必将有益于企业和组织。1906年,他起草了《原则宣言》,呼吁企业不要唯利是图,应该实现企业人性化,并倡导公共关系应进入企业最高管理层。他成功地为杜邦公司扭转了"杜邦杀人"的可怕形象,成功地协助平息了宾夕法尼亚州铁路公司交通事故和无烟煤矿工人罢工事件,促成洛克菲勒财团向慈善事业捐款并参与赈灾、济贫等活动。当时,美国电话电报公司、公平人寿保险公司等著名企业都成为艾维·李的客户。因此,西方社会把他誉为"公共关系之父"。艾维·李是公共关系职业化的奠基人,他在公共关系发展史上具有里程碑的作用。

3.爱德华·伯纳斯时期

如果说艾维·李是公共关系职业化的奠基人,那么使公共关系成为一门学科的人物则当推美籍奥地利人爱德华·伯纳斯(E.Bernays),是他把公共关系引向了科学研究。1913年,他担任美国福特汽车公司公共关系部的经理。第一次世界大战期间,他在威尔逊总统成立的官方公关机构"克里委员会"担任委员,专门向国外的新闻媒介提供有关美国参战情况的背景和解释性材料。1919年,伯纳斯夫妇创办了公共关系公司。他在1923年首次在美国纽约大学开设了公共关系课程,把公关引入了大学讲堂。同年,又撰写出版了被誉为公关理论发展史上的里程碑式的著作《舆论明鉴》,这表明公共关系已成为一门学科。故此,伯纳斯被公认为公共关系学的创始人,被称为"公共关系理论之父"。尽管他的公关理论核心"投公众所好"有些偏颇,但他毕竟在20世纪20年代奠定了公共关系学学科化的地位。公共关系教育和公共关系理论研究从此开始兴起。

1924年,《芝加哥论坛报》发表社论,称"公共关系已经成为一项专门职业,一种管理艺术和一门科学",倡导企业主管和社会各界重视公共关系。这标志着公共关系学作为一门学科已经得到社会认可。

1937年,美国斯坦福大学开设了公共关系学专业。从此公共关系开始成为大学中的一个专业,此后,美国一些大学普遍设立公共关系学科,"公共关系学"正式诞生。1947年,美国波士顿大学开办了世界上第一所公共关系学院,开始了公共关系学硕士、博士研究生教育。到1949年,美国全国有100余家高等院校开设了公共关系学课程。

(三)现代公共关系的发展

第二次世界大战以后,由于国与国之间的密切交往,各国经济、文化、科技,尤其是现代传播技术的发达,使得起源于美国的现代公共关系迅速在全球范围内广为传播。英国是欧洲发展现代公共关系最早的国家。早在1926年,英国就成立了皇家营销部,大力推进公共关系;在1948年成立了继美国之后世界上第二个全国性的公关协会,该组织现已发展为欧洲最大的公共关系组织。在20世纪40—50年代,公共关系迅速传播到了经济比较发达的其他一些国家和地区,如加拿大、法国、日本、德国、荷兰、挪威、比利时、瑞典、芬兰等。

1955年,国际公关协会(I.PRA)在伦敦成立,这标志着公共关系已在世界范围内得到普遍承认。此后,区域性的公共关系协会也相继出现,如1959年,欧洲公共关系联盟在比利时成立;1966年,中美洲公共关系协会联会在阿根廷圣胡安成立;1967年,泛太平洋公共关系联盟在夏威夷檀香山成立;1980年,北美公共关系委员会成立。

在此期间,公共关系的理论研究也向更为深入的层面发展。1952年,美国著名的公共关系专家斯科特·卡特利普和艾伦·森特(A.Center)出版了公共关系的权威著作《有效公共关系》,书中吸收了系统论的最新研究成果,提出"公共关系开放系统模式"(也称"双向对称模式")和公共关系四步工作法。《有效公共关系》的研究成果被认为是现代公共关系的重要标志,该书也因此被誉为"公关圣经"。自此,公共关系理论研究进入一个新时期。

从20世纪60年代开始,公共关系的职能在重要性与复杂性方面都有所增强。

"政府公共关系""问题管理""目标管理"以及20世纪70年代的"环境公共关系"等成为当代公共关系理论研究和实务活动的热点。与此同时,对公共关系学科化和职业道德的强调也成为公共关系两个最明显的特点。

20世纪80年代,在社会上公共关系职业已成为受人注目、令人羡慕的时髦职业。在企业界,公共关系成为企业家重要的经营管理手段。

(四)现代公共关系在我国的发展

早在20世纪60年代,我国的台湾地区与香港地区就已经接受了现代公共关系思想的洗礼。当时,主要是一些跨国公司纷纷把母公司的体制和管理方式引进我国的台湾和香港地区,企业中的公共关系部迅速壮大,随之公关理论和实务迅速推行开来。20世纪60—70年代,我国的香港、台湾两地的公共关系已进入职业化阶段。中国内地的现代公共关系是在20世纪80年代随着改革开放和市场经济的发展,由国外引进,并以广东为策源地,逐步向内地推广开来的。几十年来,我国的公共关系经历了一个从广为传播的普及阶段到深层次探索阶段的发展历程。

1980年,政府在广东省建立了深圳、珠海、汕头三个经济特区。不久,在深圳的一些合资企业,特别是酒店宾馆,出于工作的需要,最早仿照国外的管理模式,设立了公共关系机构,开始进行企业的公共关系工作。之后,广州、珠海、北京、上海等经济发达的城市或地区的一些中外合资的宾馆饭店也相继建立公共关系部门,着手开展公共关系业务。如广州的白天鹅宾馆、中国大酒店、北京长城饭店可以说是20世纪80年代早期中国旅游业公关的典范。它们参照合资企业国际规范化的管理,导入了公共关系的管理职能,并设立了相应的公共关系机构,演绎了一个个精彩的公共关系经典案例。

1984年9月,广州白云山制药厂在我国国有大型企业中率先设立了公共关系部门,厂方每年拨出产值的1%作为"信誉投资",开展了卓有成效的公共关系活动。同年年底,《经济日报》报道和介绍了白云山制药厂开展公共关系工作的经验,并发表社论呼吁社会各方重视和研究公共关系,为公共关系的引入和传播以及社会对公共关系的正确认识、理解和接受起到了重要的促进作用。此后,许多企业开始成立专门的组织机构或委派专人,开始着手开展企业公共关系业务。从公共关系意识的引入,到20世纪80年代末90年代初,各种公关知识大赛、公关策划评选、广告语征集等活动,到公共关系在名牌战略中的角色定位、CI战略的导入,以及公共关系职业化、规范化、科学化的深入,我国公共关系不断地由低层次向高层次发展。

在此期间,公共关系团体、公共关系公司以及公共关系教育也取得了很大的发展。1986年12月,上海市成立了公共关系协会。1987年5月,中国公共关系协会在北京成立。1991年,中国国际公共关系协会在北京成立。目前,中国的大部分省、市、自治区都已建立了相应的公共关系组织,一些大中城市也建立了相应的组织,它们在传播公共关系观念、加强中外公关界的学术交流和实务合作等方面起了重要作用。1984年,美国著名跨国公共关系公司——伟达公关公司在北京设立办事处,成为国际专业公关公司在中国发展的起点。

自20世纪80年代中期开始,公共关系学课程开始进入我国大学的讲堂。90年代后,社会上出现了举办公共关系培训和加强公共关系教育的热潮。公共关系理论研究也空前活跃,陆续出版的公共关系专著、教材、译著和辞书等达300多种。

经过40余年的发展,我国公共关系的发展取得了累累硕果,但也存在许多问题。例如,忽视甚至无视公共关系的现象依然存在;社会上对公共关系的误解和曲解依然存在;公关人员将公共关系庸俗化的现象依然存在。公共关系在各行各业的实际运用中的功能和手段尚需进一步深化。

第三节 现代公共关系意识与行为准则

一、现代公共关系意识

现代公共关系意识是指经过公关知识和实践的积累,对公关工作和活动的概括与升华,是公共关系行为的指导思想,同时也是现代组织必备的一种经营管理与生存发展的基本意识。公关意识是建立良好公共关系的必要前提,也是现代社会对企业管理者的时代要求。现代公关意识同样适用于各种非营利机构。

现代公关意识的核心内容包括:信誉与形象意识、公众导向意识、传播沟通意识、全员公关意识和社会责任意识。

(一)信誉和形象意识

信誉和形象意识是公关意识的核心。良好的信誉和形象是企业的无形财富、无价之宝,是新的生产力资源。企业信誉是企业形象的基础,企业形象是企业信誉的具体表现形态。

1.企业信誉

企业信誉是社会公众在长期与企业的社会交往中形成的对于企业的信任程度,良好信誉是企业长期不懈努力的结果。在公众心理上表现为对企业的依赖与肯定,在公众行为上表现为对企业的崇尚和追随。在现代社会,信誉是企业的生命。信誉意识包括两个重要组成部分,即质量意识和企业道德意识。

质量从狭义上讲是指产品的适用性,即产品能满足用户需要的某种特性;从广义上讲还包括产品的价格、包装、设计、交货期及售后服务等。因此,企业应将质量意识延伸至产品产前、产中、产后的每一个环节,这样,才能赢得消费者的信任。

企业的经营活动不仅是一种经济行为,也是一种社会行为。企业道德强调的是企业与企业、企业与社会之间关系的性质和意义,强调企业的生产经营行为对于社会环境应是友善、真诚、关心和爱护的。企业的道德水平也被称为商誉,是社会公众评价企业的一个重要方面,也是决定公众消费行为的重要因素,因此,树立"有道德的企业"形象已经成为当今企业的立足之本。

2. 企业形象

企业形象是社会公众对于企业的总体认识和评价。良好的企业形象是现代企业在竞争中取胜的法宝,也是企业不可或缺的资源。而社会公众对于企业的把握是通过一系列具体的、可见的要素来实现的。从公众把握企业形象最直观、最感性的角度分析,企业形象主要体现在产品形象、员工形象和环境形象几方面。

产品形象是产品的外观形象、品牌形象、功能形象、风格形象等要素的综合统一。员工形象不仅指员工的服饰外表,还包括员工的文化素质、专业技能、职业道德、精神风貌以及企业的整体风气、工作作风、人际关系状态等。环境形象是指企业生产、经营、销售的工作场所,以及在社会交往和为公众提供服务时让公众所感受到的环境及其他硬件要素。

(二) 公众导向意识

公共关系的对象就是公众,公众导向意识是公共关系核心思想的精髓。公众导向意识有三层含义:

其一,公众导向意识是企业一切公共关系工作的出发点,企业必须在深入研究社会公众对于企业的认识、态度和要求的基础上不断自我检查、调整、修正自身的行为,使企业与社会公众的利益与期望相适应,以谋求社会公众的好感、认可、支持与合作。

其二,公众导向意识要求企业从更为普遍、广泛、积极的意义上去确认企业的公众,以及企业与各类公众的关系,学会从各类公众利益的满足中寻找到企业发展的空间,树立企业的形象。

其三,公众导向意识强调企业维护公众的利益。当企业利益与公众利益发生冲突时,公众利益应该是第一位的。伯纳斯在其《舆论明鉴》一书中就指出公关工作是为了"赢得公众的赞同","公共关系应首先服务于公众利益"。20世纪七八十年代,国外企业普遍强调企业的社会责任,实际上也是公众导向意识的一种体现。

(三) 传播沟通意识

传播沟通意识包含两个层次:

其一,传播沟通是一种信息意识。在现代竞争激烈的社会,企业必须及时地进行市场信息的传递和反馈,企业管理者应有计划、有目的地为企业构建信息交流的网络,加强与内、外部公众的双向沟通。

其二,传播沟通是企业开展公关工作的重要手段。科学地开展传播沟通工作可以促进公众对企业的认知和了解,可以加强企业与公众之间的思想交流和情感沟通,帮助企业获得公众的好感、理解和支持,在公众中树立良好的企业形象。传播沟通意识强调在运用传播沟通手段时应遵循的基本点为:传播沟通的双向性、科学性、真实性、及时性。

传播沟通的双向性是指公共关系的传播沟通注重信息的共享与交流。企业不仅要有目的、有意识地以一定的信息引导、影响公众,同时还必须关注公众的反应,深入调查了解公众对于企业的真实看法、期望和要求,并以此作为企业各项公共关系工作的出发点。

传播沟通的科学性是强调在公共关系的传播沟通中,应采取科学的工作观念、工作程序和工作方法。

传播沟通的真实性强调:只有建立在客观公正、实事求是基础上的信息沟通才能使企业获得社会公众的长期好感与信赖。

传播沟通的及时性强调的是注重信息的时效性,贻误时机很可能对公共关系产生不良的影响。

(四) 全员公关意识

全员公关意识是企业公关的最高境界,它强调的是公共关系不仅仅是公关人员的职责,更是全体员工的职责,即"人人都是公关人员"。

全员公关关系到企业公共关系的成败。企业要达到良好的公共关系状态需要企业每一位员工在各个岗位的共同努力,企业全体人员都应具备强烈的公关意识,把公共关系的原则和指导思想贯穿到企业生产经营的全过程中。企业形象是通过全体员工的行为表现出来的,某一员工不注意维护企业声誉,便很可能因此而损害企业的整体形象。因此,公共关系必须首先从内部做起,应该明确:良好的公共关系只有通过企业全体员工的努力才能得以维系。树立全员公关意识还可以使企业的公关实践具有针对性和持久性,增强企业的凝聚力。

(五) 社会责任意识

社会责任意识是指企业要树立奉献社会、主动承担社会责任的意识,这是企业实现公共关系最终目标所不可缺少的。社会责任意识体现了企业经营、发展的社会意义,是高层次的社会道德的表现。强烈的社会责任意识和行为可以激发公众对企业的好感,促进企业形象的提升。企业的社会责任包括为社会提供更多、更好的优质产品;在企业从事生产经营活动的同时,注重保护环境、治理环境、美化环境;在企业获得经济效益的同时,为社会文化的发展和文明的进步作贡献,支持和赞助社会的教育、科技、艺术、卫生、体育等事业,积极参与社会精神文明建设活动等。

二、现代公共关系行为准则

公共关系行为准则是人们在长期的公共关系实践中总结、提炼而成的,是开展公共关系工作必须遵守的基本原则。

(一) 真实诚信原则

自从20世纪初美国公共关系先驱艾维·李提出"说真话"等公共关系基本原则以来,真实性原则一直被人们奉为公共关系首要的、最基本的原则。

真实诚信原则强调的是实事求是,即企业在处理各类公共关系事务中,必须坚持以事实为依据,以坦率真诚的态度面对社会公众,以踏踏实实的工作业绩换取公众长久的支持与信任。

(二) 公开透明原则

公开透明原则是指企业应坚持"公众必须被告知"的原则,及时把有关信息传达给有关公众,满足公众"了解原因和详情"的要求。任何隐瞒、拖延、敷衍甚至欺骗的做法都会导致公众的猜疑、误解、反感甚至愤怒,导致矛盾的激化,损害企业形象。

(三) 沟通协商原则

沟通协商原则强调的是公关工作应讲究方式方法。在实际工作中,应尽量通过沟通协商的方式求得公众多方利益的协调,尽量避免发生矛盾和矛盾激化。

(四) 信义在先、以义代利原则

信义在先、以义代利原则是指企业在处理与公众的利益关系时,首先要做到讲究信义、遵守诺言、取信于公众。信义在先并不是放弃或不顾企业的利益,而是强调企业首先应为公众利益着想并获得公众的信任,在此基础上才能最终获得自己的发展和繁荣。公众的信任和支持是企业长足发展的坚实基础。

(五) 一视同仁原则

任何一个组织都要面对各种各样的公众。虽然在开展具体的公关活动时,其具体的目标公众会有所区别,但是组织应公平对待各类公众,不应厚此薄彼,力争给所有公众都留下美好的印象。

(六) 立足长远原则

从公共关系活动的目的来看,它所追求的是长远的目标,考虑的是长远利益。从活动的过程来看,公关活动具有整体性、系统性和连续性的特点,因此,公关人员必须具有立足长远的战略意识,不能随意割裂公关活动过程,更不能急功近利。

第四节 公共关系学的学科性质和基本理论

一、公共关系学的学科性质

从公共关系的发展历史中可以看到:公共关系的实践与企业管理、市场营销、新闻传播、宣传活动等有着非常密切的关系;而公共关系的理论研究先驱们也广泛地借鉴、吸取各学科的研究方法和研究成果。理论与实践相互促进,使公共关系逐渐发展成一门独立的综合性应用学科。

(一)公共关系是一门综合性的学科

公共关系的综合性主要表现在公共关系以众多的社会学科作为理论基础。这些学科包括：经营管理学、市场营销学、大众传播学、人际关系学、社会心理学、政治经济学、工商行政管理学、广告学、组织行为学等。从根本上说，公共关系的这一学科特点源于公共关系实践的广泛性、多样性和复杂性。

(二)公共关系是一门独立的学科

其一，公共关系虽然是以众多的社会学科作为理论基础，但这并不意味着它仅仅是众多学科的简单组合。公共关系是有选择地、系统地借鉴和吸收各门学科的成果，其目的是为研究自身特有的研究对象提供某一方面的思维和方法。因此，可以说，没有哪一门学科能够取代公共关系学，各门学科的总和也并非公共关系学。其二，公共关系学是专门研究社会组织以传播沟通为媒介实现塑造组织形象、营造组织环境并与公众共同发展之目标的行为和规律的科学。公共关系有其自身特有的研究对象，有其特定的目标，有其研究的核心理论。因此说，公共关系是一门独立的学科。

(三)公共关系是一门应用性极强的学科

公共关系学的应用性主要表现在两个方面。其一，应用范围广泛。现代社会里，任何一个组织都处在错综复杂的社会关系网络中，为了保持组织的平稳发展，必须与组织内外的各类公众建立密切而良好的关系。因此，公共关系的原理与实务可以运用于一切社会组织的公共关系实践中。旅游业公共关系就是将公共关系的相关理论与旅游业公共关系实践相结合而产生的应用性学科，是公共关系学的分支。其二，公共关系学在实践中的应用具有高度的技巧性。与许多社会学科一样，公共关系学体现了科学性与艺术性的完美结合，总结了公共关系活动的基本规律，为人们解决公共关系问题提供了可以借鉴的基本原则、方法和手段。但是，在运用公共关系学进行具体操作的过程中，一方面要求公关人员应具备相应的素质，发挥充分的想象力和创造精神，另一方面需要公关人员注重积累经验，勇于探索，才能做到具体问题具体分析，使公关理论得以灵活运用，富有成效地实现公关目标。可以说，与其他学科相比，公共关系的艺术性、技巧性和灵活性表现得更为突出。学好这门课程既需要打好理论功底，又需要不断地大胆实践。

二、公共关系学的基本理论

公共关系学理论是随着社会的发展和公共关系的日趋成熟而发展起来的。主要代表性理论有：[①]

---

① 卢山冰.公共关系理论发展百年综述.西北大学学报(哲学社会科学版),2003,33(2).

(一) 双向对称理论(Double-Way Symmetry)

美国学者卡特利普和森特在1952年出版的《有效公共关系》中,提出了"双向对称"的公共关系模式。他们认为:公共关系的最终目的是要在组织与公众之间形成一种和谐的关系。公共关系就是一方面把组织的想法与信息传播给公众,另一方面把公众的想法与信息反馈给组织。只有这样,才能够达到双向沟通,从而产生对称平衡的良好环境。"双向对称"模式迄今仍然属于现代公共关系活动采用的基本模式。

(二) 公共关系工作六部曲(Six Steps of Public Relations Work)

英国著名公共关系学专家杰夫金斯是世界上撰写公共关系理论著作最多的公共关系专家。他提出了"公共关系工作六部曲",在公共关系理论发展史上具有划时代意义。杰夫金斯指出:"公共关系工作六部曲",即"估计形势、确定目标、确认公众、选择传播媒介与技巧、编制预算方案和评价结果。""公共关系工作六部曲"从公共关系决策管理层面解决了管理过程和管理环节上的理论问题,对于公共关系工作管理和工作流程作出了科学规定,成为公共关系实务上具有突出意义的理论创建,推动了公共关系活动的程式化、层次化、规范化发展。

(三) RACE模式(RACE Model)

马斯顿(J.Marston)把公共关系活动的过程概括为一个著名的公式,即RACE模式。"RACE"是指公共关系活动的四个主要环节:研究(Research)、行动(Action)、传播(Communication)、评估(Evaluation)。马斯顿认为,公共关系活动是由这四个环节构成的完整过程。公共关系活动的起点是调查研究。只有在进行了详细而周密的调查研究的基础之上,才能够作出符合实际的公共关系活动的决策。调查研究从两个方面着手,即自身的调查研究和组织面对的公众的调查研究。马斯顿确立的第二个阶段"行动"是指寻找和确定公共关系活动的目标的行动。在目标上要求做到:①选择和制定目标要建立在详尽的第一手资料的基础上;②目标设定要合理;③目标要有"弹性"。"传播"是指一个组织在确认了公共关系目标之后,必须把有关信息及时向公众传递,在传播信息的过程中实现预期目标。"评估"是完整的公共关系过程的最后一环,是对公共关系工作的认真总结和评价。具体要求:①提倡值得借鉴的经验;②发现问题;③为组织提供咨询。

(四) 公共关系职能模式(PR's Function)

美国马里兰大学公共关系学教授格罗尼(J.Gruning)和亨特(T.Hunt)提出了一种公共关系职能的模式,即组织与公众的双向影响是通过公共关系机构的传播来实现的。公共关系部由于处于组织与公众的中介地位上,掌握到了双方的信息,能够向组织管理层提供客观的、全面的、系统的建议。此模式要求在认真评估公共关系工作的基础上,确定在对组织咨询时哪些事情可以做,哪些事情不可以做;如果做的话,有哪几种方案可供选择等。公共关系职能模式是在对策论和功能论的基础上,对公共关系职能所进行的研究。其意义在于通过职能模式研究,揭示出公共关系的价值作用所在,以及公共关系对于所在组织能够产生的功能影响。

(五)公众分类理论(Identifying and Describing Publics)

格罗尼和亨特从组织对公众引起的"后果"出发,把公众分为四种类型:非公众、潜在公众、知晓公众、行动公众。他们对于公众的分析奠定了公共关系核心概念细分化的理性分析基础,指明了公共关系基本范畴的内在规定性,丰富了"公众"的内涵,并且系统化地清理出了"公众"的思想内容。

(六)公共关系目标管理(Management of PR's Objective)

公共关系目标是公共关系管理的理论前提。在美国公共关系界,公共关系管理都基于三项基本目标。具体为:①领先指标,这是公共关系人员对公共关系项目实施结果的一种预测和估计。②线性指标,这是公共关系人员按照组织所面临的问题,采用符合组织实际情况的方法来进行公共关系活动,实现所应达到的目标。③趋势指标,这是指公共关系管理者根据已经取得的成果(即公共关系活动绩效)来展望组织今后所面临的公共关系状态。领先指标、线性指标和趋势指标分别从不同角度指出管理的要求。领先指标提出了管理的目标;线性指标提出了管理的操作目标;趋势指标提出了管理的发展目标。这三方面的有机结合构成了公共关系管理的基本指标。

(七)公共关系管理阶段理论(Management of PR Process)

关于公共关系管理阶段,不同学者基于其特定的学科背景展开了相应的分析研究,主要有:

哈纳(J.Harnar)和福特(A.Ford)提出了公共关系管理"五段论",即:①规定目标。②构想几种有效的实施形式。③挑选一种方案。④对方案进行评估。⑤最后方案形成。

汉尼斯(J.Haynes)等人也提出了公共关系管理"五段论",即:①树立发现问题的意识。②对问题进行限定。③有目的地选择以及分析可能的结果。④评估方案和选择行动的契机。⑤对公共关系方案进行验收。

卡特利普和森特在1952年提出了"四段论模试",即著名的"公共关系四步工作法"。他们认为公共关系管理的四个步骤应该是:①寻找事实和反馈信息。②提出公共关系计划项目。③开展公共关系活动和进行信息传播。④对公共关系活动效果进行评估。他们强调:"组织与公众的良好关系必须经过精心的策划,必须经过特定的步骤和过程才能完成。"

这些理论对公共关系工作的不同阶段和工作重点进行了阐述,对于公共关系实践具有直接的指导意义,并产生了积极的效果。

(八)公共关系计划管理(Planning and Managing Public Relations)

杰夫金斯提出,在进行公共关系计划时,必须注意四个法则:①确定公共关系工作的目标。这个目标要符合实际情况,与预期结果相一致。②估计所花费的人力、时间与资金。③选择成员、时机来实施项目。④确定项目实施的可能性,如人力、设备和预算等,从而实现公共关系计划管理的基本内容。该理论的应用把公共关系与投入产出的科学规律结合在一起,推动了公共关系活动的有序化和可量度化。时至今日,公共关系计划管理已经成为组织开展公共关系活动时必不可少的内容。

(九)公共关系营销(PR's Marketing)

1986年,科特勒(P.Kotler)提出了"大营销"概念,把"市场营销组合"4P's发展为6P's,即产品、价格、促销、渠道、政治力量和公共关系。他特别指出,在解决地方保护的问题上,公司组织越来越需要借助政治技巧和公共关系技巧克服各种地方保护主义、政治壁垒和公众舆论方面的障碍,以便在全球市场上有效地开展工作。

1995年,美国市场营销专家帕托拉(W.Perttula)等在《市场营销》一书中强调:公共关系的目标是影响公众对公司的看法,是增进与不同公众的良好关系,包括消费者、雇员、供应商、持股人、政府、一般民众、工会等。书中进一步指出:公共关系结合广告、营业推广、人员促销及其他促销组合,可以树立品牌知名度,建立有利于品牌的公众态度以及鼓励消费者的购买行为。

在科特勒1996年出版的《营销管理——分析、计划、执行和控制》一书中,公共关系营销仍然被放在重要的位置。他认为,公共关系必须与广告一起规划。公共关系营销的主要工具有:事件、新闻、演讲、公益服务活动和形象识别媒体。公共关系营销对实现以下目标发挥重要作用:树立知名度、树立可信度、刺激销售队伍和经销商、降低销售成本等。

(十)网络公共关系(Web Public Relations)

20世纪末21世纪初,随着互联网的广泛应用,人类在传播沟通领域经历了一场革命,网络公共关系应运而生。米德伯格(D.Middleberg)是第一代网络公共关系专家中的代表,他在2001年出版的《成功的公共关系》一书中系统阐述了自己的网络公共关系思想。他认为:现代商业活动,包括公共关系最深层次的本质已经因为互联网的出现而发生了根本性的变化。公共关系在宣传公司和产品时比起其他的沟通工具更能够发挥强大的作用,公共关系正在以全新的方式与客户产生着相互作用。他断言:新的公共关系人员的群体即"电子沟通者"已经出现,他们结合了传统的公共关系与网上沟通的新手段,从而开发出对客户具有前瞻性的、一体化的商业活动。互联网时代的公共关系是一场全新的竞赛,"公共关系已经彻底地变革了"。事实证明,米德伯格的推断是正确的。随着互联网时代的到来,网络公共关系凭借电脑、手机等媒介对人们已经产生越来越大的影响力,公共关系在更广泛的时空领域展开。

案例 亚特兰大奥运会的教训

1996年7月19日至8月4日在美国亚特兰大举行的第26届奥运会,是百年奥运的盛典,也是奥运史上规模最大的一次盛会。这样一种背景给作为主办城市的亚特兰大披上了一件绚丽的外衣,这使得亚特兰大引以为荣,也是它向全世界人民展示其自身良好公关形象的百年难得一遇的好机会。包括时任美国总统克林顿在内的许多政要,都对亚特兰大的这届奥运会给予了热切的期望。

然而,在本届奥运会的闭幕式上,人们并没有听到国际奥委会主席萨马兰奇重复在历届奥运会闭幕式上所习惯使用的赞扬该届奥运会是历史上"最好的"和"最伟大的"这类话语,各国代表团及新闻媒介的批评指责之声倒是不绝于耳。

据法新社报道,奥运会还没有开幕,亚特兰大就开始了"宰客行动"。一个印有奥运会标记的啤酒杯90美元,一个绘着可口可乐和奥运会图案的玩具熊199.9美元。对此,政府不仅不加以制止,反而怂恿商家和小贩们,以至于市区内一间普通住房日租金已升至1000美元的天价,政府同意出租车费上涨20%,市内交通费上涨40%。该社还说,圣诞节提前6个月来到亚特兰大,东道主为掏空客人的腰包绞尽脑汁,市中心成了一个"商业帐篷村",小商贩们喊破了嗓子向游客推销一切可以换成美元的东西。

在本届奥运会中,亚特兰大组织者们的管理与协调能力让人不敢恭维。据美联社报道,在比赛的组织工作上,第一天的情况十分不妙,交通车晚点或迷路,地铁拥挤,比赛成绩张冠李戴,奥运会组织者的耳边可谓怨声四起。按规定,奥运会比赛期间应该每30分钟开一班的大轿车有时几小时不露面,从其他城市请来帮忙的司机常常迷路。另据该社报道,由于交通组织和电脑方面的技术工作一团糟,奥运百年盛典最初几天的比赛已受到严重干扰。国际奥委会对亚特兰大奥运会组委会的失误已忍无可忍。为此,国际奥委会官员向主办机构发出最后通牒,要求他们立刻解决所有存在的问题。

除了交通不便,电脑信息不灵,各国运动员在休息和比赛时都遇到了许多意想不到的麻烦。如日本运动员抱怨住房太紧张,使用不合格的电梯;中国运动员的住处不断发出子虚乌有的火警,半夜两点被迫在外面站了一个多小时;格鲁吉亚的两名优秀柔道选手则被变来变去的通知弄得晕头转向,结果误了录检,痛失比赛资格……更令人震惊的是,7月27日,亚特兰大发生了一起恶性爆炸事件。

在本届奥运会上,美国运动员与各国运动员所享受的待遇也令人感到不平。仅以游泳比赛场馆为例:1000多名各国游泳选手,竟只有4张按摩床,而美国选手却有足够的设施可以供自己使用。

本届奥运会组织工作的状况遭到了各国代表团及新闻媒介的一致指责,就连国际奥委会主席萨马兰奇也曾向大会组织者提出过批评。然而对于自己工作中的诸多问题,大会组织者却是百般遮掩。本届奥运会组委会主任佩斯竟说:对亚特兰大人来说,对来访者和运动员来说,本届奥运会的组织工作是最棒的,这比什么都重要。《亚特兰大宪法报——日报》则公然把对他们提出过批评的国际奥委会骂成是"忘恩负义的小人"和"牢骚满腹的人"……

资料来源:据相关报道及《名牌公关策划》(万力.北京:中国人民大学出版社,1997)整理。

案例讨论:

有人说,亚特兰大奥运会是公共关系失败的典型案例。你同意这一说法吗?请运用本章关于公共关系的基本知识对这则案例进行评析。

专业词汇

公共关系 公共关系学 公共关系要素 公关意识 公共关系行为准则

思考与练习

1. 怎样理解公共关系的概念?
2. 公共关系学是怎样的一门学科?
3. 公共关系与广告宣传、市场营销、人际关系有哪些联系和区别?
4. 在现代社会,对于任何组织及组织的成员而言,都应该树立公关意识。对此,你是如何理解的?你认为公关意识表现在哪些方面?
5. 组织在开展公共关系工作时,应遵循哪些基本准则?如何理解其内涵?
6. 公共关系经历了怎样的发展历程?具有代表性的公共关系理论有哪些?
7. 结合本章的内容,以你所了解的某一组织为例,从静态和动态两个角度说明其公共关系状况,分析其成功或失败的原因。

第1章

旅游业公共关系综述

本章导读

旅游业的特点和公共关系的独特作用决定了旅游业公共关系产生和发展的必然性。旅游业公共关系既存在着一般公共关系的共性,也具有其自身的特点,认识到这种特性才能使旅游业公共关系工作的开展更有针对性、更有成效。本章针对旅游业公共关系的特点,着重阐述了旅游业公共关系的构成要素、旅游业公共关系的职能和功能,以及旅游业公共关系的特点和原则。

第一节 旅游业公共关系的构成要素

一、旅游业公共关系的界定

在研究旅游业公共关系问题之前,有必要对旅游业公共关系的概念进行界定,以使我们对研究对象有一个科学的理解。

无论是从理论角度还是从实践角度看,旅游业与公共关系都存在着必然联系。本书导论部分曾指出,公共关系适用于各类组织,具有普遍性。旅游业组织是社会组织的一部分,也必然存在公共关系。并且,大量的实践进一步表明,公共关系是旅游业经营管理手段中不可缺少的组成部分,同时,旅游业也为公共关系的开展提供了广阔的空间,这一点是由旅游业的特点所决定的。

旅游业公共关系问题研究是建立在公共关系理论研究基础之上的,是运用公共关系的理论和方法探讨旅游业经营管理中所存在的相应问题。因此,我们将旅游业公共关系定义为:旅游业公共关系是旅游业组织以其特定的公众为对象,以传播沟通为媒介,通过塑造形象、传播管理和协调关系的主要方法,最终实现塑造旅游业及其组织美好形象、营造良好的经营环境、与公众共同发展之目标的管理科学和管理艺术。

二、旅游业公共关系的构成要素

在导论中,我们介绍了公共关系的三大构成要素。就旅游业公共关系而言,其构成要素是旅游业组织、旅游业公众和传播沟通。

(一)旅游业公共关系的主体

旅游业公共关系的主体是旅游业组织,简称为旅游组织。对于旅游业组织有必要从宏观和微观两个角度加以认识。

1.宏观角度的认识

从宏观角度而言,可以将构成旅游业的相关组织视为一个整体,这是由旅游业的特点所决定的。

一方面,就行业而言,旅游业最突出的特点就是综合性。旅游业是由为旅游市场提供各种产品和服务的企业及各种旅游机构组织所构成的,涉及食、住、行、游、娱、购各个领域,任何一个单独的旅游企业或组织机构都只是旅游业的组成部分之一。

另一方面,旅游业形象是旅游者根据其旅游经历对一个地区的旅游业所作出的整体评价,旅游者在旅游过程中的任何经历和感受都会影响其对旅游业整体的判断。因此,旅游业公共关系的成功开展首先要确立"大旅游"的观念,才能实现塑造旅游业形象、为旅游业经营营造良好环境的目标。在新的环境下,国际、国内的旅游业竞争愈加激烈,旅游企业的经营与旅游业整体形象密切相关。而旅游业整体形象的塑造需要旅游业各企业及相关组织的共同努力,正所谓"荣辱与共""唇齿相依"。

旅游业组织整体概念在塑造旅游目的地整体形象上表现得最为突出。一个旅游目的地形象的塑造和推出需要所有与之相关的组织尤其是旅游业组织彼此之间的合作和共同努力,就像一些大型的旅游业公共关系活动常常是由多家旅游组织联合起来共同完成的。如1997年6月14日至7月1日在美国东海岸主要城市及北部重镇芝加哥举行的"新世纪—中国"美国大型公共关系促销活动。参加这次活动的中国代表团由时任国家旅游局局长何光暐先生亲任团长,9个省市旅游局的负责人参加,成员还包括来自14个省市及国旅、中旅、青旅、首旅集团等20多个旅游企业的代表,及一个15人的民族歌舞、京剧表演艺术团。

总之,旅游业要实施全局性的公共关系战略,必须要确立旅游业的整体观念,因此,对旅游业公共关系主体有必要从宏观角度来加以认识。

2.微观角度的认识

从微观角度而言,旅游业公共关系的主体就是指直接从事旅游业经营和管理活动的各类企事业组织,主要包括旅行社、宾馆酒店、旅游交通、旅游景点、旅游购物商店、旅游行政管理机构、旅游协会组织等。各个旅游业组织都具有社会组织的共性,它们有其特定的组织目标和公共关系目标,并根据各自组织的特点展开丰富多彩的公共关系活动。旅游业组织是旅游业公共关系活动的主要承担者,在旅游业公关活动中具有主导作用。

旅游业公共关系活动的执行者是与旅游业公共关系直接相关的人员,包括两种:一是专门的公共关系人员,他们或从属于旅游组织内部的公共关系部门,或从属于一定的公共关系机构,他们是旅游业公共关系工作和各种专题公关活动的策划者和实施者;二是旅游业各个企业或机构的全体成员,特别是一线员工,如旅行社的导游、饭店的服务员、汽车司机及其他工作人员,他们是旅游业全员公关的重要执行者。

(二)旅游业公共关系的客体

旅游业公共关系的客体是旅游业公众。旅游业公众是指与旅游业具有某种利益关联并相互作用的个人、群体及组织的总和。

从旅游业整体而言,旅游业经营活动的运行来自各行各业的支持,旅游业对相关行业有很强的依赖性,如交通运输业、餐饮业、工业、农业、文物部门等,旅游业的良性运转离不开这些相关行业和组织的支持。

从公众与旅游组织的归属关系上看,可将旅游业公众分为内部公众和外部公众两大类。内部公众主要指员工和股东公众,其中员工是组织最重要、关系最密切的公众。任何一个组织无论性质、类型有何不同,都是由其内部员工组成的,员工关系是一切公共关系的基础。对于旅游业组织而言,员工的重要性还突出地表现在员工特别是一线员工是构成旅游产品的重要因素,员工的态度和行为直接关系到旅游者对旅游产品质量的判断,因此,员工形象是旅游业形象的核心要素之一。旅游组织的外部公众主要有旅游消费者公众、政府公众、社区公众、新闻界公众、供应商公众、经销商公众、交通运输部门公众、教育界公众等,其中旅游消费者公众是旅游公共关系活动最重要的外部公众,是旅游公关活动的主要对象,没有了旅游者,旅游业也就没有了存在和发展的必要。

(三)旅游业公共关系的媒介

传播沟通是联结公共关系主客体关系的媒介。传播沟通手段的运用在旅游业活动中是随处可见的,可以说是旅游业活动的重要组成部分。

旅游业的特殊性质,使面对面的人际传播成为旅游业公关活动的最重要手段之一。对于旅游业而言,为旅游者提供满意的服务的同时,就是在进行公关活动,而且是最有效的公共关系传播。一方面,服务是旅游产品的核心部分,服务表现为客我的直接交往,这本身就是一种沟通活动;另一方面,服务产品的无形性决定了传播沟通成为实现旅游产品价值的必要手段。因此,旅游业通过提供令公众满意的服务,可以与公众进行有效的沟通,进而培养出人际传播的良好气氛。

旅游业公关人员还可以运用各种传播技术、组织各种专题活动来塑造和推广旅游业及其各类组织的形象,与各类公众进行更加广泛的沟通,以获得公众的理解、好感和支持。公共关系传播技术包括各种公关文书的写作和宣传、音像制品的制作等。

和各类组织一样,旅游业组织也常常利用各种大众媒介传播信息,以便获得更好的传播效果,如利用电视、广播、报纸、杂志、互联网等。在旅游业公共关系传播活动过程中,需要遵循公共关系传播的原则,充分了解目标公众对象,恰当选择传播内容,正确选用媒介渠道,注意环境因素影响,善于排除干扰因素,及时获得反馈和进行调整,如此方能达到预期的效果。

第二节 旅游业公共关系的职能和功能

一、旅游业公共关系的职能

旅游业公共关系的职能是指公共关系对旅游业及其各类组织所担负的职责和所发挥的直接作用。公共关系的职能是多方面的,就旅游业及其各类组织而言,公共关系的职能可以概括为五项。

(一)搜集信息、监测环境的职能

旅游业的生存与发展离不开客观现实的环境。这一环境包括国家相关政策规定的宏观环境,地方政府、管理部门的政策或规定的约定环境,组织之间相互交往的环境,组织内部相互协调配合的环境。客观环境对旅游业及其组织的运行发挥着导向、促进和制约的作用。旅游业组织的内部公众关系和外部公众关系是组织内部环境与外部环境的核心要素。为此,旅游业组织要生存、发展,就要观察、预测、搜集影响旅游业组织运行的公众情况和社会环境变化的情况。

旅游业公共关系工作的基本内容之一就是搜集、整理、分析、归纳各方面的相关信息,帮助组织了解不断变化的内部和外部环境,使组织能够针对各种变化做出及时、灵活的反应。

公共关系信息搜集的内容可以分为内部环境信息和外部环境信息。

内部环境信息主要包括:决策层、管理层的指导思想、管理水平,员工的基本结构,员工的精神面貌、行为风格、价值观念、工作态度、兴趣、爱好和需要,组织的资金实力、技术实力、人才实力和办事效率,股东的投资倾向,资源状况,产品的质量、品种、规格、构成、价格、售前售后服务等。

外部环境信息主要包括政府的方针、政策、法令的变化,新闻媒介的反应,合作伙伴及竞争对手的历史和现状,旅游消费者的人数变化、比例、需求,市场占有率和市场的分布,旅游地的建设,旅游者对旅游产品和服务及组织形象的评价,金融财政市场的信心情况,交通状况,通信设施情况,自然环境状况以及国际政治、经济、军事形势变化等。

公共关系信息搜集的方法有很多,既可以利用观察法、访谈法、问卷法、普查法、抽样调查法、态度测量法、个案研究法、实验法等方法获得第一手资料,也可以通过报纸、电视、广播、书刊、文件、网络等渠道获得第二手相关信息。旅游业公关人员主要采取的方法有:社会调查、借助传播媒介调查、直接听取公众反应、举办各种会议和活动、聘请专家预测等。通过运用这些方法为旅游组织提供信息资源。

(二)咨询建议、参与决策的职能

在现代社会中,任何组织面临的情况都是极其复杂的。旅游业是竞争性激烈的行业,旅游组织的领导者仅凭个人的经验和能力是很难做好本组织决策工作的,这一点在大型旅游企业如旅游企业集团表现得尤为突出。因此,需要组织各方面的专业人员提供咨询建议,公共关系部和公关人员在其中起着非常重要的作用。公共关系人员经常、广泛、直接地接触和了解各类公众,掌握各种信息,因此,能够为组织决策提供各种信息和咨询,公关部门也因此被誉为旅游组织的"智囊机构"和"参谋部"。

公共关系部门和人员向旅游组织领导层和各管理部门提供的咨询建议主要包括:组织形象的咨询、产品形象的咨询、市场动态的咨询、公众心理的咨询、公众舆论的咨询等。

在很多旅游组织内,公关部门甚至参与组织决策,为组织决策发挥更直接的作用。决策是社会组织选择决定问题的行动方案和具体目标及实现组织目标的行为。科学的决策必须要经过社会组织对自身条件和外界环境的准确判断,通过比较选择最优的方案,在方案的实施过程中能够作出准确及时的调整,并通过对实施结果作出客观的、公正的评估和及时的反馈,为今后的决策打下基础。公共关系以其独特的视角和专门的工作方法在组织决策过程中发挥重要作用。公共关系参与决策体现在组织决策的每个环节中。

首先,公共关系帮助旅游组织获取决策信息。公共关系人员可以利用与外界的广泛联系,为决策提供外界的第一手准确信息;同时,可以利用与内部各部门和人员沟通的渠道,为决策提供内部各方面的信息,从而确保决策的科学性。

其次,公共关系帮助旅游组织确定决策目标。公共关系人员站在公众和社会的立场上,对各职能部门的决策目标进行综合评价,敦促有关部门或决策部门根据公众需求和社会价值及时修正可能导致不良社会后果的决策目标,使组织决策目标既反映组织发展的要求,也反映社会公众的需要。因此,公共关系本身成为决策目标系统中的重要因素。

再次,公共关系帮助旅游组织拟定决策方案。决策方案包括设计方案和选择方案。在选择方案环节中,考虑公共关系要素,有助于方案的设计能够满足公众要求,有利于组织对总体利益全方位的把握。

最后,公共关系帮助旅游组织实施决策方案。公共关系人员协助组织把决策方案传达到各部门,甚至每一位员工,帮助他们理解每一项方案;另外,公共关系人员还要对决策方案的实施效果进行观察、搜集、分析和整理反馈信息,并及时传递给决策部门,以便决策部门作出必要的调整。

(三) 协调关系、营造环境的职能

协调是指在传播沟通的基础上,经过调整达到组织与公众互惠互利的和谐发展。组织的公众关系包括内部关系、外部关系、横向关系、纵向关系等。就组织内部而言,需要协调组织内部一般员工之间的关系、一般员工与管理者之间的关系、组织内部各部门之间的关系;就组织外部而言,需要协调组织与外部公众的各种关系。一方面,公共关系通过主动地开展相关的工作使组织与公众之间的关系同步和谐化,以求得团结合作和共同发展;另一方面,组织与公众之间出现不协调甚至发生矛盾时,需要运用公共关系的策略和方法做好了解、沟通、联络、协调等工作,使组织顺利、及时地摆脱公关危机。

旅游业公共关系的协调主要是通过信息沟通实现的。信息沟通是公共关系最基本的职能之一,具体分为外部信息沟通与内部信息沟通。外部信息沟通主要是指旅游业组织同旅游消费者及相关公众之间的信息沟通。内部信息沟通主要是指旅游业组织内部员工之间、组织与员工之间、旅游企业各部门之间的信息沟通。在旅游公共关系中,信息沟通不仅要完成"告诉公众什么"的使命,同时还要实现同公众之间的情感沟通,使旅游企业与公众之间通过沟通而达到和谐一致。

(四) 传播信息、推广形象的职能

现代旅游业竞争激烈,各家企业经营运转模式差别不大,但在知名度和美誉度上却差异很大。因此,拓宽各类宣传渠道、抓住宣传机会,增强组织的知名度和美誉度是旅游经营的一个关键性问题。公共关系在这方面发挥了不可替代的作用。其一,公共关系注重新闻性宣传工作,即利用新闻传媒及时把组织内部的信息报道出来,并将信息材料以一定的导向性作用于公众,由此构筑旅游组织的整体形象;其二,公共关系注重交际性宣传,即通过演讲、讲座、专题活动等效果比较好的面对面地交谈推动旅游组织活动;其三,公共关系注重事件性宣传,即利用一些已经发生的事件因势利导强化宣传效果。

(五) 塑造形象、赢得声誉的职能

社会组织存在于社会中总是要呈现出特有的形象,也就是组织在运行过程中所显示的行为特征和精神面貌。从形象构成的要素讲,组织形象由内在气质和外观形象两方面构成。组织的物质实体就是组织的外观形象,如产品的质量反射出本组织的外观形象、组织实体所处的环境、建筑装修的美化程度、内部结构的布局、产品的外观形象、卫生条件、服务设施等;组织的内在气质则表现在本组织成员的精神面貌、诚信程度、办事效率、管理风格等方面。无论是内在气质还是外观形象

都需要借助于人和物在组织运行中表现出来,而组织形象最终还是取决于公众对其所作出的判断和评价。

塑造良好的组织形象是公共关系的最终目标,也是公共关系战略的核心内容。公共关系要对组织形象进行评估和分析,要为组织进行恰当的形象定位,要为组织实现形象塑造的目标提出战略计划和实施方案。这些工作是公共关系工作的重要组成部分。公共关系通过一套科学的、系统的方法,使组织的各种活动协调起来,使组织形象得到更加完美的展现。

二、旅游业公共关系的功能

旅游业公共关系的功能是指公共关系对旅游业及旅游业组织所发挥的作用和效能,这种功能是多元化、多层次的。

(一)为旅游业市场营销增效的功能

所谓市场营销增效功能,是指公共关系为旅游业起到了营销产品、推广服务的作用。这种功能近年来越来越受到旅游企业的重视。旅游企业可以通过有效的公共关系传播活动,如利用大众传播媒介发布企业广告,播放介绍企业的专题片,刊登介绍企业的通讯报道,向潜在公众宣传企业,让公众了解企业,支持企业。通过传播引导,在潜在客人心目中形成本企业的良好形象,促使这部分人转变为旅游企业的行动公众。

旅游业的特点决定了很难将旅游业公关活动和旅游产品营销活动区分开来。事实上,旅游业的公共关系和市场营销活动越来越多地被整合在一起,共同为旅游目的地以及旅游企业的营销工作发挥更大的效力。公共关系主要从以下几方面为市场营销提供帮助:

第一,公共关系进一步拓宽了企业与公众交流的渠道;

第二,公共关系的形象塑造为市场营销的顺利展开铺平道路;

第三,公共关系更多地采用与消费者公众之间进行情感交流的手段,其方式和内容更容易被消费者所接受,更容易赢得公众的好感;

第四,公共关系以公众的利益为核心,倡导与公众之间的双向沟通,更容易赢得公众的信赖与合作。

(二)提升旅游业服务水平的功能

公共关系提升旅游业服务水平的功能体现在公共关系工作为旅游服务的尽善尽美发挥了特殊作用。

首先,公共关系对旅游业服务水平的提高有直接的促进作用。旅游业公共关系的基础是全员公关,因此,公关工作的一项基本内容就是开展对全体员工的公关教育和公关培训,这一工作使旅游业员工在其各自的工作岗位上更加注重形象意识和服务意识,无疑,这对旅游业服务质量的提高是一个极大的促进。

其次，公共关系对旅游服务全方位质量的提高发挥作用。服务型公共关系是旅游业开展公关活动的重要方式，如旅游知识讲座、旅游消费指导、旅游咨询、旅游售后服务等，虽然不同于直接面对客人的旅游服务，但是服务型公共关系工作可以满足旅游消费者在消费前和消费后的需要，从而进一步丰富了旅游业组织服务的内容，扩展了其服务的对象。

最后，公共关系在旅游服务的一些重要环节发挥特殊作用。在旅游企业，虽然一般不安排公关人员直接参与日常的营业性接待服务工作，但有两项工作常常由公关部参与或负责。一项是当服务中某一环节出现问题引起客人投诉时，特别是当一些恶性服务质量事故发生时，需要公共关系部协助有关部门进行调解；另一项是当有重要客人来访或入住饭店时，公关部就要承担起组织安排全部接待活动的责任。这种安排是由于公关工作的特点和特殊性所决定的。

因此，公关工作是旅游服务的一部分，其工作效果直接影响客人对旅游服务质量的评价。

（三）旅游教育的功能

公共关系向公众所提供的旅游教育，是通过旅游组织的内外部宣传而实现的，如公共关系活动常采用诸如演讲比赛、知识竞赛、旅游图片展览、旅游知识讲座、旅游消费指导、游记征文等方式。通过这些具有吸引力的教育方式，一方面，让公众更多地了解旅游组织所推出的旅游项目，并热衷于参加这些项目；另一方面，现代旅游观念和知识的普及将有益于旅游活动的健康、文明发展。

（四）增进社会整体效益的功能

旅游业涉及社会的多个行业，涉及的公众也是方方面面。旅游业公共关系的开展也是在为整个社会的发展做出贡献。与传统发展战略不同，现代社会整体效益的目标是在满足人们基本生活的需要的基础上，实现人和社会的全面发展。旅游业开展公关活动的同时，也为相关行业和企业提供了很多沟通联络、共同发展的机会，带动了相关行业的发展。山东潍坊国际风筝会就是一个典型的例子。

潍坊国际风筝会是我国最早冠以"国际"名称，并有众多海外人士参与的大型地方节会。风筝会的活动宗旨从开始的"赛风筝、看风光、赏风味、察风情"到"促进开放，联结友谊"，再到"风筝牵线、经济唱戏"，最终确立为"以旅游为突破口，广交朋友，宣传潍坊，推动潍坊对外开放"。自1984—2014年，已举办30届风筝会。从第16届开始，风筝会尝试市场化运作的办会模式，使风筝会越办越好，吸引了众多游客，风筝会期间还同时举办了鲁台贸洽会、寿光菜博会、潍坊工业产品展销会、昌乐珠宝展销订货会、临朐奇石展销会等经贸活动。据不完全统计，该届风筝会期间，前来潍坊进行体育比赛、文艺演出、经贸洽谈、观光旅游、对外交流、理论研讨、新闻报道、文化交流等活动的国内外宾客近60万人。风筝会不仅促进了潍坊市旅游业的发展，还带动了其他许多行业如饮食服务业、工艺美术业、交通运输业、建筑业等的发展。以风筝会为载体,潍坊市先后与50多个国家和地区建立了文化交流关系,与100多个国家和地区建立了经贸合作关系。潍坊由过去的一个默默无闻的城市,一跃成为中国知名度颇高,而且在国际上都有一定影响的城市。从2012年起,每年4月第三周的周六为潍坊国际风筝会开幕日。

案例1-1　天津五大道文化游览区的创意双节

　　五大道地属天津市和平区,位于中心市区南部,其地域范围包括成都道以南、马场道以北,西康路以东,马场道与南京路交叉口以西的一片近长方形地区,因东西向并列着以中国西南名城重庆、大理、常德、睦南及马场为名的五条街道而得名,亦称五大道地区。该地区共有22条道路、总长度为17千米,总面积1.28平方千米,拥有7个居民社区。五大道拥有20世纪二三十年代建成的英、法、意、德、西班牙等不同国家建筑风格的花园式房屋2000多所,占地面积60多万平方米,总面积100多万平方米。其中风貌建筑和名人名居有300余处,其建筑形式多样,有文艺复兴式、希腊式、哥特式、浪漫主义、折中主义以及中西合璧式等,故有"万国建筑博览苑"之美誉,堪称"天津小洋楼"的代表作。近百年的历史积淀使五大道充满浓厚的历史感和独有的文化底蕴。近年来,在市、区政府的领导下,五大道地区的旅游工作取得了突破性进展,2010年被文化部、国家文物局评选为全国十大历史文化名街,2013年五大道近代建筑群被国务院公布为第七批全国文物保护单位。五大道游览区是天津系列旅游品牌之首"近代中国看天津"的重要旅游景区之一,是天津旅游业的一张王牌。

　　纵观五大道文化旅游区的发展和影响力提升,始终伴随着旅游节庆活动的举办而日趋扩大。自2004年首届五大道欧陆风情旅游节举办以来,五大道旅游区的影响也越来越大。截至目前已成功举办了十届五大道旅游节,吸引了大量游客,成功起到宣传五大道旅游区的作用。

　　2014年五大道的又一亮点是在"五一"小长假期间成功推出新的节庆活动。5月1日—3日首届"五大道国际文化艺术节"成功举办,恰逢民园广场建成开放。来自俄罗斯等国家的民族舞蹈表演,福特、林肯、佩吉等老爷车展示以及包括一匹汗血宝马在内的九匹欧洲赛马巡游等活动给游客奉献了视觉盛宴,城市映像T台秀,COSPLAY嘉年华,主题为"行走的小洋楼"天津、青岛、厦门三城市油画展,天津著名书画家艺术作品展"五大道印象"等文化活动给游客提供了高雅的文化享受。民园广场周边的庆王府、先农商旅区、民园西里文化创意街区也都推出了包括爵士乐演出在内的文化旅游活动。民园邮局专门为民园广场建成和艺术节成功举办制作的精美首日封成为游客的收藏必选,五大道文化旅游区为假日期间前来观光的国内外游客献上了丰盛的旅游大餐。

据统计,"五一"当天,民园广场游客流量超过10万人次。5月1—3日假日期间,五大道文化旅游区共接待游客超过20万人,是2013年"五一"小长假客流量的3倍多。"五一"小长假来五大道旅游的游客80%以上为外地游客,其中北京地区游客占外地游客的60%以上。

五大道艺术节期间,包括新华社、人民网等30余家媒体进行了大幅重点报道,五大道在全国历史文化名街的地位进一步巩固。

五大道独具特色的节庆活动一方面为五大道的影响力和美誉度的提升发挥了重要作用,另一方面也促进了餐饮、住宿等假日经济的发展。今年"五一"节日期间,游客超过去年同期的3倍以上,五大道旅游区内的商家和周边地区商家普遍受益,特别是北京地区过夜游客大量增加,占到全部北京游客的一半以上,改变了以往一日游的现象。调查表明,五大道利用"五一""十一"旅游黄金季节展开的"双节"活动效益显著,文化特色鲜明,与五大道人文环境相匹配,是五大道旅游的重要组成部分。

除了节庆活动之外,五大道地区还展开多途径多方式的旅游营销活动。旅游相关部门编撰了五大道导游词,免费发放中、英文的五大道旅游区导游图,印制出版了中、英文的五大道小洋楼自助游手册、DVD光盘等宣传产品。天津市政府还积极组织参加全国、省市各类旅游交易会,充分利用主流媒体、网站、楼宇广告等多种形式,加大宣传力度,取得了良好的宣传营销效果。此外,五大道旅游区还通过多种方式积极对外进行线上宣传,极大地提高了五大道旅游区在天津乃至京津冀三地的知名度与影响力。天津五大道旅游区依托新华网、自身官方网站、新浪官方微博、腾讯官方微博及人人网公共主页进行对外线上宣传,提高了目标受众对五大道的认知度。

案例作者:杜炜

案例讨论:

结合案例说明公共关系为旅游目的地的发展可以发挥哪些积极作用。比较五大道节庆活动与潍坊节庆活动的相同点和不同点。

第三节 旅游业公共关系的特点和原则

一、旅游业公共关系的特点

旅游业是一种营利性的服务行业,也是一种具有高度依托性的行业,旅游业公共关系具有其自身的特点。

(一)服务性

旅游业是服务性行业,其行业性质及产品特点决定了旅游业公共关系工作的基本点是为旅游业创造各具特色的形象服务。服务质量是旅游业的生命,服务质量的高低最终来自于消费者的切身感受。因此,为公众服务是旅游业公共关系工作的核心内容和塑造良好形象的基础。

(二)营销性

旅游业作为第三产业,经济效益是其追求的基本目标,要实现其经济目标,旅游业必须要在竞争激烈的环境中争取市场、赢得市场。公共关系之所以在旅游业经营管理中广为应用并有强大的生命力,其主要原因之一就是公共关系与其他管理职能特别是和市场营销相结合,有利于旅游业扩大客源市场,从而有利于旅游业经济效益的提高。因此,在实践中,旅游组织常常将公共关系与营销手段加以整合,以利于旅游产品的宣传、促销以及旅游地和旅游企业形象的塑造和推广。

(三)全员性

旅游业服务的无形性使人们在评价服务质量优劣时,依据的是对服务过程和服务结果的满意程度。每一个员工的言行都直接关系到整个旅游服务的质量,关系到旅游企业的形象。因此,旅游业公共关系必须贯穿于旅游业的整个服务过程,旅游业应更加注重树立"全员公关"的公共关系意识,教育和引导员工自觉遵循公共关系的原则和要求:顾客满意就是良好的服务结果,不满意即是质量低劣。所以,创造满意的顾客,是旅游业公共关系的重要内容,而这是绝对不能背离公关工作的全员性的。

(四)情感性

现代企业已经进入了"情感化"的经营时代,即"情感"作为一种重要的激励机制或动力因素而被纳入了管理的过程,成为管理的一种重要方式。旅游业的经营过程更突出,更集中地表现为人与人的直接交往,旅游业公共关系作为一种管理职能,在大量的公共关系工作和公共关系活动中比较突出地把"情感"这一重要因素导入其中,使旅游组织更富有亲和力。

(五)复杂性

旅游业公共关系的复杂性表现在多方面。

其一,旅游业公众的广泛性和复杂性。旅游活动不仅涉及面广,参加人数众多,而且已趋经常化,这就决定了旅游公关活动不能局限于某一领域或某一范围,也不能局限于某一时期。旅游客源市场不是单一的,依据国家、民族、地域、政治、经济、文化等不同的角度,可以划分不同的客源市场类型,旅游组织和外宾、内宾、各种组织和团体以及不同身份、职业、层次的顾客都要打交道,所以,旅游组织的公共关系活动绝不能简单从事,千篇一律,一概而论,必须区别情况,开展多形式、全方位的综合宣传活动,如各种会议、新闻简报、专栏、音像资料、团体活动、文娱活动等,以达到扩大影响面,提高组织声誉、增加客源的目的。

其二,旅游组织的多元性和复杂性。旅游公共关系的主体是各类各级旅游组织,旅游组织有多种类型,且其功能和隶属关系具有多元性。就中国而言,从层别上划分,旅游组织可分为中央的和地方的,中央的又可分为国家旅游局直属或各部门所属,地方的则可分为省、市(地)、县各级或各省市的区域性组织;从性质上划分,旅游组织可分为行政机构、事业单位、企业单位、社会团体等;从功能上划分,旅游组织可分为旅行社、旅游饭店、旅游交通、园林景点、旅游商店、旅游行政管理部门、旅游教育单位和科研机构等类型。这些类型中,有的是直接、单纯为旅游者服务的组织,有的则同时为不同的对象服务,具有多种功能。旅游行业同业之间既有竞争,又有合作。开展旅游公共关系活动,分工不同的旅游组织之间就必须加强沟通,注重相互协调配合,树立起旅游行业的整体形象,为实现旅游业自身和公众的利益创造一种最佳环境。

其三,旅游行业与社会其他行业和部门关系的复杂性。旅游是一种包括多种需求的综合性活动,旅游活动的完成,不仅需要旅游组织的经营,而且需要社会其他行业和部门的支持。例如,民航、铁路、商业等行业,直接为旅游者提供了服务;建筑、电力、石化等行业,为满足旅游者的基本需要创造了条件;环保、公安、教育、文化等部门,则在社会范围内为旅游者创造了一个良好的旅游环境。因此,作为旅游公共关系主体的各级各类旅游组织,不仅要加强相互之间的沟通与了解,而且要与社会其他行业和部门加强联系,与上下左右相互沟通,才能促进旅游业的发展。

(六)长远性

塑造旅游业的良好形象、营造旅游业的和谐环境、促进旅游业与社会公众的共同发展是旅游业公共关系所要追求的最终目标,这是旅游业组织的一项长期战略,是旅游业公共关系不断努力的方向。实现这一目标需要旅游业各组织、各部门及相关人员克服种种障碍,齐心协力,持之以恒,立足长远。

二、旅游业公共关系的原则

在导论中我们阐述了公共关系的原则,这些原则同样是旅游业公共关系的工作指南。但除了普遍的公共关系原则外,旅游业公共关系原则具有某些自身的特点。

(一)珍视信誉,注重形象

在激烈的市场竞争中,信誉是旅游业组织的生命,是旅游业组织得以生存和发展的基础。组织的信誉是旅游形象的基础,没有良好的组织信誉,绝对谈不上良好的组织形象。在现代社会,组织形象已经成为企业的无形财富,对于旅游业组织更是如此。良好的组织形象能赢得公众的信任、支持,能吸引人才,能稳定销售渠道,能减少或避免摩擦与矛盾,能增强内部员工的忠诚感和凝聚力。塑造美好的组织形象是公共关系所追求的核心目标。因此,珍视信誉、注重形象是旅游业公共关系的最基本原则。

（二）双向沟通,共同发展

双向沟通是公共关系思想的一个重要内容,它体现了公共关系的本质。公共关系为旅游业营造良好的"人和"环境主要是通过双向沟通来实现的。通过双向沟通,旅游企业可以准确地把握市场态势,制定正确的方针政策;通过沟通,旅游业组织与公众之间可以取得相互的了解和信任;通过沟通,旅游业组织可消除社会公众对自己的误解和疑虑;通过沟通,可以使旅游业组织走出危机,开创新局面;通过沟通,可以使公众对旅游企业产生好感,从而提高旅游产品和服务的销售。公共关系是组织与公众获得双赢的桥梁,双向沟通、共同发展符合时代发展的潮流。

（三）实事求是,一视同仁

实事求是是公共关系的根本原则,也是旅游业公共关系人员工作的基本准则。在旅游业公共关系活动中,公共关系技巧的运用是建立在实事求是的基础上的。技巧掌握得再娴熟,如果弄虚作假,迟早会一败涂地,组织形象将遭受到毁灭性的打击。因此,公共关系来不得半点虚假和伪造。

旅游业公众是旅游业赖以生存的基础。旅游业公众有多种类型,作为旅游业公共关系人员,必须认真对待每一类公众,在与公众具体的交往过程中,不能因公众的权力大小、财富多少、地位高低、种族不同而区别对待,而应一视同仁。

（四）全员公关,服务公众

全员公关是公共关系的基本原则之一。这一原则的重要性在旅游业公共关系中得到集中的体现。公共关系工作是由旅游业组织内部的公关部及其人员承担的,但公共关系的成功开展却需要旅游业组织其他岗位工作的配合,需要渗透到组织的每一项活动之中。全员公关是以服务公众为中心展开的。因此,只有旅游业全体员工树立了正确的公共关系意识,即形象意识、信誉意识、公众意识、传播沟通意识、社会责任意识、全员公关意识,并将其思想运用于实践,才能建立起全员公关的坚实基础。"内部公关""全员公关"是旅游业组织开展公共关系时首先应该做到的。

（五）创新求美,放眼未来

求新、求美、求长远是对旅游业公关工作的一项基本要求,也是旅游业公关人员的努力方向。旅游业公共关系活动是一个塑造组织形象的活动过程。组织形象应具有个性,有个性的组织才能超越其他组织,才能在市场竞争中立于不败之地,因此,塑造组织形象必须要有创新、有突破。创新的同时还要充分考虑公众的审美心理,美好的组织形象无论就其内容还是形式而言,都应该能够给人带来美好的感受,这样才能为人们所欣赏、所接受。此外,组织形象还关系到组织发展的未来,形象塑造是一个系统的、持续的工作过程,因此,形象塑造需要制定长远的目标,考虑长远的利益。

案例1-2　广州大厦的全方位公共关系

广州大厦是一家公务酒店，该酒店针对自己的特点，围绕整体的品牌战略，将公共关系渗透到企业的系统管理之中，多方位地开展公关。

一、形象公关，拓展品牌的外部环境

作为广州市政府接待基地的广州大厦审时度势，率先亮出"公务酒店"的品牌形象，在经营上实现了前所未有的突破。广州大厦在盘活无形资产的同时，相继在《人民日报》《接待与交际》等媒体上刊登系列报道，与全国同类型接待基地分享经验，共同开拓公务酒店的市场，为进一步建立健全销售网络奠定基础。树品牌形象，建外部关系网，融品牌建设于成功经验的分享之中，并通过外部公共关系网的建立，塑造品牌形象。

广州大厦总结长期承担接待任务的经验，创造出一整套适合公务活动的服务模式，为公务活动营造最佳的环境和气氛，把大厦的"舞台"变成公务活动的"舞台"，让公务客人乐于到大厦来组织各类活动，并主动向其他企事业单位推荐大厦。广州大厦以自身的努力和突出表现，赢得了公众的支持和帮助。

二、服务公关，增强品牌的竞争力

作为公务酒店，大厦凭借自己丰富的经验为客户的活动策划、组织工作出谋划策，从细微之处为会议或活动组织者着想，最大限度地使在大厦举办的会议和活动尽善尽美；同时，只要条件允许，大厦公关部的工作人员乃至总经理必定会亲自迎接客人，他们不但在现场指挥，做好协调工作，而且还面对面地与客人沟通、交流，听取意见和建议，收到了良好的公关效果。

广州大厦重视每一位踏进大厦的客人，把质量作为重点工作常抓不懈，不断向员工灌输质量意识和服务意识，逐步形成安全、优质、快捷的服务规范。广州大厦还重视对顾客的售后跟踪服务，利用合适机会向客人送上关怀，送上问候，哪怕仅仅是一张卡片，真正做到"把尊重送到每个客人心里"。广州大厦在服务中传播品牌，在品牌传播中为营销服务，从而树立了口碑。

三、特色公关，提升品牌的含金量

广州大厦想客人之所想，以方便客人为目标，改造或增加服务设施、服务项目。大厦针对女性客人的心理，采用不同的色彩做出了以春、夏、秋、冬四季为主题的女宾房，满足了女性客人对美的追求；大厦还根据新一代公务员的年龄、层次、工作方

式等方面的变化和需要,提供上网、手提电脑以及公务咨询等系列服务,为公务员在大厦营造了临时的办公室,方便了公务所需。

四、全员公关,奠定品牌腾飞的基础

广州大厦充分认识到全员公关是奠定品牌腾飞的基础。为此,大厦一方面注重营造"人和"的内部环境,他们通过采取科学的方法,加强部门之间的沟通交流、配合协调,共创企业佳绩;另一方面他们开展对全体员工的公关教育和培训,增强全体员工的公关意识,自觉树立起"大厦形象从我做起"的公关风气,使全体员工明白:企业的形象、信誉和品牌是相统一的,其无形资产比有形的资金更为珍贵。通过全体人员的共同努力,大厦形成人人讲公关、人人搞公关、人人塑形象的局面,并使之蔚然成风。

资料来源:广州大厦网站中的企业论坛(www.hotel-canton.com.cn/doc/forum.asp)。

案例讨论:

案例中的广州大厦应用了哪些公共关系策略或方法?结合案例,说明公共关系在酒店管理中可以发挥哪些职能?

专业词汇

旅游业公共关系　旅游业公共关系主体　旅游业公共关系客体　旅游业公共关系职能　旅游业公共关系原则

思考与练习

1. 如何界定旅游业公共关系?其内涵是什么?
2. 为什么要从不同的角度理解旅游业公共关系的主体?如何理解?
3. 公共关系在旅游业经营管理中主要发挥哪些职能?
4. 旅游业公共关系具有哪些特点?认识这些特点对你有何启发?
5. 旅游业公共关系的基本原则有哪些?结合实际谈谈感受。
6. 请搜集公共关系案例,以实例或个人的亲身感受说明公共关系的重要性及其作用。

第2章

旅游业公共关系机构和公关人员

本章导读

旅游组织是旅游业公共关系的行为主体,公共关系从策划到实施是由组织内部的公共关系部门或专门的公关机构来承担的,公共关系工作的具体执行者是公共关系人员。因此,旅游组织要建立一套公共关系管理体系,有计划地展开公共关系活动,首先要解决的是公共关系组织机构的设置和人员的任用问题,以便构建旅游业公共关系工作的基础平台。因此,本章在进一步分析旅游组织的类型、结构及其特征的基础上,重点介绍了旅游组织内部公共关系部门的设置及其运行,以及旅游业公关人员的素质要求和培养。

第一节 旅游组织的类型和特征

对于旅游业公共关系主体的旅游组织,我们需要从宏观角度给予充分认识,以便树立旅游业公共关系的全局意识。在此基础上,我们还需要从微观角度具体了解旅游组织的类型、结构及其特征,以便更有针对性地开展公关活动。

一、旅游组织的类型与结构

(一)旅游组织的含义

从微观角度看,旅游组织是社会学意义上的社会组织的一种类型。对于什么是社会组织,社会学家们并没有统一的界定。但是,以下几点是得到大家普遍认可的,即社会组织具有一定的目标,具有一定数量的成员,具有明确的管理体系和规范的规章制度,并具备一定的物质条件。因此,从这个意义上讲,我们可以将旅游组织定义如下:旅游组织是指在旅游业的经营和管理活动中,为了完成特定的组织目标,由一定数量的成员组成的、具有明确的管理体系和规范的规章制度的一种社会组织。旅游组织包括与旅游业直接相关的各类组织。

(二)旅游组织的类型

以旅行社、旅游饭店和旅游交通客运部门三大支柱产业为代表的各行业类型的旅游组织,不仅是旅游活动开展的基本保证,还是旅游业赖以生存和发展的支柱。因此，从旅游业构成来看，旅游组织既包括各类直接从事旅游业务的企业，又包括各类间接从事旅游业务的企业，还包括其他支持旅游业发展的旅游机构。我们从是否营利这一角度来分，旅游组织可以分为以下两种类型：

1. 营利性旅游组织

所谓营利性旅游组织，就是指旅行社、旅游饭店、旅游交通运输部门及旅游风景区等游览场所经营部门。它们以营利为目的，因为只有通过获取利润，它们才能维持支出，扩大经营范围，进而扩大再生产。当然，营利性旅游组织也不仅仅是以获取经济利益为目的，实际上，绝大多数旅游组织在注重经济效益的同时，也兼顾社会效益和环境效益，注重可持续发展和为社会做贡献。

(1) 旅行社。早在19世纪40年代初，世界第一家旅行社——托马斯·库克旅行社就已经成立。自从旅游业成为世界性的社会活动以来，旅行社业一直是旅游行业中的龙头产业。它在各类旅游企业中起着桥梁和纽带作用。一般而言，作为旅游的中间商，旅行社最具代表性的业务有五项，即组合产品、设计线路；促销产品、传递信息；销售产品、招徕客源；组织协调、安排客源；实地接待、提供服务。随着网络经营的普及，旅行社已经从传统的店铺经营向线上线下多种经营业态转化，其公共关系对象也在发生新变化。旅行社贯穿于旅游活动的始终，它的公共关系工作意义重大。因此，旅行社成为旅游公共关系最主要的行为主体之一。

(2) 旅游饭店。我们所说的旅游饭店是指以饭店为代表的住宿接待部门。它不仅包括各类星级饭店、宾馆，还包括度假村、出租公寓/别墅、青年公寓、提供住宿的会展中心、农场出租住房、野营营地等。它的主要功能是为旅游者提供餐饮、住宿、娱乐以及其他社会交往的场所。饭店可以说是旅游者的"家外之家"。作为出门在外的旅游者，除了参加旅游活动外，很大一部分时间是在饭店中度过的，因此对饭店的感受也就更加深刻。作为整体旅游产品链上的重要一环，饭店的形象很大程度上影响着旅游者对整个旅游活动的评价。因此，饭店也是重要的旅游公共关系行为主体之一。

(3) 旅游交通客运部门。交通客运部门是旅游者进行旅游活动必须要与之打交道的部门。因为，没有交通部门，旅游者便不能实现空间上的转移，从一个旅游地到达另一个旅游地。虽然旅行者离不开交通部门，但这并不是说旅游交通部门就不需要进行公共关系活动，因为从事旅游交通的旅游组织也很多，如航空、公路、铁路、水运等企业组织，它们之间也有竞争。各类交通部门要针对不同旅游者对交通运输要求的不同侧重点，如安全、舒适、高效、快捷、经济等，根据自身特点开展不同类型的公共关系活动。正因为它在旅游活动中的重要作用，旅游交通客运部门也成为旅游公共关系的行为主体之一。

(4) 旅游景点景区经营部门。即指旅游目的地的各个旅游风景区的经营部门。

旅游者参观游览的主要对象就是各种类型的旅游景点景区。它的公共关系活动的开展情况以及自身形象的塑造，对于旅游者的整个旅游活动的满意度有决定性的影响。因此，游览场所经营部门也是一个重要的公共关系行为主体。

（5）餐馆、商店、演艺公司等经营部门。主要指旅游目的地为旅游者提供美食、旅游购物产品、文艺表演等服务和活动项目的部门。它们丰富了旅游活动的内容，有时甚至成为目的地重要的旅游吸引要素。因此，也常常需要开展公共关系活动以塑造企业形象。

2.非营利性旅游组织

所谓非营利性旅游组织，是指不以营利为目的，但是对于促进和扩大盈利性旅游组织的营利方面有重大支持作用的旅游行政管理部门和各种旅游行业协会。

（1）旅游行政管理部门。在我国，就是指中央及各级地方政府的旅游局。它们在区域性旅游资源的规划与开发、本地区整体旅游形象的塑造、旅游行业间及其与其他行业之间的协调方面，起着不可替代的作用。从这个意义上说，旅游行政管理部门也是旅游公共关系行为主体之一。

（2）旅游行业协会。在我国，为了促进各个旅游企业组织之间的相互协调，保护本行业的利益，旅行社业、饭店业、交通运输业等都成立了相应的旅游协会。全国性的旅游协会有：中国旅游协会、中国国内旅游协会、中国旅游车船协会等。当然还有众多的地方性的旅游协会。它们是一种介于政府和企业之间的一种旅游组织，对外代表本行业的利益，调节行业内部及其与其他行业之间的关系。它们的公共关系活动对于旅游活动的开展也有很大作用，因此也是旅游公共关系行为主体之一。

（三）旅游组织的结构

1.旅游组织规模结构

旅游组织的规模结构，是指在旅游业中，规模不等的大、中、小型旅游组织的分布情况。由于社会发展环境的不同、社会各阶层需要的不同以及旅游组织自身条件各异，在旅游业中，大、中、小型旅游组织并存是一种客观的必然。在旅游业的各行各业中，大、中、小型旅游组织各有优势。比如说，大型旅游组织具有规模大、投资多、设备高档齐全、接待旅游者众多等特点，能接待高档次的旅游者，并能形成规模效益，在旅游业中起到龙头作用。中型旅游组织投资相对较少，设备比较齐全，能满足大多数旅游者的需求，比较大众化，经营上能够灵活地适应市场需求。小型旅游组织虽然规模比较小，设备设施不是很齐全，但是它们能拾遗补阙，而且价格比较低，比较适合支付能力低、要求方便实惠的旅游者，比如现在比较流行的"背包旅游者"就比较青睐于此类旅游组织。保持适当的旅游组织规模结构，不仅能提高旅游业的经济效益和社会效益，而且能满足不同类型旅游者的需要，有利于促进旅游业的发展。

2. 旅游组织所有制结构

旅游组织的所有制结构，是指从经济所有制角度来看的旅游组织的分布情况。随着改革开放的进一步深入和我国旅游业的迅猛发展，我国的旅游组织从经济所有制角度来看，形成了以公有制为主体、多种所有制并存的结构。这是与我国的国情相适应的。具体来说，包括以下几种类型：全民所有制旅游组织、集体所有制旅游组织、外商独资旅游组织、中外合资旅游组织、中外合作旅游组织、股份制旅游组织、合营旅游组织以及私营旅游组织。不论何种形式的旅游组织，在其开展的旅游公共关系活动中，它们都是行为主体。

3. 旅游组织内部结构

旅游组织的内部结构，是指组织内部各职能部门、机构的设置情况。由于旅游业各行业类型不同，组织规模不同，所有制性质和经营方式不同，其内部机构设置也就不同。在上市的企业中，一般是采取公司制模式，即设股东大会、董事会，董事会下设置总经理，总经理下设置各业务部门和职能部门。非上市企业中，则没有股东大会这一层。一般来说，规模大的旅游组织下设部门比较多，规模小的组织则相反。虽然各旅游组织下设机构不尽相同，但开展公共关系是每个旅游组织必不可少的工作，不同的是，有的旅游组织专门设置公共关系部，有的旅游组织则将公关工作归属于某一行政部门；有的设置专门的公共关系人员，有的则由其他部门人员兼任。

旅游组织在进行结构设置时，应充分考虑到其规模结构、所有制结构和内部结构，力求做到结构合理，以保证组织机体的有效性和高效率。

二、旅游组织的基本特征

作为旅游公共关系行为主体的旅游组织，不仅具有社会组织的一般特征，还具有一些作为旅游组织的特殊特征。从公共关系角度来讲，归纳起来，旅游组织具有以下特征。

1. 整体性

旅游组织的整体性是指旅游组织的成员和各个部门都是该组织的构成部分，都与该组织整体具有不可分离的密切关系。没有组织整体，就没有旅游业公共关系活动的开展；而没有组织成员和组织部门的存在，就没有组织的存在。因此，要保持组织的整体性，就必须协调其内部关系。

2. 目标性

旅游组织的目标性是指旅游组织的成员和部门是在共同目标的基础上结合起来的，组织目标是该组织得以构成和巩固的核心要素。我们常说"团结就是力量"，而团结的前提就是要有一个共同的目标。旅游组织也是如此。有了共同目标，旅游组织的员工和各个职能部门才能同心协力，朝着同一个方向迈进。

3. 能动性

旅游组织的能动性,又叫旅游组织的适应性,是指旅游组织各成员之间、部门之间、成员和部门之间以及部门和整个组织之间必须相互适应,旅游组织和整个社会环境之间也必须相互适应,该旅游组织才能生存和发展下去。当今世界唯一不变的东西就是变化,面对纷繁复杂的外界环境及组织内部环境,各个部门之间必须相互适应,相互调节,共同向"内求团结,外求发展"这一共同目标前进,而这就必须发挥公共关系的"润滑剂"作用。

4. 复杂性

旅游组织的复杂性,或称旅游组织的多样性,是指不同的旅游组织,其性质、结构形态和职能都是不一样的。如前所述,旅游组织既包括各种营利性组织,又包括各种非营利性组织,它们各自的职能和形态不尽相同。尤其是从整体上看,各种旅游组织相互交错,为了各自的利益,它们之间既有竞争,又有合作,其关系更加错综复杂,这就更加需要旅游公共关系的协调作用。

5. 服务性

旅游组织的服务性主要表现在其提供的服务上。虽然说各行各业的组织都对服务给予了越来越多的重视,但是,旅游业是一个服务性行业,服务是旅游业提供的核心产品,是旅游业赖以生存的根本。旅游组织的主要功能就是以其提供的旅游设施为载体,通过旅游从业人员,将自己的旅游产品——旅游服务销售给旅游者。这种特殊性,决定了旅游组织在进行旅游业公共关系活动时,一定要保证服务质量,注意塑造组织形象,并要进行全员公关。

第二节 旅游组织的公关机构

当公共关系作为一种独立的管理职能被各种旅游组织接受后,为了保证公共关系活动的顺利开展,就需要建立相应的组织机构以提供组织保证。这种相应的组织机构,就是旅游组织下的公关机构——公共关系部。如前所述,公共关系部是旅游组织中公关活动的具体策划者,因此,公共关系部的地位不容忽视。

一、公共关系部在旅游组织中的地位

公共关系部与旅游组织中其他业务经营部门、财务管理部门、人事部门等一样,都是重要的职能管理部门。公共关系部是指旅游组织为了完成特定的组织目标,由专门的公共关系人员组成的、全面贯彻旅游组织的公共关系思想,以从事公共关系工作为职能的机构。在旅游组织中,公共关系部有时也称为公共关系信息部、公共关系广告部、公共关系宣传部、公关部、公关处等。

作为旅游组织的一个职能部门,公共关系部是旅游组织的"智囊团"和"调和

剂"，与其他职能部门居于同样重要的地位；而且与其他职能部门相比，它拥有更加丰富的信息，居于独立的地位，又可以直接受命于最高管理者，因此比其他部门在处理问题时有着更便利的条件。

公共关系部在旅游组织中的地位主要体现在：

其一，在旅游组织内部管理中，公共关系部居于重要的地位。现代社会中，任何一个社会组织，当然也包括旅游组织，其生存和发展首先需要一个和谐的内部环境。公共关系部介于高层管理者和各个职能部门之间，介于各个职能部门和基层工作人员之间，它负责沟通和协调最高决策层与职能部门之间、职能部门与职能部门之间以及职能部门与基层工作人员之间的关系，并负责向决策层提供信息，辅助决策。

其二，公共关系部在旅游组织的外部经营活动中也居于重要的地位。旅游组织的生存和发展离不开和谐的外部环境，离不开外界公众对组织的认可和支持。而如何为组织营造和维持良好的生存环境，如何塑造能为外界接受的组织形象，就需要公共关系部的公关活动。在这里，公共关系部对外代表组织本身，负责旅游组织与外界的双向沟通。

二、公共关系部的设置

(一) 旅游组织设置公共关系部的必要性

在旅游组织中组建公共关系部，是由公共关系职能本身的重要性决定的，它是旅游组织有效开展公共关系活动的组织保证。

从旅游组织内部来讲，旅游组织具有复杂性的特点。首先，它由各个不同的有机部门构成，但由于各个部门所处地位不同，就难免产生意见上的分歧和利益上的冲突；其次，由于旅游业的特殊性，旅游组织是一个人力密集型的组织，人的地位非常突出，但由于个人眼界的狭隘，不可能每时每刻都从全局利益出发考虑问题，因此，各部门之间、部门与其成员之间都需要关系的沟通。旅游组织内部关系沟通的好坏，直接影响组织融洽关系的形成以及员工士气和工作热情的激发。只有内部关系融洽的组织，才是一个充满活力的组织，而能担当起内部关系有效沟通重任的就是公共关系部。

从旅游组织外部来讲，任何一个旅游组织都不能孤立存在。它既要面对纷繁复杂的国际国内政治、经济、文化环境的变化，又要面对同行业各组织的竞争与合作，还要面对不同类型又时时变化的旅游公众。如何在这种动态的环境中搜集信息，调适自己，塑造良好的组织形象，处理好与各方面的关系，营造一个有利于自己发展的和谐的外部环境，也只有通过公共关系部的精心工作才能做到。

(二)公共关系部设置的原则

在各个方面联系越来越紧密的当代社会,在旅游组织内部设置公共关系部是必要的。但是,设置公共关系部切忌盲目,要遵循一定的设置原则:

第一,公共关系部的设置应考虑到组织规模的大小。若旅游组织的规模较大,其公共关系部的规模也可以相应大一些;若旅游组织的规模较小,公共关系部的规模也应稍小一些,有些较小的旅游组织甚至可以不单独设置公共关系部,而是由几个专门的公共关系人员在办公室或接待部的领导下开展公共关系工作。

第二,公共关系部的设置应有利于公共关系活动的顺利开展。公共关系部并不是为了设置而设置,它的规模、内部结构、与最高层的隶属关系以及与其他部门的关系,都应以有利于实际公关职能的发挥为原则。

第三,公共关系部的设置应有利于组织公共关系目标和组织总目标的实现。公共关系部作为旅游组织的职能部门之一,其各项活动开展的目的就是为了能够顺利实现预定的公关目标,并最终实现旅游组织的总目标,这一点是公共关系部始终不能忽视的。

(三)公共关系部设置的一般模式

关于公共关系部的设置,根据不同的分类标准,会有不同的设置模式。总结各种模式,主要有以下几种:

1. 按照公共关系部的规模分类

根据旅游组织规模的大小,公共关系部的规模也不尽相同,这也是与公共关系部的设置原则相适应的。

(1)大型公共关系部如图2-1所示。

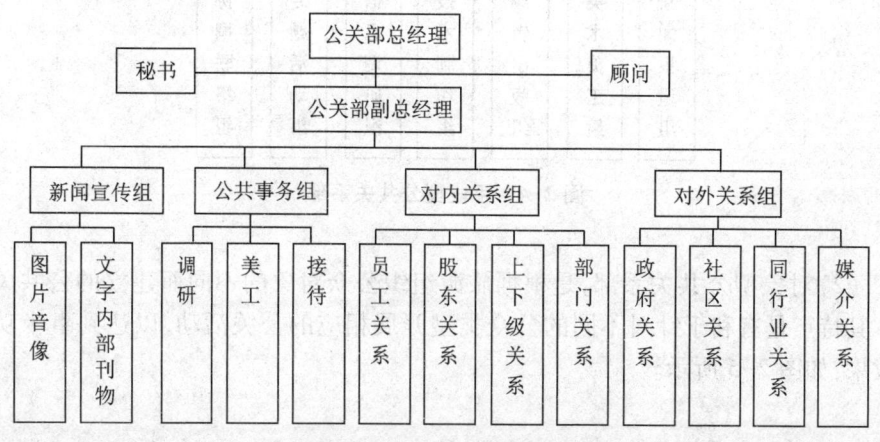

图2-1　大型公共关系部

(2)中型公共关系部如图2-2所示。

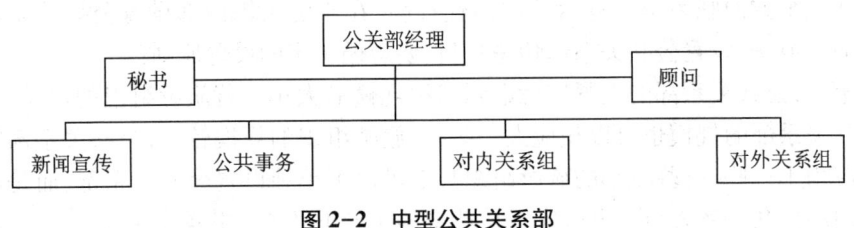

图2-2 中型公共关系部

(3)小型公共关系部如图2-3所示。

图2-3 小型公共关系部

2.按照公共关系部的工作特点分类

(1)手段型公共关系部是由公共关系工作的技术手段决定的。其特点是技术职责明确,便于指挥和管理。如图2-4所示。

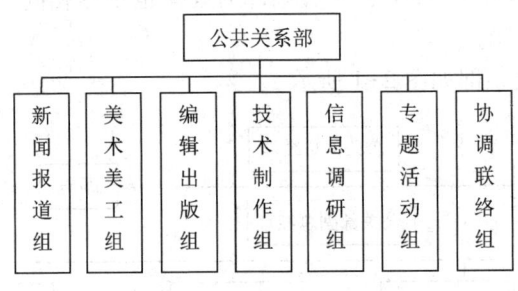

图2-4 手段型公共关系部

(2)对象型公共关系部,是根据旅游组织公众对象的不同而建立的公共关系部。其特点是有利于针对不同的公众类型开展相应的公关活动,以达到事半功倍的效果,如图2-5所示。

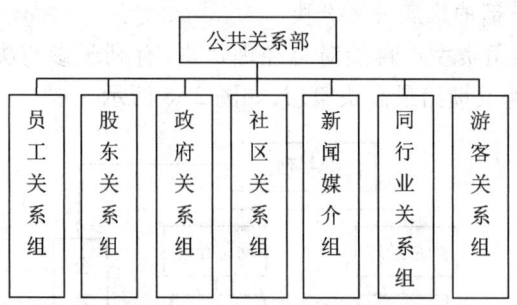

图 2-5 对象型公共关系部

(3)职能型公共关系部,是按照公共关系职能的不同而建立的公共关系部。其特点是分工明确,能够反映出组织对公共关系部的期望,如图 2-6 所示。

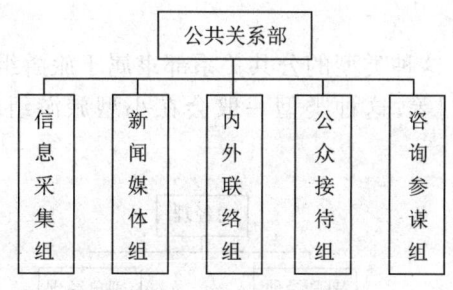

图 2-6 职能型公共关系部

(4)区域型公共关系部,是根据地区分类而建立起来的公共关系部。其特点是地域明确,尤其适用于大型跨区域的旅游组织,如图 2-7 所示。

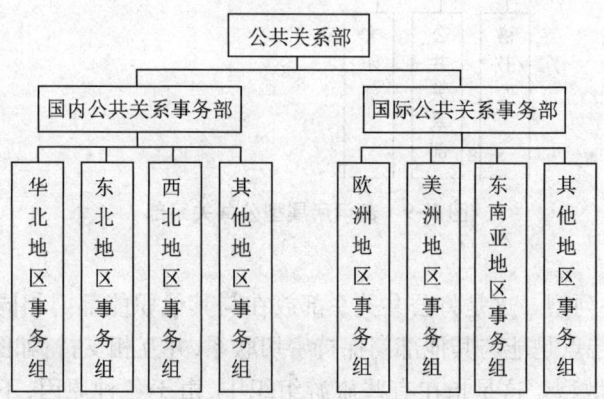

图 2-7 区域型公共关系部

3.按照公共关系部的隶属关系分类

(1)总经理直接负责型。直接对总经理负责,有利于参与决策的制定,并方便将各部门的信息迅速反馈给最高决策层,如图2-8所示。

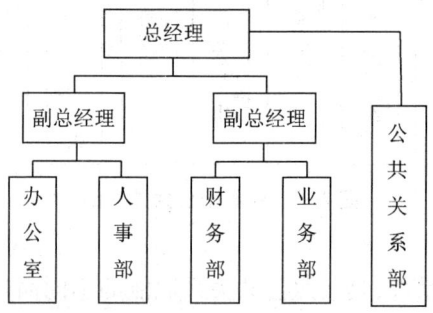

图2-8　总经理直接负责型公共关系部

(2)部门所属型。这种类型的公共关系部隶属于旅游组织的某一部门,如办公室或者旅游接待部门等,这种类型一般会在小型旅游组织中出现,如图2-9所示。

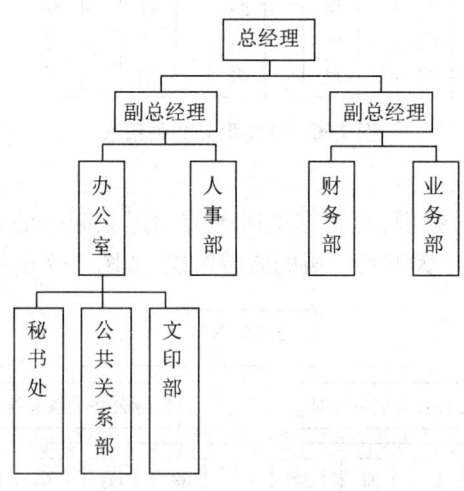

图2-9　部门所属型公共关系部

(3)部门并列型。这是将公共关系部放在与其他职能部门相同的位置上的一种设置模式,其特点是能与其他部门保持密切联系,并互相支持,如图2-10所示。

(4)职能分散型。这是指在有些旅游组织中,由于各种原因,不单独设置公共关系部,而是将公共关系职能分解到各个部门,由各个部门中有关人员开展与本部门有关的公关活动。

应该注意的是,公共关系部的各种设置只是一种形式,并非内容。采取何种形式,应视本部门的具体情况而定。

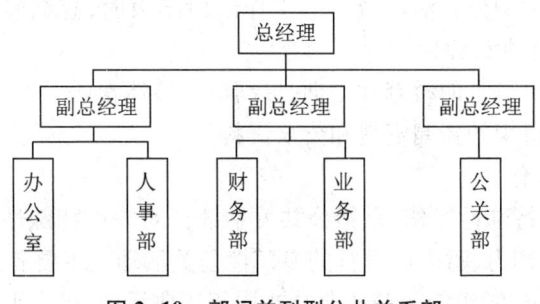

图 2-10 部门并列型公共关系部

三、公共关系部的工作

概括起来主要有常规性、定期性和特殊性三种工作。

(一)常规性工作

公共关系部的常规性工作,是指公共关系部为了实现旅游组织的公关目标和总目标,在日常组织运行中所从事的一般性工作。大型公关活动的成功,离不开公共关系部常规性工作的充分准备。归纳起来,常规性工作主要有:

(1)进行调查研究,从各种渠道收集信息,了解组织内外部环境,并预测其动态变化。

(2)参加组织内部各种管理会议,了解并协调部门之间的关系。

(3)为内部员工策划组织各种娱乐活动,联络感情,增强组织凝聚力。

(4)编制组织刊物,制作宣传品和各种纪念品,并向外界传播组织信息。

(5)对外代表组织接受新闻媒介的采访,受理旅游公众的投诉,参与社区有关事务。

(6)积极了解政府的各种政策方针、法律法规,并主动向政府报告本组织情况,保持与政府的密切联系。

(7)将组织的重要公众的资料整理建档,代表组织与旅游者中的特殊公众保持密切联系。例如,在客人生日或重大节日时寄出礼物,征询重要客人的意见等。

(二)定期性工作

公共关系部的定期性工作,是指在一个长期的工作计划中,需要公共关系部按照惯有的工作程序和规律反复开展的相关工作。

(1)制订公共关系计划,对旅游组织的日常性和专题性公关活动开展公关调查。

(2)在每年的旅游旺季开始之时,编制各种宣传材料,制订促销计划,并协助开展促销活动。在旅游旺季过程中,研究同行业合作者以及竞争者的促销活动,取人之长,补己之短。

(3) 在每一次大型公关活动或每一工作阶段结束时,总结经验教训,进行反馈调查,对阶段性工作进行评估。

(4) 定期组织对员工的教育和培训,提高员工整体素质。

(5) 定期更新组织的新闻资料和公众资料。

(三) 特殊性工作

公共关系部的特殊性工作,是指公共关系部针对一些特殊性事件,为了增强宣传效果,集中人力、物力、财力而进行的专门性公关活动。主要有:

(1) 策划、组织旅游组织的开业典礼或周年庆典活动,扩大组织影响。

(2) 借所在城市举办各种国际会议之际,举办有关展览活动,提高组织知名度。例如,无论在何处,举办奥运会、世博会、旅游展销会等大型活动常常被视为是当地旅游推广的好机会。

(3) 设计或委托制作旅游组织的名称、标志、吉祥物及口号,打造组织品牌。

(4) 对专门性的公共关系活动效果进行评估,并反馈到各个部门。

(5) 灵活处理有关突发性事件。

四、公共关系部的作用

大多数旅游组织已经意识到了公共关系部的重要作用,认为它是旅游组织的"耳目""喉舌""智囊团""桥梁""润滑剂"。旅游组织的各项活动,尤其是公关活动的顺利开展,离不开公共关系部的参与。

(一) 收集和传递信息

旅游组织公共关系部自身的特点决定了它收集和传递信息的必要性和便利性。公共关系部一般具有接触社会面广,联系公众密切,信息网络系统通畅,信息来源渠道广泛等特点,这就使得它能够迅速收集到有关政府信息、产品形象信息、同行业信息、市场信息以及旅游者信息,并将这些信息整理成对组织有用的资料、简报和各种内部刊物,传达给高层决策者及有关部门。现代社会是一个资讯社会,谁拥有足够的信息,谁就占据了优势地位。尤其是在竞争如此激烈的旅游业中,没有足够的信息,就犹如"盲人骑瞎马,夜半临深池"。如此一来,公共关系部的作用就显得尤为重要了。

(二) 监测环境,分析趋势

如前所述,旅游组织的生存和发展离不开外界环境的认可和支持。旅游组织每次在开展重大活动或制定重大决策时,都要事先对外界环境进行监测分析,并需要对可能出现的问题和效果进行预测,以便使活动或决策更具可行性和有效性。这里的环境监测包括市场环境、公众环境以及社会环境;趋势预测包括旅游组织发展趋势预测,旅游公众态度和行为变化预测,以及社会经济和政策走向预测。

(三)提供决策咨询

通过信息搜集和环境监测得到的资料和信息,必须通过一定的渠道传达给组织的决策部门,以提高决策的可行性和有效性。决策的结果直接关系到旅游组织自身的兴衰存亡,而任何正确的决策都离不开信息的充分性、准确性和及时性。最理想的公共关系部应该直接隶属于最高管理者,这样,它就可以为最高领导者提供决策咨询,帮助领导者作出科学的决策。

(四)组织宣传沟通

随着市场经济的发展,旅游组织与外界的联系越来越广泛,交际应酬越来越频繁,相应地,在联络感情的同时也必然会产生这样那样的摩擦和纠纷。因此,为了获取组织内外部公众的了解、信任、支持与合作,减少组织与内外部环境之间的摩擦和矛盾,公共关系部就要担负起这个宣传沟通的重任,努力为组织营造一种"人和"的生存和发展环境。

(五)协调内外关系

旅游组织公共关系部的一个重要工作就是"内求团结,外求发展",并最终实现组织发展的目标。因此,在实际的公共关系活动中,公共关系部既要协调好旅游组织内部各部门之间、员工之间的关系,又要协调好旅游组织与外部公众之间的关系,实现组织的内外协调。

(六)塑造和传播组织形象

公共关系部还有一个重要作用是为旅游组织做好整体形象策划工作,包括形象定位,形象内涵的确定和表现,组织内外行为和视觉识别系统的设计,并制订实施方案落实策划的内容,然后通过媒介传播出去,以获得公众的认可,使策划的形象最终变成广为人知的实际形象。公共关系部的职能是多样的,但众多职能归结起来便是塑造良好的组织形象,这不仅是公共关系活动的目的,也是旅游组织追求的长期目标。

案例 2-1 广州中国大酒店的公关工作

广州中国大酒店是国内首家中外合作经营的大型五星级酒店,更是万豪国际集团在这个发展迅速的大都会的旗舰酒店。酒店位于广州市繁华的中心地段,凭借其得天独厚的地理位置及殷勤周到的服务,自1984年6月开业以来,一直备受各商界名流和品位人士的青睐。酒店曾成功接待过来自世界各地的商务旅行者和国家领袖,备受好评。自1996年起,中国大酒店连续7年荣获美国酒店服务科学学会颁发的最高奖项"钻石五星奖",这在全国绝无仅有。

早在20世纪80年代,中国大酒店的公共关系工作便开展得有声有色,引起人们的关注，不少公关经典故事至今仍为人们所乐道。其公关部主要担任四个不同层次的沟通工作。

一、与消费者的沟通

公关部借助于各种有形、无形的细节加强与消费者的沟通，这些细节既体现在各种精美的印刷品、宣传品、小纪念品上，也体现在各种出色的服务上。①种类繁多的印刷品。如服务项目的宣传单、海报、开业纪念特别刊物、酒店设施指南等。②定期通过信件向客人表示敬意，欢迎客人光临，并将酒店的最新情况传达给客人。③在各种特别纪念日如节日、客人生日等，赠送小礼物，使客人倍感亲切和温暖。④有重要宾客下榻或参观酒店时，安排特别接待。⑤在重大节日，如春节、圣诞节、国庆节、母亲节、中秋节等，组织特别活动，与宾客共度佳节。

二、与大众传播媒介的沟通

中国大酒店在1989年的下半年举办了一次为云南灾区募捐义卖的"云南日"活动。公关部抓住机会，召开记者招待会，向新闻媒介发出新闻稿，这一活动受到新闻界和广大公众的高度关注。中国大酒店不但善于捕捉、利用新闻，而且善于制造新闻，为新闻媒介提供新颖的题材。如酒店开业一周年之际，公关部精心地组织了3000名员工排成了一个巨大的"中"字，拍摄了一张"全家福"照片，为新闻媒介提供了一张颇具新闻价值的图片，先后被国内外众多报纸和杂志采用，收到了极好的宣传效果。

三、与社会公众的沟通

中国大酒店为了取得公众的支持，坚持致力于支持社会公众活动和社会公益事业，促进了公众对酒店的了解，提高了酒店在社会公众中的地位。酒店开业以来，曾先后参与过资助"中国残疾人福利基金会"的成立，兴建"广州残疾儿童健康中心"，捐款赞助"残疾儿童福利院"，赞助每年一度的"六一"中外儿童联欢会，密切酒店与公众的关系。

四、与内部职工的沟通

广州中国大酒店注重与内部职工的沟通，他们建立通畅的信息沟通渠道，广泛听取内部职工的意见和建议，鼓励员工提出自己的想法。为员工创造良好的服务环境和培训机会，不断满足员工的合理要求，增进酒店与员工的和谐关系。

资料来源：整理自《深圳特区报》(2004年6月10日，李明)相关报道、《公共关系案例教程》(林汉川，李觅芳.上海：复旦大学出版社，1997)、百度文库等相关信息。

案例讨论：

结合本案例说明酒店公关部的主要职能。请搜集该酒店的公关故事与同学分享。

第三节 旅游业的公共关系人员

公共关系部是旅游组织开展公共关系活动的组织保证，而公共关系人员则是公共关系活动的具体执行者。他们自身的素质对于公共关系活动的成效起着决定性的作用。选拔和任用具有良好职业道德、心理素质、文化素质和较高工作能力的公共关系人员，对旅游组织有效、成功地开展公关活动十分重要。

一、旅游业公共关系人员的素质要求

旅游业公共关系人员的一言一行都代表本组织的形象，他们就是旅游组织形象活生生的代表。因此，公共关系人员必须具有较高的素质，才能为组织形象的塑造作出贡献。

（一）职业道德素质要求

公共关系人员的职业道德素质，是指公关人员作为旅游组织的职能人员所必须遵守的职业道德规范。概括起来主要有以下几点：

1. 遵纪守法，敬业爱岗

旅游业的公共关系人员必须严格遵守中华人民共和国的各项法律、法规，遵守旅游业及其他行业的各项规章制度，做到依法办事、按章办事；公关人员应热爱自己的职业和岗位，做到干一行，爱一行，专一行。

2. 诚实公正，作风正派

诚信是做人之本，也是事业成功的保证。公共关系人员在旅游业公关活动中，要力求做到实事求是，名副其实，不文过饰非，言过其实；对待所有的公众，应一视同仁，平等相待，不应只对自己的 VIP 客人和大宗团队客人礼貌有加，而对一般客人冷漠相待。

3. 顾全大局，不谋私利

中华民族的传统美德之一便是"舍小家，顾大家"，而在复杂的旅游组织中，更需要公关人员具有这一项美德。公关人员本身就是一个"协调人"的角色，只有始终以国家利益、组织利益、公众利益为重，任何时候都不营私舞弊，欺诈受贿，才能胜任这一角色，协调好组织内外关系。

4. 积极上进，努力学习

"活到老，学到老"是旅游业公关人员所必须具备的一项职业道德素质。旅游

业是一个综合性的行业,涉及各个方面的知识;旅游业又是一个常干常新的行业,时时刻刻都会遇到新问题、新情况。因此,公关人员必须利用一切机会,积极主动地学习各种相关知识,不断充实自己,才能担当起旅游业公关的重任。

(二)心理素质要求

公共关系人员的心理素质要求,是指旅游业公关人员从事公共关系工作所应具备的心理特征。主要有以下几点:

1. 热情自信

旅游业是一个服务性行业,其基本目标就是为客人提供满意的服务。而只有对生活、对工作、对人、对事始终充满热情,对自己充满信心的人,才能全身心地投入到工作中去,才能保持对环境的高度敏感性,才能在遇到突发事件时临危不乱,化险为夷。

2. 思想开放

旅游业公共关系工作是一种开放型的工作,这也就要求公共关系人员具备开放的心理。旅游业公共关系工作面临的大都是新环境、新情况、新问题、新挑战,公关人员只有具备开放的心理,才能勇于并乐于接受新事物、新思想,才能同各种与自己性格不同、观念不同的公众和谐相处,才能不懈追求更高的目标,全力以赴地投入到旅游业公共关系工作中去。

3. 沉着稳重

与热情相对应的一个心理素质是沉着稳重,二者并不矛盾。旅游业公共关系工作处于一个多变的环境中,公关人员很容易受到各种因素的影响而使工作受到干扰。因此,这就要求公关人员要有临危不乱的气质,要有海纳百川的胸怀,沉着应对各种突发事件,全面考虑,灵活应变,处理周全,既能维护公众利益,又能维护组织形象。

4. 创新审美意识强

创新是旅游业公共关系工作的生命力之所在,成功的公共关系活动必然来自有新意的思想和行为;美感也是公关工作所必不可少的因素之一。旅游业公关人员应该具有别出心裁、独具匠心、雅俗共赏的公关设计思路,才能使组织在激烈的竞争中一枝独秀,赢得公众的青睐。

5. 富有爱心和亲和力

公共关系人员经常与各种旅游公众直接面对面交流,要想得到公众的信赖和支持,就必须富有爱心和足够的亲和力,以己心换彼心,这样才能与公众建立和谐的人际关系,使他们乐意接受自己的观点,并支持自己的行动。

6. 具有坚强的意志

旅游业公共关系工作是一项立足长远又复杂的工作,经常面对的新情况和各色人等,会使公关人员不可避免地遇到挫折和困难。公关人员只有具备坚强的意志,才能控制自己的情绪,以大局为重,勇于克服困难,战胜挫折。

7.注重形象

旅游业公共关系人员从事工作的最终目的就是为组织塑造并保持良好的形象,而公关人员自身的形象就是组织形象的一部分。在从事公关工作时,不仅代表着组织形象,还体现了社会文明程度和时代风貌。在与外籍人员打交道时,还代表着一个国家的形象和审美观点。因此,旅游业公共关系人员必须树立良好的形象意识。

8.迅速转换角色和换位思考的意识

旅游业公共关系人员处在一个多变的环境中,他们会面对形形色色的旅游公众,上至国家元首,下到普通群众,都有可能出现在他们的工作中,因此,他们必须具有迅速转换角色的能力,否则便不能适应工作的要求。另外,要想取得旅游公众对组织和自己工作的理解,就要首先理解公众,这就要求公关人员学会换位思考,从公众的角度考虑问题,并以此为标准调整自己的行为。

(三)文化素质要求

公共关系人员的文化素质要求,是指旅游业公关人员经过正规的教育和培养以及自学等方式,所掌握的文化方面的知识。旅游业公共关系工作的性质决定了公关人员应涉猎多方面的知识,培养多方面的爱好,才能智慧之树常青,才能在各种场面与各种公众交往的过程中应付自如。具体来说,公关人员应掌握的文化知识有以下几种:

1.旅游业相关知识

旅游业相关知识是旅游业公关人员应该掌握的基本知识。旅游业公共关系工作是为旅游组织服务的,因此,公关人员至少应了解旅行社、旅游饭店、旅游交通及各种旅游组织的基本运营情况,了解各种旅游法规和旅游业公共关系的基本指导方针。这是公关人员从事旅游业公关工作的基础和保证。

2.旅游业公共关系相关知识

(1)公共关系基础理论知识,包括公共关系理论知识和实务知识两大部分。旅游业公共关系理论知识是指与旅游业公共关系相关的基本概念、原理、原则和方法,是对公共关系活动的科学总结;旅游业公共关系实务知识是指包括公共关系调查、策划、传播和评估在内的一系列具体业务知识。

(2)公共关系相关学科知识,包括与公共关系工作密切相关的经济学、管理学、营销学、传播学、广告学、社会学、组织行为学、心理学、人际关系学等相关学科知识,以及开展特定公共关系工作所需的专业技能和知识。

3.其他知识

包括天文、地理、历史、文学、文艺、体育等各种知识。

(四) 工作能力要求

公共关系人员的工作能力要求,是指旅游业公共关系人员为了能够顺利开展公共关系活动所应具备的基本的工作能力。

1. 独立处理问题的能力

旅游业公共关系人员经常代表组织独自面对各类公众,处理各种突发情况,加上旅游业公共关系工作的复杂性,要求公关人员具有相关方面的知识和临危不乱的气质,能够独立处理各种问题。

2. 调查研究能力

旅游业公共关系工作是一项实践性很强的工作,它并不能在办公室中凭空想象,而需要深入到各类公众中,调查研究其特点和消费趋势,制定合适的公关策划。具体的调查研究能力包括:确定公关调查内容、对象、手段,编制公关调查方案,负责安排实地调查,回收整理调查资料,撰写公关调查报告,评估公关调查效果等。

3. 策划和组织能力

公共关系工作是一项有条理的、各部分衔接紧密的系统工程。旅游业公共关系活动的顺利开展,离不开公关方案的精心策划和认真组织。具体的策划能力包括:根据消费趋势或者大型节假日确定某一公共关系活动主题,选择公关对象和传播媒介,制订详细的公共关系活动计划。组织能力则是指将公关策划付诸实施和对公关工作的指挥协调的能力。

4. 表达和传播能力

让外界公众了解本组织是旅游业公共关系工作最基本的要求,因此公关人员必须具有较高的文字功底和口头表达能力。唯有如此,公关人员才能写好公关工作中所需要的新闻稿、宣传稿、演讲稿、贺词、信函、公文等,也才能将其传播给公众,并使之很好地了解自己的意图。为此,公关人员应专门学习一些文字表达技巧和口头表达艺术。

5. 社会交际能力

公共关系工作又被称为公众关系工作,说到底就是与人打交道的工作。面对旅游业纷繁复杂的公众群体,旅游业公关人员必须具备同各种人愉快相处的能力,也就是社会交际能力,做到在尽量短的时间内,与周围的人打成一片,让他们自觉跟随自己的思路和脚步。

二、旅游业公共关系人员的任务和职责

(一) 内部关系协调

内部关系包括员工关系、股东关系、部门关系以及上下级关系。具体工作包括:利用内部媒介加强与员工的沟通;组织各种娱乐活动,增进员工之间的感情,增强组织凝聚力;负责组织有关公共关系知识的培训和内部员工公关意识的培养,真

正做到"全员公关";编辑出版内部刊物,及时让员工了解组织内外部情况;创建内部沟通渠道,搜集员工意见,真正做到上情下达和下情上达;及时了解各部门之间的情况,在部门之间起到传达消息的作用;为领导层提供决策参谋意见;为组织培养公共关系人才。

(二)外部关系沟通

外部关系主要是前面所讲的游客关系、政府关系、媒介关系、社区关系、同行业关系。具体工作包括:及时了解旅游者的消费偏好和消费趋势;时刻关注政府的政策方针以及与旅游业有关的各项法律法规的出台,并注意与当地政府保持密切的联系;搞好同新闻媒介、出版机构的关系,积极与他们配合;积极参加社区活动,争取社区公众的理解和支持;与同行业搞好关系,与他们在竞争与合作中寻求发展。

(三)专业技术工作

专业技术工作是指为开展旅游业公关活动而必需的技术上的工作。具体工作包括:组织安排有关开幕仪式、周年庆典及其他纪念活动;举办记者招待会,安排领导者与新闻媒介的接触;举办展览会和外部公众对组织的参观;开展广告宣传活动,编辑并印发有关外部刊物;做好民意测验、社会调查活动,等等。

三、旅游业公共关系人员的选拔和培养

公共关系人员在旅游组织中的不可替代的地位,决定了对公关人员选拔和培养工作的重要性。一名合格的旅游业公共关系人员,应像企业家般精明能干,像外交家般处事周全,像演说家般思维敏锐。旅游组织要拥有这样的公关人才,就必须进行认真地选拔,并悉心培养。

(一)旅游业公共关系人员的选拔

1. 选拔渠道

(1)内部渠道。旅游组织可以从组织内部员工中选拔公关人员。其优点是内部员工对组织情况比较熟悉,能够很快熟悉周围环境,并迅速投身到新的组织工作中去;给员工提供工作轮换的机会,为个人发展提供更大的空间。缺点是容易受到以前部门工作的影响,有时不能完全放开手脚。

(2)外部渠道。旅游组织也可以从外界招聘选拔公关人员。其优点是,从外界招聘专门的公关人员,素质可能会更高一些;能为组织带来新鲜的血液和活力。缺点是需要一段较长的适应期。

从内部和外部渠道选拔公关人员,各有利弊,旅游组织应根据自身的情况,选择合适的选拔渠道。

2. 选拔原则

不论是从外部还是内部选拔公关人员,都应遵循以下原则:

(1)疑人不用,用人不疑。公共关系工作需要较大的自主权和较高的自由度。

凡是交给他们的任务,就要放手让他们去做。如果有太多的条条框框、束缚和怀疑,一定会影响到他们工作的积极性,进而影响到公关活动的效果。

(2)任人唯贤,重视能力。优秀的公关人员需要具备优良的素质和卓越的才能。旅游组织在选拔公关人员时,切忌搞裙带关系,而应以素质和能力作为最基本的选拔标准。这样选出的公关人员才是对旅游组织有用的人才。

(3)扬人之长,避人之短。金无足赤,人无完人。每一个公关人员都既有长处,又有短处。这就要求领导者要善于发现公关人员的优点,并力求使其发挥到最佳状态;同时又要注意他们的缺点,尽量减少其对公关活动效果的影响。旅游组织既需要能力素质全面发展的通才,又需要有特殊能力、特殊技巧的专才。只有由性格各异、各具专长的人才组成的公共关系部才会真正充满活力。

(二)培养

现代旅游组织强烈呼唤优秀的公共关系人员,选拔之后的培养就显得更加重要。

1.培养途径

旅游业公共关系人员培养主要有三条途径,即:

(1)专业教育。这是指在学校中培养公共关系人员。一种是在高等学校或中等专业学校的公共关系专业培养的大中专学生,这是旅游业公关人员重要的后备力量;另一种是旅游组织选拔公关人员之后,为了提高其综合素质而送到专业学校中进修深造。

(2)业余学习。每一次的公共关系活动都是学习的机会。公关人员可以在工作过程中,利用业余时间自学公共关系知识。

(3)短期培训。由于正规的学校教育需要占用大量时间,而旅游业公共关系人员的工作一般都比较紧张。因此,请专门的公关人才到组织内对公关人员进行短期培训,就成为公关人员迅速提高素质的简明有效的方法。

2.培养方法

不论是采取何种途径进行培训,都需要采取一定的方法,这样才能做到事半功倍。旅游业公共关系人员的培训方法主要有以下几种:

(1)旅游业公共关系理论知识和实践知识培训相结合。熟悉理论知识是从事公共关系工作的前提和保证。但也应注意的是,旅游业公共关系是一项实践性很强的工作,如果不能将理论知识运用到实际的公共关系活动中,这些知识也就形同虚设。

(2)通才式公关人员培养和专才式公关人员培养相结合。旅游组织内如果全是通才式的公关人员当然是最好不过的,但一般情况下,这是没有必要的,也是不现实的。有一小部分通才式的公关人员担当起公关部领导者的责任,带领着各有专长的公关人员进行各项公关活动,是最常见也最现实的搭配方式。因此,既要根据需要培养适当的通才式公关人员,也要培养大量专才式公关人员,并鼓励他们向通才式公关人员看齐。

(3)学校培训、组织内部培训和鼓励业余学习相结合。比较而言,这三种培训方式各有利弊。学校培训有师资力量雄厚的优势,旅游组织内部培训有紧密联系公共关系实践的优势,而业余学习则具有时间灵活、随学随用的优势。因此,旅游组织应根据实际情况,采取适合自己的培训方法或多种方法相结合。

3.培训内容

对旅游业公共关系人员的培训内容有很多,大致可归纳如下:

(1)旅游业公共关系基础理论知识。包括公共关系学原理、经济学、管理学、市场学、社会心理学、组织行为学、大众传播学以及新闻学。

(2)旅游业公共关系实务知识。包括组织公共关系现状、组织形象设计、市场调查预测和评估、各种文稿的写作技巧、危机公共关系处理、公共关系广告和宣传、公关活动组织与策划、商业谈判技巧、演讲技巧、编辑采访技巧等。

(3)旅游业公共关系礼仪知识。包括礼宾知识、仪容仪表、迎送礼节、会见和会谈礼节、谈话礼节、宴会礼节等。

(4)其他知识培训。与旅游相关的任何其他知识,以及能够提高旅游业公关人员综合素质的知识,都在培训内容之列。

案例 2-2 深圳"锦绣中华"的公关人员

锦绣中华是香港中旅国际投资有限公司和深圳华侨城股份有限公司合资兴办的大型文化旅游区,坐落在风光绮丽的深圳湾畔。它是目前世界上面积最大、内容最丰富的实景微缩景区,占地450亩,分为主点区和综合服务区两部分。自1989年9月开业至今,一直是旅游者到深圳旅游的必选景点。"锦绣中华"的构想,最早是由香港中旅集团有限公司总经理马志民先生提出的。他受荷兰著名观"小人国"的启发,结合中国实际,大胆创新,独树一帜地利用深圳的旅游资源,融合我国的自然风光、人文景观于一炉,集千种风光、万般锦绣于一园,成就了一处具有中国特色和现代意识的崭新名胜。景区中82个景点均按中国版图位置分布,比例大部分按1∶15建造。景点布局均是按它在中国版图上的位置分布的,全园面积有如一幅巨大的中国地图。这些景点可以分为三大类:古建筑类、山水名胜类、民居民俗类。安置在各景点上的陶艺小人达五万多人。

为什么"锦绣中华热"会长盛不衰呢?这与他们公共关系人员的公关意识、公关手法和公关谋略是分不开的。

"锦绣中华"创建伊始,根底全无,这就决定了它必须在紧张营建的同时,要花大力气推销自己的形象,创立自己的知名度。于是,包括最高层领导者在内的公关

人员,开展了一系列的公关活动:

  1989年9月,香港中旅集团联合国内三大旅行社,于"锦绣中华"开业庆典之际,在"1989年中国深圳旅游洽谈会"上大力推介"锦绣中华"景区,并在会上签订了几十份中外合作的协议书。

  1989年9月22日,在"锦绣中华"正式开园的日子,公关人员利用各种传播媒介集中宣传报道。除了由国内传播媒介给予重点报道之外,还不惜巨资在香港《大公报》《文汇报》《明报》等多家报纸做整版或多版的开业广告。他们还邀请1200多名中外嘉宾到场,充分利用名人效应,树立自己的形象。

  在开业庆典举行之日,召开"华侨城投资洽谈会",不仅扩大了自己的知名度。还一举解决了筹资问题。

  在成功的开业庆典之后,"华侨城"时刻注意开展富有新意的公关活动,吸引游客的眼球。无疑,深圳"华侨城"的公关活动取得了巨大成功,而这些成功里凝聚的是所有公关人员的智慧和创新意识。

  锦绣中华非常注重公关人员的选拔和培养。2011年6月公司对公关职位的应聘者提出了以下要求:

1.本科以上学历,熟悉各类公关活动的操作细节,曾参与过活动方案。

2.具备优秀的活动策划方案撰写能力,能将策略、计划、流程等准确、简洁地表达出来。

3.具有良好的活动组织、协调沟通能力,能独力执行全程活动。

4.具备新闻稿件的撰写能力,能独力完成与活动策划相关方案的撰写。

5.思维敏锐,具有较好的创意能力和市场眼光,具有高度的工作热情和责任感。

6.具备活动策划经验者优先。

资料来源:整理自林汉川.公共关系案例教程.上海:复旦大学出版社,1997、应届生求职网(http://www.yingjiesheng.com/job-001-111-356.html)及369百科相关信息。

案例讨论:

结合案例分析合格的公共关系人员应该具备怎样的素质和专业能力。

专业词汇

旅游业公共关系主体 旅游组织 公共关系部 公共关系人员

思考与练习

1.旅游组织有哪些类型?其基本特征有哪些?

2.怎样理解公共关系部在旅游业公共关系中的重要性?你如何看待公共关系部与旅游组织内部其他部门的关系?

3.旅游组织内部设置公共关系部有哪些模式可供选择？怎样选择？
4.旅游业公共关系人员需要具备哪些条件？如何选拔和培养公共关系人员？
5.如果将公共关系人员分成通才型和专才型公关人员，则他们各自应有哪些基本要求？
6.请调查几家饭店、旅行社或其他旅游企业，了解其公关部的设置情况，分析其结构模式的优势与劣势，并给出你的评析和建议。

第3章

旅游业公众与公众策略

本章导读

旅游业公共关系的客体是旅游业公众,亦可称之为旅游公众,他们是旅游组织赖以生存和发展的基础,也是旅游业公共关系的工作对象。深入研究公众的不同类型及其各自的特点,科学地确定旅游组织的目标公众是旅游业公共关系顺利展开的基础和起步,唯有如此,旅游组织才可能将本组织的各种信息有效地传播给自己的公众,才能够协调好组织与公众之间的关系,也才能够在公众中树立自己的良好形象和声望。因此,在本章中,我们对旅游公众的特征和特点进一步展开分析,在此基础上提出公众的分类方法及针对不同公众的公众策略。

第一节 旅游业公众的特征与分类

一、旅游业公众的范围

前文中我们已经论述过公众的一般概念。旅游业公众是指在旅游业经营管理的过程中所面对的公众对象,也就是与旅游业公共关系主体相互联系、相互作用的个人、群体或社会团体的总称。这些个人、群体和社会团体构成了旅游组织的社会环境,对组织的生存和发展具有现实的或潜在的影响力。旅游组织开展公共关系活动,其实就是要处理好组织与各种公众之间的关系,使本组织与各种公众之间能够相互理解、相互信任、相互合作、相互支持,创造一个有利于组织生存和发展的、和谐的人际关系环境和社会舆论环境。

就其范围而言,旅游业公众包括旅游组织内部的员工公众、股东公众,外部的顾客公众、新闻媒介公众、社区公众、同行业公众、政府公众等。对于任何组织而言,公众是客观存在的,只有通过自己的努力而纳入自己工作范围内的公众,才是旅游组织真正现实意义上的公众。

二、旅游业公众的特征

(一) 广泛性

任何组织都不能孤立存在于社会之中,旅游组织也不例外。任何因与旅游组织面临共同问题,而与旅游组织发生联系,产生相互影响、相互作用的个人、群体、社会团体都能成为旅游组织的公众。旅游组织,不论是旅行社、饭店,还是旅游交通组织,都会时时刻刻面对各行各业的人,这些接受旅游组织服务或为旅游组织提供服务的人,都是旅游组织的公众。因此说,旅游业的公众具有广泛性的特点。

(二) 同质性

旅游业公众的形成是因为这些公众成员遇到了共同的问题,而且这些问题将对公众成员产生共同的影响。由此可见,旅游公众并不是一盘散沙,而是由以共同的问题或利益为纽带联系在一起的、具有某些相似性质的人群组成的。这种性质相似性,可以是利益相似、背景相似、目的相似、问题相似、需求相似或者兴趣相似。旅游业公众的性质通常是由旅游组织的性质决定的。具有相似目标或性质的旅游组织往往拥有相似的公众。在旅游业公共关系活动中,了解其公众的同质性,有利于区分其目标公众,提高公共关系活动的效率。

(三) 群体性

从"公众"这个词的表面意义上就不难看出,"众"是众多,而不是单个的意思。旅游组织的公众对象是由众多的个人、群体和社会团体所组成的一个整体。因此,旅游业公众具有群体性的特征。单个的公众或某一类公众并不能构成旅游组织的运行环境。试想一下,一个饭店并不可能仅仅面对一个住店客人,也不可能仅面对一类客人。因此,旅游业公共关系工作不应该只注意某一类公众,忽视其他公众,而应把公众看作一个完整的环境,用全面、系统的观点来看待组织与公众环境之间的整体平衡性。

(四) 相关性

旅游业公众的相关性,是指公众与本组织在利益上存在着相互影响、相互制约的关系。旅游公众不是抽象的概念,而是相对于旅游组织这一公共关系行为主体而存在的。旅游组织与旅游公众之间具有相关性和互动性,即旅游组织的决策和行为对旅游公众具有现实的或潜在的影响力,制约着他们利益的实现、需求的满足和问题的解决;同时旅游公众的态度、意见和行为对旅游组织也具有实际或潜在的影响力和制约力,甚至他们消费偏好的转移也会影响到组织经营的成败。因此,旅游组织开展公共关系活动的关键就是寻找和确认这种相关性和互动性,通过具体的分析确定自己的目标公众,有针对性地制定自己的公共关系策略。

(五) 复杂性

旅游业公众的复杂性,是指公众与其旅游组织之间的关系是错综复杂的。主要表现在以下三个方面:首先,旅游公众具有流动性,它处在一个不断发展变化的过程之中。旅游组织公众的性质、形式、数量、范围会随着组织条件和客观环境的变化而变化。今天属于自己的公众,明天可能就已经不是值得继续关注的对象了。其次,旅游公众的存在形式具有多样性。它可以是个人、群体,还可以是其他组织、社会团体。最后,旅游组织与其公众之间、公众与其旅游组织之间存在着多维性的关系。一个旅游公众可能是多个旅游组织的公众,而本组织也可能是其他旅游组织的公众。旅游组织正是在一个由公众组成的复杂的公众网络体系中生存和发展的。

三、旅游业公众的分类

一个旅游组织面对的公众是广泛而复杂的,他们之间各有不同,同时又有交叉和重合。根据旅游业公共关系工作的具体目标,区别和选择目标公众,以便根据不同类型的公众的特征制定合适的公共关系策略和方针,确立不同的传播和沟通手段,是旅游组织有效开展公共关系工作的前提。

为保证旅游业公共关系工作的针对性,不同的旅游组织往往有不同的公众分类方法。以下为几种常见的分类方法:

(一)按公众与旅游组织的归属关系分类

1. 内部公众

旅游组织的内部公众是指与旅游组织存在着归属关系的组织内部成员,包括组织内员工、员工家属和股东。

2. 外部公众

旅游组织的外部公众是指与组织不存在归属关系的公众,但由于与组织存在利益上的密切关系或面临共同的问题,而成为组织的公众。外部公众包括各类旅游者、各级政府、新闻媒介、社区以及同行业合作者和竞争者,等等。

按与旅游组织的归属关系划分是最基本的分类方法。对内部公众和外部公众的划分是旅游组织"内求团结,外求发展"的基本依据。本章第二三小节将分别具体介绍旅游业的内部公众和外部公众。

(二)按公众对旅游组织的重要程度分类

1. 首要公众

旅游组织的首要公众,是指在特定时期对组织的生存、发展和成败有着重大影响,起着决定性作用的公众。例如,一般情况下,对旅游组织来说,其员工、股东、新闻媒体都是其首要公众,组织必须花费较多的人力、物力、财力和时间,来处理好与他们之间的关系。

2. 次要公众

旅游组织的次要公众,是指在特定时期对组织的生存和发展有影响,但是尚不起决定性作用的公众。例如,与旅游组织有一定来往的金融部门、社区等都是其次要公众。这部分公众虽然对组织的生存和发展在特定时期尚不起决定性作用,但是他们一般数量众多,而且会从各个方面制约着组织公共关系活动的有效性。因此,组织也要认真处理好与这部分公众的关系。

3. 边缘公众

旅游组织的边缘公众,是指在一般情况下对组织的生存和发展没有直接影响,但是在特定的情况下可能会转为旅游组织所要重点面对的公众,这种情况多出现在突发事件或危机事件中。

(三) 按公众与旅游组织关系的稳定程度分类

1. 临时性公众

旅游组织的临时性公众,是指因某一偶发事件或随机性原因而形成的那部分公众。例如,因承办某一主题的展销会而接待的前来参观的游客;或者因火车晚点而滞留在火车站的某个旅游团队等。

2. 规律性公众

旅游组织的规律性公众,是指有规律可循的定期出现在旅游组织的那部分公众。例如,学生冬令营、夏令营旅游团,黄金周或春节前后出游的游客,圣诞夜或除夕夜来饭店用餐的宾客等。

3. 稳定性公众

旅游组织的稳定性公众,是指与本组织有着稳定关系的公众。例如,本组织内部的员工、组织所在地的社区、与组织有着长期合作关系的供应商、零售商,等等。总之,这种稳定性关系的形成可以是因业务的需要,也可以是因地域的原因。

(四) 按公众对旅游组织的认同程度分类

1. 顺意公众

旅游组织的顺意公众,是指对组织的政策、行为、产品和服务持认同、赞赏、甚至支持态度的旅游业公众。如慕名前来的旅游者,主动宣传本组织产品的顾客等。这类公众对旅游组织来说是越多越好,因为他们的存在对旅游业公共关系活动的开展有很大帮助。因此,旅游组织应注意维持好与这部分公众之间的良好关系。

2. 逆意公众

旅游组织的逆意公众,是指对组织的政策、行为、产品和服务持否定,甚至是反对态度的公众。这类公众虽然在人数上比较少,但是旅游组织绝对不能熟视无睹,更不能将他们拒之门外。因为他们对旅游业公共关系活动的顺利开展有很大的负面影响。因此,旅游组织应该认真分析其持反对态度的原因,采取有针对性的公关活动,努力将他们对本组织的负面影响减至最小。

3. 独立公众

旅游组织的独立公众，是指对组织的政策、行为、产品和服务持中间态度、观点和意向不太明朗的那部分公众。这类公众人数较多，但他们或缺乏引导，或消费观念更新较慢，或对组织情况不熟悉，因此，旅游组织应该开展有针对性的宣传，引导他们向顺意公众转变。

（五）按旅游组织对公众的态度分类

1. 受欢迎的公众

受旅游组织欢迎的公众，是指主动接近旅游组织，乐意与组织合作并能给组织带来利益或存在共同利益的公众。例如，自愿投资的股东、赞助商、为本组织作正面宣传的新闻媒体等。这类公众一般已经与组织建立了良好的公众关系，组织所要做的就是保持与他们的密切联系，加强和巩固与他们之间的融洽关系。

2. 不受欢迎的公众

不受旅游组织欢迎的公众，是指那些违背组织的意愿和利益，对旅游组织造成潜在或现实性威胁的那部分公众。例如，专门揭露组织阴暗面的记者、蓄意与本组织恶意竞争的竞争者等。对于这类公众，组织也不要一味地设置障碍，不与他们接触，而应采取审慎的态度，尽量向他们阐明组织的态度，争取他们的理解，以避免或减少他们对组织的反对态度。

3. 被组织追求的公众

被旅游组织追求的公众，是指那些非常符合组织的利益和要求，对组织的生存和发展具有决定性作用，但是对组织却不感兴趣的公众。例如，投资意向尚不明朗的大投资商、在社会上有较大影响的社会名流等。对于这类公众，组织要通过多种渠道与他们取得联系，利用他们的优势为组织带来利益。

（六）按一般发展过程分类

1. 非公众

旅游组织的非公众，是指从时间发展过程和空间发展范围来看，既不受旅游组织行为的影响，也不对旅游组织产生任何作用的公众。正确认识本组织的非公众，并将其排除在公共关系活动范围之外，有利于避免公共关系工作的盲目性，减少人、财、物的浪费。

2. 潜在公众

旅游组织的潜在公众，是指那些现在还未与组织发生直接关系，但将来可能与组织发生利害关系的公众。这类公众本身并未意识到与组织可能发生的联系，组织到目前为止也并未采取主动措施与之发生关系。但是，这部分公众的潜力是不可低估的。旅游组织应通过市场调查，发现自己的潜在公众，在合适的时机积极主动地开展公共关系工作。

3.知晓公众

旅游组织的知晓公众,是指已经意识到与旅游组织面临共同问题,但还尚未采取行动的公众。这部分公众是由潜在公众发展而来的,他们可能会成为顺意公众,也可能成为逆意公众。因此,旅游组织应开展积极主动的公共关系工作,使知晓公众向顺意公众转化。

4.行动公众

旅游组织的行动公众,是指不仅意识到与组织面临共同问题,而且已经采取行动的公众。他们由知晓公众发展而来。在这个阶段的公众由于已经采取行动,给组织带来影响,因此组织也必须采取相应的行动,处理好与他们之间的关系。

四、旅游业公众分类的意义

对旅游组织的公众进行科学的分类,能够使组织很好地认识与把握自己所处的社会环境状态,明确组织公共关系工作的范围,区分出轻重缓急,把握公众发展的态势,提高组织整体公共关系工作的效果。具体来说,其意义主要有以下几点:

1.为旅游业公共关系调查研究和旅游组织形象评估提供前提

每一项公共关系活动都是针对某一类公众而开展的,而每一项公共关系活动也都是以对此类公众所进行的科学的调查研究为基础的。通过对某一类公众的调查,确定公共关系工作的范围,了解其对本组织形象和情况的评价,然后才能在此基础上制定相关的政策。

2.为制定旅游业公共关系政策、设计公共关系方案指明方向

正确的政策和理论是旅游业公共关系活动成功的前提,而理论必须建立在对实际情况确切了解的基础之上。如前所述,只有对旅游业公众进行科学的分类,区分出哪些是首要公众,哪些是次要公众,哪些是顺意公众,哪些是逆意公众,才能确定公共关系工作的轻重缓急,为制定相应的政策和有针对性的公共关系方案指明方向。

3.为旅游业公共关系活动的开展打下基础

旅游业公共关系本质上就是公众关系,它的一项重要内容就是将组织的信息传播给公众,让公众了解自己,认识自己,直至支持自己。而科学的公众分类,为公共关系活动选择合适的传播媒介和沟通渠道,确定传播对象和活动范围提供了依据,为旅游业公共关系活动的实际开展打下了坚实的基础。

4.为旅游业公共关系活动效果的科学评审提供保证

旅游业公共关系活动的成功与否、效果如何,要通过公共关系活动的评审才能看出。而评审是有针对性的。对于顺意公众,通过开展的公共关系活动使其与组织的关系更加融洽,这才达到了公关活动的效果。而对于逆意公众,只要通过开展的公共关系活动使其转变否定和反对态度,就算比较成功。因此,科学的评审活动

也要建立在科学的公众分类基础之上。切忌以一种标准对所有的公共关系活动效果进行评估,否则评审就失去了其为以后的公关活动指明方向的作用。

第二节 旅游组织的内部公共关系

尽管不同的旅游组织由于其性质不同,所处的环境不同,会面对不同类型的公众。但是,旅游组织的内部公众是任何一个旅游组织都要面对的一类公众。由于他们的归属关系,决定了内部公众始终是与组织休戚相关、息息相通的。

一、旅游组织内部公众的含义和特征

(一)内部公众的含义及类型

旅游组织的内部公众,是从与组织的归属关系角度而划分的一类公众,它是指归属于某一特定旅游组织、并与这一组织的命运息息相关的那部分公众。具体来说,旅游组织的内部公众包括组织内部的所有员工和全体股东。员工包括组织的所有一线员工、各级经营管理者及各自的家属。

(二)内部公众的基本特征

旅游组织内部公众身份的特殊性,决定了其具有该组织其他公众所不可替代的重要地位。因此,正确认识内部公众的基本特征,搞好内部公共关系,对于组织来说是非常重要的。归纳起来,旅游组织内部公众有如下基本特征:

1.内部公众身份的双重性

旅游组织的内部公众,既是旅游组织公共关系的主体,同时又是内部公共关系的客体。这种双重身份特征,成为内部公众区别于外部公众的最显著特征。一方面,旅游组织的公共关系活动要依靠他们的公共关系实践活动来展开,而且,他们的一言一行不仅代表着他们自己本身的形象,同时也代表着组织的形象,从这一角度来说,内部公众是公共关系的主体;另一方面,内部公众开展公共关系活动的热情、主动性并不是完全自觉的,其有效性也不是确定的,他们的热情需要组织采取一定的方式和手段来激发,他们的主动性和活动的有效性需要组织的悉心培养,从这一角度来看,内部公众又是内部公共关系的客体。因此,旅游组织在开展公共关系活动时,一定要注意到这一点。

2.内部公众的稳定性

旅游组织的内部公众无论在时间上还是空间上都具有一定的稳定性,这种稳定性并不是绝对的,而是相对于外部公众而言。外部公众的形成,往往是由于他们与组织发生了这样或那样的利益关系,因此当利益关系结束后,其外部公众的身份也就随之被其他身份所替代。而内部公众则不然,旅游组织的员工与组织都是签有合约的,至少在合约范围内,他们的关系是相对稳定的,而且大部分员工往往考

虑到自身职业的发展,如果组织的环境有利于自身的发展,他们也不会频繁跳槽。而股东也是与组织利益休戚相关的,为了获得自己的投资回报,他们势必要密切关注组织的发展,长期与组织保持联系。而正是由于旅游组织内部公众的这种稳定性特征,才为组织目标的实现提供了保障。

3. 内部公众的易管理性

旅游组织内部公众的易管理性也来自其与组织的归属关系。组织的发展离不开员工们的努力工作,而员工的发展也离不开组织的整体环境。组织可以利用其权威性制定各种规章制度来约束员工的行为,使其行为活动向着有利于组织的方向发展。如果员工的行为损害了组织的利益,组织可以利用其规章制度对其进行惩罚。因此,相对于组织的外部公众来说,内部公众还是比较易于管理的。但是,旅游组织应该注意的是,管理是为经营服务的。对内部公众进行管理的最终目标是有利于组织经营活动的顺利开展和员工自身的发展,而不能单纯地为了管理而管理。

二、旅游组织内部公共关系的意义及公众策略

(一) 员工关系

1. 处理好员工关系的重要意义

任何一个旅游组织,不管其性质、特点、所处环境如何,他们都有一个共同特点,即都有自己的员工。在旅游业公共关系活动中,员工是旅游组织"内求团结"的首要对象,也是"外求发展"的重要力量,他们是旅游组织首先面对的重要公众,是公共关系活动的起点。

具体来说,旅游组织处理好员工关系有如下重要意义:

(1) 员工形象是旅游组织形象的核心内容。我们知道,旅游业是一个服务性行业,它的工作就是提供能够满足顾客需要的服务。而提供服务的主体就是旅游组织的所有员工,他们的行为表现甚至可以看做是旅游组织产品的一部分,其原因有两点。第一,旅游产品生产和销售的同一性特点决定了旅游组织员工提供产品的过程,同时也是顾客购买产品的过程。在这一过程中,员工的所有行为都展现在顾客面前,他们的服务态度和服务质量构成了旅游产品的一部分。第二,旅游产品的购买过程,也是员工与顾客之间的一个情感交流过程。顾客希望不仅能从这里买到一件旅游产品,更希望与员工进行交流和沟通,从他们口中了解更多有关组织的情况。因此旅游组织的员工形象和素质对旅游业形象及旅游产品的质量有着直接和重要的影响。员工良好形象的塑造和较高素质的培养是旅游业公共关系活动的重要内容。

(2) 良好的员工关系有利于组织营造和谐的内部发展环境。如前所述,旅游组织的员工是其"外求发展"的重要力量。无论是公共关系活动的开展,还是组织经

营目标的实现,没有员工们的积极参与,是不可能实现的。只有搞好与员工之间的关系,才能使员工能够自觉而主动地为组织做事,从而最终实现组织目标。

(3)良好的员工关系能够激发员工的工作潜力和工作热情。员工是旅游组织中唯一有生命力的生产要素,是旅游组织的灵魂之所在。由于旅游组织公共关系工作的特殊性,使得员工始终处于公共关系活动的第一线。顾客购买旅游产品受员工形象和员工工作态度的影响很大,这就要求旅游组织的员工要具有较强的服务意识和较高的综合素质。而良好的员工关系,能够使员工有一个愉悦的精神面貌,乐意与顾客沟通和为顾客服务,并能提高其积极性和激发其创新性。

(4)良好的员工关系有利于增强旅游组织的凝聚力,从而提高组织的市场竞争力。现代社会是一个竞争的社会,随着我国旅游业的蓬勃发展,旅游业中的竞争也愈演愈烈。一个旅游组织要想在激烈的竞争中求得生存和发展,一个最基本的前提是内部员工的团结合作。良好的员工关系有利于形成增强组织凝聚力的组织文化,培养员工的团队精神。

2.处理员工关系的理论基础

员工关系是一种内部公共关系,它是旅游组织首先要面对和处理好的公共关系。处理员工关系并不能一味地依赖规章制度的限制和约束,它也是有律可循,有自己的理论基础的。目前在管理界比较有影响的员工关系理论有以下几种:

(1)泰罗的科学管理理论。弗雷德里克·泰罗(Frederic W.Taylor)是美国著名的管理学家,被人誉为"科学管理之父"。他在处理员工关系方面的观点主要有:"管理人员和工人之间这种亲密无间的个人合作,是现代科学管理或作业管理的基础";他认为管理者和员工之间并不是敌对的关系,他们有着共同的利益,管理者可以利用这种利益的相关性,与员工进行合作,来实现双方利益的最大化;他认为,员工都是受金钱利益驱使的经济人,因此,可以采用工作定额、计件工资、超额奖励的物质手段,既使员工受益,又可以提高组织的工作效率,以此实现"双赢"。

(2)梅奥的人际关系理论。人际关系理论最早开始于"霍桑研究",后经美国哈佛大学教授梅奥(George Elton Myao)等的研究和发展,逐渐形成一套专门研究人的需求和动机的理论。这一理论的基本观点是:人们的行为并不单纯出自追求金钱的动机,还有社会方面的、心理方面的需要,即追求人与人之间的友情、安全感、归属感和受人尊敬等,而后者更为重要。因此,不能单纯从技术和物质条件着眼,而必须首先从社会心理方面考虑合理的组织与管理。梅奥还指出,企业中除了存在着古典管理理论所研究的为了实现企业目标而明确规定各成员相互关系和职责范围的正式组织之外,还存在着非正式组织。非正式组织中有自己的核心人物和领袖,有大家共同遵循的观念、价值标准、行为准则和道德规范等。非正式组织与正式组织的主要差别在于:在正式组织中,以效率逻辑为其行为规范;而在非正式组织中,则以感情逻辑为其行为规范。管理者必须重视非正式组织的作用,注意在正式组织的效率逻辑与非正式组织的感情逻辑之间保持平衡,以保证组织内部人员间能够充分协作。

(3)马斯洛的需要层次理论。美国行为科学家马斯洛(Abraham Harold Maslow)于20世纪40年代首先提出了著名的需要层次理论,此后,这一理论在管理学界被普遍应用。其基本观点有:人的需要是分层次的,自下而上分为生理的需要、安全的需要、归属和爱的需要、受尊重的需要及自我实现的需要,只有当低一层次的需要得到满足后,才会产生更高层次的需要,一般来说,需要程度的大小和需要层次的高低成反比,也就是说,需要层次越低,需要程度越高。

3. 员工关系的基本策略

根据以上处理员工关系的基本理论,我们知道,要处理好与员工之间的关系,就要真正了解员工的需要,有针对性地开展员工公共关系活动。我们将处理员工关系的方法总结如下:

(1)尽量满足员工物质方面的需要。在现代社会,经济永远是基础,在旅游组织中也不例外。员工物质方面的需要主要包括工资、奖金、津贴、提成以及各种福利。物质方面的需要是员工生活的基本保障,对员工来说至关重要。旅游组织可采取以下措施满足员工在物质方面的需要。

第一,旅游组织应制定科学合理的分配制度和工作规章,真正做到"有劳有得、多劳多得、多能多得",从制度上保证分配的合理性和公平性。

第二,对于员工的物质收入,旅游组织一方面应该在发放时间上予以保障,另一方面应该通过各种手段和途径,使员工的收入不断提高,或者是通过实施各种福利措施,如带薪假期、改善工作环境、提高医疗住宿保障等,以此来提高员工的工作积极性。

(2)通过各种途径满足员工精神方面的需要。作为社会和组织的一分子,员工除了有物质方面的需要外,还有精神层面的需要。在员工的基本物质需要得到满足之后,精神层面需要的满足更能提高员工的工作积极性。旅游组织可以从以下几个方面来考虑:

第一,提高管理的透明度,让员工分享信息,参与决策。员工对于组织的向心力和凝聚力,在一定程度上取决于组织对员工的信任。而组织向员工表示信任的最佳方式,就是提高管理的透明度,让员工参与到组织决策和管理中。这样会使员工感觉受到重视,从而使员工更加忠诚于组织,为组织利益服务。尤其是旅游业公共关系工作是一项开放性极强的工作,它需要集思广益。而广大员工是始终处于服务第一线、与旅游者接触最多的人,他们最了解顾客需要什么和将要需要什么,他们的建议是宝贵的。因此,旅游组织应采取多种形式,让员工了解组织的发展动向,参与到组织决策中来。例如,开辟专门的"企业信息栏",将企业的信息和动态公之于众;开通可以直接与上层领导沟通的联络渠道;邀请员工代表参加组织例会,等等。

第二,为员工提供各种培训和深造机会,提高员工的综合素质。这是从员工个人发展角度来讲的。每一位员工都希望在自己的岗位上越做越好,希望得到提升,以满足自己社会声望方面的需要。作为旅游组织,应该积极举办各种培训班和讲座,与有关高等院校进行合作,邀请专家前来讲课或者让员工到院校参加培训,这样既能满足员工个人发展的需要,又能提高员工素质,为组织提供更好的服务。

第三,关心员工个人生活,增进感情交流。人都是有感情的动物,都有被人关心、受人重视的需要。旅游组织应针对这方面的需要,开展有关公共关系活动。例如,为员工举办生日宴会,主动为员工解决住宿、医疗、保险方面的问题,关心员工家属,解除员工工作的后顾之忧,等等。

案例 3-1 "十佳事例",感动饭店,感动公众

青岛泛海名人酒店是青岛泛海建设股份有限公司和美国 O.W.国际有限公司共同投资兴建的集客房、餐饮、娱乐于一体的涉外酒店,1998 年 1 月 18 日开业,2000 年 10 月 26 日荣膺国家四星级饭店。饭店位于青岛著名的栈桥风景区,面对栈桥、小青岛等著名景点,南邻大海,背靠原市政府大楼,周边皆为上世纪初建造的欧陆式建筑,景色秀美。饭店客源以中高档商务散客、港澳台客人为主,外宾中以欧美客人为主。

2005 年,经全国最大的商务旅游网站——携程网评定,泛海名人饭店综合评价稳居青岛市高星级饭店第二名;2006 年,泛海名人饭店荣获"山东旅游细微服务年活动示范企业"称号,成为青岛饭店业获此殊荣的唯一一家四星级饭店。2006 年,泛海名人饭店厨师组队参加了中央二台的"满汉全席"电视美食大赛,连续三次获得冠军,是唯一的"三连冠",并代表山东省鲁菜菜系参加了全国总决赛。

青岛泛海名人饭店自 2006 年 1 月起开始"感动泛海十佳优秀事例"评选活动,将过去一年发生在饭店里的感人事迹一一细数,不仅对在平凡的岗位上做出突出贡献的普通职工进行嘉奖,进行鼓励,而且让感动流淌在每一个员工的心里,形成巨大的激励,增强饭店内部的凝聚力,将"关注顾客,关爱员工"的经营理念进一步传承。

在众多的感动事例中,经过 201 名员工的精心推荐、学习讨论与认真评选,《保安勇救落水者》《还项链、送真情》《台胞信件背后的故事》《照顾手术后的外籍病人》《出租车拾金不昧、巨款还失主》《一张婴儿床》等事例以其自身丰富的内涵和影响,在众多事例中脱颖而出,荣获"2005 感动泛海(饭店)"十佳事例。应该说,"十佳事例"只是饭店爱的海洋中的浪花一朵,是饭店众多令人感动的人和事的浓缩和精华,而真实感动的潮流却每时每刻都在我们身边涌动。每每被感动震撼的同时,更感受到感动背后蕴藏的力量——行动的力量,泛海名人饭店的员工正是以平凡而又质朴的行动推动着感动的浪潮,感动你我,感动大家。

以下是"感动泛海(饭店)"服务事例报道之一——还项链、送真情。

2005年6月13日14:00左右,GRO接到房务中心电话,工程部员工检修房间设施时发现一条18K金的钻石项链。通过查询得知,该房间一对韩国夫妇已经结账离店,饭店没有任何联系方式。根据员工回忆,客人曾表示想要从青岛乘船回韩国,并向员工查询过大港客运站的位置。为了能够及时找到失主,前厅部孙潇小姐立即打车赶往大港码头。客运站的工作人员通过广播找到了正在候船的韩国客人,时间距离客轮起航仅有一个半小时。拿着项链,客人感到非常惊喜,再三感谢,客人说,半小时前他太太发现项链遗失了,但由于时间紧迫,他们已经来不及返回查找了,所以心情很沮丧,能够再次得到这条项链,客人表示这是个奇迹,因为他们没有告诉任何人自己的去向。饭店能够在这么短的时间里找到他们并归还项链,饭店员工的工作水准让人钦佩,饭店人性化的服务是一流的。

多年来,在饭店员工的共同努力下,饭店在顾客中获得很好的口碑。例如,据2014年12月24日驴评网(lvping.com)的点评结果,在青岛1393家酒店中,青岛泛海名人饭店获好评数位居前十位。同日,携程网(ctrip.com)显示,有96%的用户推荐该酒店。

资料来源:整理自杜炜.饭店优秀公关案例解析.(北京:旅游教育出版社,2007)、《泛海名人》(2006年3月 第21期)、携程网、驴评网相关信息。

案例讨论:

"员工关系是企业公共关系的起点"这一观点对于饭店而言意味着什么?结合本案例说明你的理解。开展内部公告活动有哪些方法?

(二)股东关系

1.股东的分类

作为旅游组织内部公共关系对象的股东,大致可以分为三类:

第一类是分散在全国各地的中小股东,这类股东不直接参加组织的经营管理,但是出于自身利益的考虑,对组织各方面的情况也较为关注,他们虽然各自持有的股票数额较小,但是如果联合起来,其影响力也是不可低估的。

第二类是以董事会为代表的大股东,他们一般持有较大数额的股票,直接参加组织的经营管理,对组织具有决定性的影响。

第三类是一些社会名流、金融界人士,虽然他们持有股票数量不一定很多,但是,由于其在社会上的影响力以及独特的判断力,因此,对组织也有较大的影响力。

所以,旅游组织要搞好与股东公众之间的关系,必须将这三部分股东公众同时纳入工作范围，有针对性地开展公共关系工作。

2.处理股东关系的重要意义

所谓股东，是指股份制企业、合作制企业等经济组织的投资者和股票持有者。他们是旅游企业及其基本财产的最终拥有者，因此，他们是旅游组织的"财源"。

旅游企业的股东享有诸如参与经营、利润分配、处置股份等基本权利。一般来说，股东都希望通过企业的经营，获得自己的投资回报，因此他们对企业的经营情况都会比较关注。作为旅游企业的投资者，股东，尤其是大量的中小股东，如果发现企业经营不力，他们往往会采取"用脚投票"的方式，通过抛售股票来维护自己的权益。这对旅游企业来说是非常不利的。所以作为企业来说，应该充分认识到股东们的主人翁地位，既要把他们当作"自己人"看，又要自觉开展针对股东的公共关系活动，以维持与他们的良好关系。具体来说，处理好股东关系有如下重要意义：

（1）良好的股东关系有利于营造理想的投资环境。股东实际上是旅游组织的财政支持者，他们为组织的发展提供经济支持。出于利益上的驱动，他们可以把钱投向这个旅游组织，也可以把钱投向那个旅游组织。在这里，起决定作用的因素，一是旅游组织的实际经营状况，二是组织的形象和声誉，三是组织与股东之间的关系。当股东对组织的发展前景看好，与组织之间的关系比较融洽，他们就乐意将更多的资金投向组织；相反，如果股东认为组织经营状况不佳，与组织之间关系比较紧张，他们就不会再给组织提供资金支持，甚至会通过抛售股票的方式收回原有的投资，给组织带来资金上的威胁。因此，良好的股东关系有助于稳定现有的投资队伍，并进一步吸引更多的投资者，为组织创造一个理想的投资环境。

（2）良好的股东关系有助于增强组织的社会影响力，提高组织的声誉。股东的社会关系比较广泛，他们对组织的评价往往对外界公众产生直接的影响。因此，处理好与广大股东之间的关系，就可以使得股东对组织作出广泛而积极的正面宣传。旅游组织可以利用股东们的社会知名度和影响力来提高自己的社会影响力，塑造良好的组织形象。

3.股东关系的基本策略

旅游组织要想稳定现有的股东队伍，争取潜在投资者的了解和信任，创造有利于组织的投资环境和气氛，吸引新的投资者，可以从以下几个方面入手：

首先，尊重股东的主人地位，将股东当作"自己人"来看待。股东从投资于组织的那一刻起，就注定了与组织利益紧密相关，他们便很自然地要密切关注组织的经营发展。因此，旅游组织应该及时而主动地向股东汇报企业的经营情况，出具有关详细的数据和资料，使投资者充分了解组织的有关信息和经营状况，在涉及有关大额资金的运用和组织发展的重大问题上，应让股东及时知晓，并主动征询他们的意见。

其次，吸引和鼓励股东参与组织的经营活动。旅游组织在让股东享有信息知晓权利的同时,还应吸引和鼓励股东参与组织的经营活动。对于一些大股东,应鼓励他们多多关心组织的运行情况,为组织献计献策,提供合理化建议;对于那些广大的中小股东,应鼓励他们身体力行,使之既是组织的消费者,又是组织的义务宣传者。

再次,尊重和保护股东的基本权益。一方面是保护股东的经济利益,及时发放红利。另一方面要充分尊重股东大会和董事会、监事会的权益,接受股东对旅游组织的各项经济活动的监督,以使股东与组织在利益上形成一个整体。

最后,经常走访股东,为股东提供良好的服务。走访股东应被旅游组织列入议事日程之中。股东对旅游组织来说,不单纯是消费者,同时也是投资者。作为消费者,股东应该像其他消费者一样,享受旅游组织的各种服务;作为投资者,旅游组织更应该为其提供各种便利条件,稳住自己的财源。

第三节 旅游组织的外部公共关系

现代社会,旅游组织同其他组织一样,其生存和发展越来越依赖于外部社会的公众环境。任何组织,当然也包括旅游组织,都不可能脱离社会环境而独立存在。组织的产品需要顾客来购买,组织的原材料需要供应商来提供,组织的形象需要新闻媒介加以宣传,组织的发展方向需要政府加以引导,组织的存在需要所在社区公众的支持。因此,旅游组织除了要处理好内部公众关系之外,还需要处理好与外部公众的关系,以争取外部公众对组织的理解、信任和支持,建立有利于组织发展的外部公众环境。

一、旅游组织外部公众的含义和特征

(一)外部公众的含义及类型

旅游组织的外部公众,是指与组织不存在归属关系,但由于与组织存在利益上的密切关系或面临共同的问题而成为组织公众的个人、团体和组织。旅游组织的外部公众,虽然不如内部公众与组织之间的关系那么密切,但是由外部公众组成的外部环境却时刻影响着组织的生存和发展。

不同的旅游组织会存在不同类型的外部公众,但一般而言,不论何种旅游组织都必然要面对以下几种外部公众,即顾客公众、新闻媒介公众、同行业公众、政府公众以及社区公众,他们共同构成了旅游组织的外部社会环境。一方面旅游组织通过向外部环境提供产品和服务来对外部环境施加影响;另一方面旅游组织的生存和发展又处处受到外部环境的制约和影响,任何一个旅游组织都不能随心所欲,都要在追求自身利益最大化的同时考虑到外部公众利益的满足。

（二）外部公众的基本特征

对于旅游组织而言，正确认识外部公众的特征是采取有针对性的外部公共关系、建立与外部公众良好关系的基础。具体来说，旅游组织的外部公众具有如下基本特征：

1. 外部公众的多样性

这一特点是由旅游组织公共关系工作的复杂性决定的。众所周知，旅游业是一个服务性行业，它涉及消费者食、住、行、游、购、娱等各个方面的服务。为了能够给消费者提供满意的服务，旅游组织必须要与本组织以外的其他多个组织打交道。因此，也就形成了形形色色的外部公众。以旅行社组织为例，它的外部公众既包括国内旅游者，又包括国际旅游者；既包括当地及中央政府，又包括其他国家或地区的政府和旅游机构；既包括各个新闻媒体，还包括旅游饭店、旅游交通、各地风景区等同行业组织。

2. 外部公众的不稳定性

相对于内部公众的稳定性而言，旅游组织的外部公众与组织的关系则具有变化不定的特点。首先，外部公众与组织不存在归属关系，因此没有合约上的限制和约束；其次，外部公众的形成往往是由于某一公众与组织之间发生了这样那样的利益关系而形成的，一旦这种利益关系不复存在，这一公众也就不再是组织的外部公众。例如，某个旅行社的旅行团在其旅游期间，是组织的顾客公众，但是，当旅游结束以及一些反馈性的调查工作完结之后，一般来说，直到下一次他们要求该旅行社为其组织另一次旅游活动之前，这部分人就暂时不再是旅行社组织的顾客公众了，至少不属于现实顾客。因此，可以说，旅游组织与其外部公众之间的关系总是处于一种动态的发展变化之中，两者之间的关系是较为松散的。任何一个旅游组织所面对的外部公众的性质、形式、数量和范围都会随着旅游组织主体条件和外部环境的变化而变化，这也就是外部公众的不稳定性特征。

3. 外部公众的不易管理性

我们知道，外部公众与旅游组织的利益相关性并不是很强。尤其是在市场竞争激烈的今天，外部公众可以有更加充分的选择权，组织对这些外部公众的活动没有任何直接指挥和控制的权力，它不能像对待内部公众那样，可以制定一些规章制度来对其进行约束。因此，旅游组织的外部公众就具有了不易管理的特征。这就需要旅游组织不能消极被动地等待，而应该积极主动地开展公共关系活动，满足外部公众各方面的需要，争取他们的理解和支持。

旅游组织的生存和发展受制于外部公众环境，和谐而融洽的外部公共关系有利于旅游组织的稳步发展。因此，旅游组织应认真理解外部公众的这些特征，针对其不同性质，采取不同的手段和方法，处理好与他们的关系。

二、旅游组织外部公共关系的意义及公众策略

(一)顾客关系

顾客关系是指旅游组织与购买自己产品和服务的购买者、消费者之间的关系。

1.处理好顾客关系的重要意义

对于任何一个旅游组织来说,顾客都是其最重要的外部公众。顾客与旅游组织有着直接的利害关系,他们是旅游组织市场关系的具体对象。旅游组织要想生存和发展,就必须建立良好的顾客关系。

顾客是旅游组织的生命线。没有旅游者,旅行社设计的任何旅游线路都没有意义;没有住店客人,旅游饭店也就失去了存在的意义。在市场竞争愈来愈激烈的旅游业中,谁拥有庞大的顾客群,谁就拥有了生存和发展的基础。因此,建立良好的顾客关系是旅游业公共关系的重要内容。良好的顾客关系不仅能够为旅游组织带来直接的经济利益,还能为组织带来潜在的新的顾客,扩大组织的影响力;反之,如果与顾客关系紧张,则会损害组织的利益,还会破坏组织的形象。另外,良好的顾客关系能够帮助组织提高市场占有率。现在,提高市场占有率的提法已经逐渐被提高顾客占有率所取代,特别是对于旅游组织来说,顾客的数量在一定程度上就代表了市场的大小。当同一类型的旅游组织硬件设施相差不是很大时,顾客选择的随机性就变得很大。在这里,组织与顾客之间关系的紧密程度,对于顾客的购买选择就有着重大的影响。

现代管理学中,有关处理顾客关系的理论越来越多,这也表明了组织对顾客关系的重视程度。以为顾客提供无形服务为主要业务的旅游组织更应该重视与顾客的关系。

2.顾客关系的基本策略

(1)尊重顾客,真正从思想和行动上将顾客放在第一位,把尊重和维护顾客的权益作为自己工作的准则之一。既然旅游组织是为顾客提供服务的,就要时时刻刻将顾客利益作为最高利益。例如,在旅游饭店,我们在提供服务时,不能仅仅是严格按照死板的条文来做,而应充分考虑到顾客的感受。要充分尊重不同国家和地区人民在饮食、穿着等方面的习俗、习惯,并尽自己最大的能力满足顾客的特殊需要。

(2)提供人性化服务,提高服务的综合质量。旅游产品主要是以无形服务的形式表现出来。在这里,顾客的感受是评价服务质量的重要标准。高标准的服务设施、设备固然重要,但仅有这些还远远不够。仍以旅游饭店为例,饭店员工在客人用餐时的微笑服务,能令顾客有如沐春风的感觉;一张小小的写有顾客姓名的欢迎卡,会让顾客有种受到重视的感觉;客人感冒时,几粒感冒药、一杯热热的姜糖水,会让顾客有种回到家的感觉……这些人性化的服务对于顾客对旅游组织的评价都

会有决定性的影响。

（3）加强与顾客的沟通，主动征询顾客意见。旅游组织提供服务的质量如何，顾客是最有发言权的，因为他们才是服务的接受者。而作为提供服务的旅游组织，可能对于一些细节问题考虑不到，从而影响服务的质量，进而影响顾客的满意度。旅游组织应该积极疏通与顾客之间的沟通渠道，通过各种形式向顾客征询意见，如向顾客邮寄调查表、请顾客填写意见单等。通过这种交流，一方面可以让顾客感受到组织对他们意见的重视，满足他们自尊心和社会地位方面的需要；另一方面还可以使组织改进工作方法，提高服务质量，为顾客提供更好的服务。而这些都有利于加强与顾客之间的良好关系。

（4）制订有针对性的顾客关系计划。根据组织的政策、产品、服务、顾客的数量、类型、特点以及组织的资源，制订切实可行的顾客关系计划，其内容包括：根据顾客消费特点撰写产品和服务说明书；向顾客宣传组织整体形象，包括产品、服务的动态等；检查向顾客所作的宣传和说明，确保真实性；提出改进员工服务态度和质量的具体措施；进行顾客关系调查，分析顾客意见，提出改进方案；等等。

（5）及时妥善处理顾客投诉，维护顾客权益和利益。由于各种复杂的原因，旅游组织出现顾客投诉是难免的。重要的是，一旦出现投诉，必须迅速答复和处理，以积极的态度，慎重、耐心、诚恳地解释和解决实际问题，以减少或弥补顾客的损失。为此，旅游组织应设置专职投诉接待部门和工作人员，不少旅游组织将这部分工作纳入公关部。处理投诉时要特别注意：接待人员首先要诚恳耐心地倾听，要在感情和心理上理解投诉者；顾客倾诉之后，接待人员应对顾客表示感谢；在查清事实的基础上，与顾客交流意见，达成谅解，要尽量令顾客满意；发现顾客投诉具有普遍意义，并且还有更多顾客不明真相时，要登刊启事，尽快纠正差错，弥补顾客的损失。

（二）新闻媒介关系

新闻媒介关系是指旅游组织与作为信息传播中介的新闻媒体机构之间的关系，主要包括与报社、杂志社、广播电台、电视台等大众传媒之间的关系。

1. 处理好新闻媒介关系的重要意义

新闻媒介公众可以说是旅游组织所需面对的最敏感、最不易处理好关系的一类外部公众。现代信息社会中，新闻媒介已经成为制造并影响社会舆论的权威力量。从某种程度上讲，新闻媒介具有操纵、改变或引导社会大众的思想观念、价值取向和态度行为的力量。新闻媒介既可能报道组织好的一方面，宣传组织的正面形象，也可能将组织的一些不好的方面曝光，损害组织的形象。因此，旅游组织应该高度重视与新闻媒介之间的关系，处理好与他们之间的关系，有效利用新闻媒介的信息传播功能，形成有利于组织的公众舆论。

2.媒介关系的基本策略

(1)明确媒介性质,了解各类新闻媒介的特点。新闻媒介对旅游组织来说,也有双重身份。一方面,它们是旅游组织必须借助的一种信息传播渠道,只有通过新闻媒介,才能与各种旅游公众开展广泛而有效的沟通,让外界公众了解自己;另一方面,新闻媒介又是旅游组织非常重要的一类外部公众。因此,旅游组织应明确新闻媒介的这种双重身份,谨慎处理与新闻媒介的关系。

(2)端正态度,一视同仁,公平对待。无论是规模大、名望高的新闻媒体,还是规模小、名望低的新闻媒体,也无论是曾经报道过旅游组织成绩和正面形象的新闻机构,还是报道过本组织问题和负面形象的新闻机构,旅游组织都应该一视同仁,公平对待。因为,正面的报道可以提升组织的形象,而负面的报道则可以帮助组织发现问题,迫使组织正视问题的存在,并在外界公众的压力下,及时而有效地解决问题。

(3)保持与新闻媒体的接触,增进相互了解。旅游组织只有经常保持与新闻媒介机构的接触,才能真正了解新闻媒介的工作内容、工作性质,才能增进彼此之间的感情,并建立良好的关系。因此,旅游组织应积极利用行业优势,增加与媒体的接触。如可以不定期地举办有关本组织的记者招待会、新闻发布会、座谈会等,主动向记者介绍本组织的情况,解答他们的疑问;可以邀请记者、社会名流到本组织参观,并请记者进行报道;可以与某个报社或杂志社建立长期合作的关系,组织定期向他们提供新闻素材,专门由该报社或杂志社负责本组织的有关宣传,增强组织与他们利益关系上的紧密性;等等。

(4)主动配合新闻媒介的工作,争取新闻媒介的支持。同新闻媒介打交道,切忌临时抱佛脚。在日常同新闻媒介的接触中,就应该主动配合新闻媒介的工作,为他们提供采访本组织高层领导人的机会;不管是正面的成绩,还是存在的问题,都应该实事求是地向他们提供,而不应该对其进行刻意的隐瞒;对他们的工作表示充分的理解和支持,并以此换取新闻媒介对组织工作的支持;由专人主动定期地向各新闻媒体寄发各类资料、简报,提供本组织的新闻线索;等等。

案例3-2 深圳世界之窗与媒体合作开创推进景区大发展

深圳世界之窗是由香港中旅集团和华侨城集团共同投资建设的大型文化旅游景区,1994年6月18日开园。世界之窗坐落于深圳湾畔,占地48万平方米,景区按世界地域结构和游览活动内容分为世界广场、亚洲区、大洋洲区、欧洲区、非洲区、美洲区、世界雕塑园和国际街八大区域。作为以弘扬世界文化精华为主题的大型文化旅游景区,世界之窗荟萃了世界几千年人类文明的精华,有历史遗迹、名胜、自然风光、世界奇观、民居、雕塑等130多个景点,其中包括园林艺术、民俗风情、民间歌舞、大型演出以及高科技参与性娱乐项目等。世界之窗以其丰富的文化内涵,雍容恢宏的规划设计,精美绝伦的景观项目,不同凡响的艺术演出,动感刺激的娱乐项目,为中外游客再现了一个美妙精彩的世界。公司先后获得全国"五一"劳动奖状、全国青年文明号、全国杰出青年文明号、首批国家4A级旅游景区、深圳市守法纳税大户等荣誉称号。

世界之窗通过不断探索,在加强与媒体合作从而创造出更大效益方面,走出了一条独具特色的道路。据《中国旅游报》(2003年12月24日)报道,世界之窗积极寻求与主流媒体合作举办大型晚会和活动。自1998年承办中央电视台春节歌舞晚会至今,世界之窗已承办各种主题的大型晚会近20场,其中包括1999年首届中国国际高新技术成果交易会开幕式文艺晚会"拥抱未来"、中央电视台2001年元旦晚会、第六届中国音乐电视大赛颁奖晚会、2002年中央电视台春节联欢晚会分会场、中国足球颁奖晚会等在全国甚至全世界都有着广泛影响的大型晚会,取得了良好的社会效益和经济效益。

世界之窗与媒体强强合作办晚会,实现了双赢。媒体利用世界之窗的表演场地、设施、演出队伍、丰富的晚会组织经验以及良好的声誉,保证了晚会的高水准和顺利推出。世界之窗则利用强势媒体广泛的辐射力,扩大了品牌知名度,提高了企业的影响力。大型晚会在世界之窗的成功举办,形成了媒体与世界之窗合作的良性循环,晚会为企业创造的效益日益明显。以2002年春节联欢晚会为例,通过中央电视台的电视全球转播,亿万观众知晓了世界之窗,世界之窗的品牌知名度与美誉度得到了极大提升,不少游客慕名而来,随后的春节黄金周七天经营收入突破2500万元,创公司黄金周假日七天收入最高纪录,占深圳市全市旅游景区经营收入的25%。名牌晚会的宣传效应得到充分展现。

据凤凰网财经栏目2014年1月27日报道,2013年,港中旅深圳世界之窗经营发展实现新突破,全年接待人数325.11万人次,同比增长3%,经营收入同比增长3%,利润总额同比增长4%并创历史新高,全面超额完成年度经营任务。港中旅深圳世界之窗以管理提升为抓手,致力景区产品升级创新,通过服务品质提升,景区品牌节庆吸引力持续增强,呈现小黄金周屡创新高、大黄金周刷新纪录的良好局面。此外,景区旅游细分市场在2013年也大放异彩,商业性跨年活动运营日益成熟,新剧《一路阳光》更成为深圳文化演艺市场全新亮点,再次创造出中国旅游景区奇迹。

资料来源:整理自2003年12月24日《中国旅游报》,记者:吴晓梅、杨小涟、凤凰网财经栏目《港中旅深圳世界之窗2013年游客量超325万》。

案例讨论:

结合本案例分析旅游景区开展公共关系活动的重要性。分析并总结世界之窗的成功经验。

(三) 同行业关系

同行业关系是指旅游组织与其他旅游组织之间的关系,如旅行社、旅游饭店、旅游交通组织、旅游风景区等之间的相互关系。这里的同行业关系包括合作关系和竞争关系两种。合作关系是指旅游组织同支持其发展的其他旅游组织之间的关系,如旅行社和旅游饭店之间的关系,旅行社和旅游运输企业之间的关系等,他们能相互提供客源;而竞争关系是指旅游组织与其他旅游组织之间为了争取某一共同目标而发生的相互对抗的关系,如同一地区、同一类型的旅游风景区之间的关系、同一地星级饭店之间的关系,他们之间可能会为了争夺客源而形成竞争关系。

1. 处理好同行业关系的重要意义

在现代市场经济条件下,竞争与合作无处不在,这是由资源的稀缺性所决定的。无论是竞争还是合作,对旅游行业的整体发展都是至关重要的。合作关系有利于旅游组织之间优势互补,提高资源的利用率;而竞争关系则有利于优胜劣汰,完善经营环境,推动旅游行业的健康发展。因此,协调好同行业合作者与竞争者之间的关系,有利于增强旅游行业间的沟通,促进旅游行业的发展。

2. 同行业关系的基本策略

(1) 端正态度,更新合作与竞争观念。旅游组织应该明确的一点是,在现代社会,任何组织都不可能脱离其他组织而独立存在,合作是必不可少的。旅游组织之间的合作应该本着互利互惠的原则,努力达到"双赢"的局面。另外,旅游组织应该丢掉过去那种竞争就是你死我活、残酷无情的较量的旧观念,而把同其他组织之间的竞争看作是本组织生存和发展的一种压力和动力,一种鞭策力。在现代社会,没有了合作就没有整个行业的存在,而没有了竞争,整个行业就失去了活力。因此,合作与竞争是同等重要的。

(2) 制定合适的合作与竞争法规,营造公平的合作与竞争环境。旅游组织之间的合作虽然是以共同利益为基础的,但是由于各个组织肯定有其自己的利益和目标,因此在合作过程中,双方之间难免会产生矛盾。旅游行业可以通过完善经济合同制,明确各自的责权利关系,这样不仅可以确保各个旅游组织自身经济利益的实现,还可以避免和正确处理各种可能发生的纠纷和矛盾,进而促进合作关系在法律制约下更加稳固和谐。

旅游组织之间的竞争,也应该是公平而有序的竞争。旅游行业有关部门应该确定一些各组织都应遵守的竞争原则,如坚持竞争者之间的地位、机遇平等性原则,不搞地方保护主义;事业上的竞争不妨碍正常的交往、合作和理解;竞争坚持优胜劣汰的原则;坚持竞争的合法性和正当性,对于非法、恶意竞争,应给予惩罚和制裁。

（3）遵循平等互利的原则，共谋旅游组织的发展、壮大。无论是竞争也好，还是合作也罢，旅游组织之间都应该把相互之间的关系建立在平等互利的基础之上，在工作中相互理解、相互信任、相互尊重、相互支持、相互帮助，在和谐的合作和竞争环境中，共同努力奋斗。要做到在合作中求生存，在竞争中求发展，争取实现各个组织的共同发展。

（四）政府关系

在我国，政府关系是指旅游组织与代表全体人民意志和利益、并对全社会实行统一管理的政府机构及其官员和工作人员之间的关系。具体包括与各级政府组织及其各级领导、干部和各级工作人员之间的关系。一般来说，旅游组织的政府公众包括：各级政府、各级旅游局、治安部门、环保部门、卫生部门、工商行政管理部门、税务部门、财政部门、海关部门等。很显然，任何旅游组织都免不了和这些政府公众发生这样那样的关系，且旅游组织的活动必然要在这些部门的管理下进行。因此，建立良好的政府关系，就成了旅游组织公共关系工作的又一重要内容。

1. 处理好政府关系的重要意义

政府公众对于任何组织而言都是一个特殊的公众，其特殊性在于：一方面政府通过政策和法律手段制约和影响着企业的生产经营活动；另一方面政府作为国家权力机构，其特殊的角色决定了政府公众对企业的评价具有相当大的号召力和影响力。任何旅游组织都不可避免地要与政府公众发生关系，旅游组织的活动因此也必然要受到政府公众关系的影响。与政府公众建立和保持良好的沟通关系，是旅游组织生存和发展的重要保障和条件。

2. 政府关系的基本策略

（1）遵纪守法，主动纳税，坚持局部利益服从整体利益，这是处理好政府关系的前提。在我国，任何社会组织都要贯彻执行党和政府的各项路线、方针、政策，遵守国家的各项法律、法规，旅游组织也不例外。旅游组织应在国家政策、法规的允许之下开展各种活动。当组织利益与国家利益发生冲突时，要以国家利益为重，局部利益服从国家利益。例如，任何一个旅游风景区在开展旅游活动时，都不能一味地以经济利益为重，还要考虑到环境的可承受能力，考虑到环保问题，考虑到可持续发展问题。只有这样，才能获得政府和公众的赞许和支持。

另外，税金是国家财政收入的重要来源。旅游组织是否能够按时缴纳税金，也是衡量组织与政府关系和谐性的一个重要方面。

（2）及时了解和熟知国家的有关政策、方针，熟悉政府有关机构的内部职能，这是处理好政府关系的保障。旅游组织必须详尽地了解、分析研究政府所颁布的各种政策和法令，并随时注意其变动情况和变化趋势，研究其适用范围，注意其变通性和灵活性，以利于组织在政策和法规允许的范围内制定出最有利于本组织发展的各项决策。同时，公关人员还需要全面了解并熟悉政府机构的内部结构及各自的职能、工作范围和办事程序,提高本组织办事效率。

(3)保持与政府机构的经常联系,主动向政府提供本组织的有关信息,协助政府解决有关难题,这是处理好政府关系的重要内容。处理政府关系,应该与政府部门保持经常的沟通,让政府部门熟悉本组织,了解本组织。因此,旅游组织应该派专门的公共关系人员,及时、主动地将本组织的情况和信息向政府有关部门报告;旅游组织还应在条件允许的情况下积极主动地响应政府的号召,如为公益事业提供赞助,利用本身劳动密集型企业的优势为下岗人员提供更多的就业机会等,帮助政府解决难题,以此获得彼此之间的相互理解和支持。

(五)社区关系

社区关系,又称"区域关系""地方关系",是指旅游组织与所在地的地方政府、社会团体以及其他社会组织和当地居民之间的关系。

1.处理好社区关系的重要意义

社区是指人们共同活动的一定区域,一般是指地域范围较小,居民相对集中的地区,如村落、城镇、区、街道等。一个社区一般由普通居民、地方政府机构、工商企业和各类社团组织构成。社区关系是由地缘关系决定的,是旅游组织外部公共关系的重要内容,对于旅游组织的生存和发展有着重要的意义,主要表现在:

(1)社区是旅游组织赖以生存和发展的外部环境。一个旅游组织坐落于某个社区内,就离不开社区的支持。它需要借助该社区的水电、交通以及其他公共设施,才能顺利开展其业务活动;社区公众还能为旅游组织提供一定数量的员工,他们熟知当地风俗习惯、风土人情和交通、景点情况,加以培训之后会是素质很高的员工。因此,良好的社区环境是旅游组织生存和发展的根基,它与旅游组织在空间上紧密相连,在利益关系上不可分割。所以,旅游组织应该积极主动地加强与社区公众之间的联系,争取社区公众对旅游组织的了解、理解和支持,为组织创造一个稳固的生存与发展环境,所谓"公关始于门前",就是这个意思。

(2)良好的社区关系有利于扩大旅游组织的区域性社会影响,并有利于组织塑造良好的公众形象。同一社区的公众对组织的某一评价和看法很容易互相传播,互相影响。旅游组织与社区建立良好的社区关系,会得到社区公众的好感和认同,形成较好的口碑,从而进一步扩大旅游组织的社会影响,并形成组织在该区域的某一公众形象。

2.社区关系的基本策略

既然任何一个旅游组织都离不开社区公众的认可和支持,那么旅游组织就应该认真对待社区关系,开展合适的公共关系活动。具体来说,旅游组织应至少做到以下几点:

(1)必须严格遵守地方的法律法规,尊重当地的风俗习惯。旅游组织开展的各项活动,会吸引世界各地的旅游者前来旅游,而我国各地的风俗习惯是不同的。旅游组织必须要求自己的员工,并告知旅游者要"入乡随俗",尊重社区的风土人情。

(2)做好信息沟通工作。旅游组织应该主动向社区公众公布自己的政策和有关信息;可以主动邀请社区公众参观组织内部情况;旅游组织还应该主动向社区公众征求意见和建议,让他们感受到自己的诚意。这样做,一方面可以使旅游组织和社区公众建立较为亲密的关系,使社区和组织融为一体;另一方面通过双方的信息交流,可以使旅游组织更好地了解到社区对组织的希望和要求,更好地为社区服务。

(3)积极支援社区建设,赞助和参与社区的教育、卫生、福利等公益事业。处在社区中的旅游组织应该积极投身于社区的公益事业中,如出资修建公园、道路、图书馆等公共设施,出资组织或赞助社区性的文艺表演或体育活动。这样,既为社区谋了福利,又使旅游组织本身从中获得利益,还能在社区公众中留下较好的印象,形成较好的口碑,赢得社区公众对旅游组织的支持和帮助。

(4)主动为社区居民提供服务和帮助。如杭州延安饭店一向重视搞好与周围社区之间的关系。每逢节假日,延安饭店的领导会亲自到社区中的特困户家中表示慰问;在平时,饭店的团总支书记会带领团员到特困户家打扫卫生,党总支书记带领党员为特困户送衣送粮,给他们物质上和精神上的双重帮助。延安饭店的行动得到了社区公众的一致赞许。

专业词汇

旅游业公众 公众分类 内部公众 外部公众 公众策略

思考与练习

1.旅游业公共关系要面对哪些公众?旅游业公众的特点体现在哪些方面?

2.如何对旅游业公众进行科学的分类?如何针对不同公众的特点采取相应的公众策略?

3.什么是旅游组织的内部公共关系和外部公共关系?如何认识两者的关系及其对旅游组织的意义?

4.说明旅游企业开展内部公共关系活动的重要性。主要有哪些方法?

5.在各类外部公众中,你认为旅游组织的首要公众是谁?为什么?相应的公众策略有哪些?

6.举例说明旅游业组织在处理媒介公众关系时需特别注意的问题。

7.试分析你所在组织的公共关系状态及其面对的公众,运用公众分类法对公众进行划分并确定目标公众。请向大家陈述你的分析结果和理由,并提出你的公众策略。

第 4 章

旅游业公共关系传播

本章导读

传播与沟通是连接旅游业公共关系主体与客体的媒介,公共关系主要是通过科学地、艺术地运用传播与沟通手段来完成其核心任务的,因此,传播与沟通是公共关系所要研究的基本内容之一。对于旅游业,公共关系传播发挥了不可替代的作用。要充分发挥这些作用,需要相关人员具备基本的传播知识,掌握相关的传播技巧。为此,本章将首先介绍公共关系传播的基本知识,然后,根据旅游业公共关系的特点,分别阐述人际传播、组织传播、大众传播在旅游业公共关系活动中的运用,以有助于旅游业公关人员和相关人员能够更有针对性地采取适宜的传播策略,灵活运用传播和沟通手段,实现旅游组织的公关目标。

第一节 公共关系传播概述

一、传播的概念和特点

(一)传播的概念

Communication(传播)一词来源于拉丁文 Communicare,具有"共享"的意思,现在一般指传播者与受传者之间信息交流与共享的过程。

完整的传播过程是:一方(信息源)有意向地将信息编码并通过一定的渠道传递给意向所指的另一方(接收者),以期唤起特定的反应或行为;意向所指的接收者感受到信息的传递,对接收的信息予以解释(破译编码),并受其影响而做出反应。

在旅游业公共关系中,传播是旅游组织利用各种传播媒介将信息或观点与相关公众有计划的交流的双向沟通活动。它不仅要完成"告诉公众什么"的使命,同时还要实现同公众之间的情感沟通,使旅游组织与公众之间通过传播而达到和谐一致。

(二)传播的特点

1.传播具有动态性

传播是信息的流动,是变化的。作为传播的参与者,他会不断地受到来自其他人的信息的影响,经历着连续的变化。作为连续变化的个体动态的人而存在的一个不可或缺的前提是人与人之间的传播是动态的。

2.传播具有双向性

传播必须在信息源和接收者之间进行。一般来讲,这意味着两人或两人以上,即至少两人之间的信息传递是双向的。

3.传播具有不可逆性

由于传播的进行性特点,接收者一旦被某一信息影响,这一影响后果就不可能再收回。虽然可以发出补救信息以修正原信息的影响效果,却无法消除已经实现的结果。

4.传播具有广泛性

广泛性是指公共关系信息被所有传播媒介所追求并经传播媒介而广泛扩散,直至在公众中广泛地形成日益成熟的公共关系意识。现代科学技术的飞速发展,为信息传播的广泛性实现提供了现实条件。公共传播的广泛作用,逐渐培育了公众的公共关系意识,这种意识反过来影响公众行为,为公共关系传播的广泛性奠定了主观基础。全员公关意识既促进信息得到广泛的传播,同时又为公共关系传播的广泛性确立了深厚的群众基础。

二、传播要素和传播形态

(一)传播要素

传播要素主要分为两类:一类是传播的基本要素,包括信源、信宿、信息、信道(媒介)和反馈,这是公共关系传播的"硬件"要素;另一类是公共关系传播的隐含要素,包括传播活动的时空环境、心理因素、文化背景、信息质量等,被称为公共关系传播的"软件"要素。其中每一个要素,都会对传播效果产生一定的影响,缺少任何一个要素,都无法构成公共关系传播。

1.基本要素

(1)信源。信源是指信息的发布者,也叫传者或主传者。公共关系传播的信源一般指某一具体组织。

(2)信宿。信宿是指接收并利用信息的人,也叫受众或受传者。受众可以是组织,也可以是公众。

(3)信息。从公共关系角度看,信息是指具有新内容、新知识的消息、信号、编码、符号、观念、情感、态度等。

(4)信道。信道也称媒介,是指信息传递的途径、渠道。

(5)反馈。反馈在这里是指受传者对传者所发出信息的反应。在传播过程中，这是一个信息的回流。传者可以根据反馈意见来检验传播的效果，并据此调整、充实或改进下一步工作。

2.隐含要素

(1)时空环境。时空环境指的是传播的时间环境和空间环境。"时"包括时间、时机。公共关系的传播要选择适当的时间和时机，才可能会收到事半功倍的效果。"空"指空间，包括视觉空间(光线、色彩、造型)、听觉空间(音量、音调)、感觉空间、心理空间(接收、反对)等。公共关系传播要创造良好的空间环境，主动把握有效的空间。

(2)心理因素。心理因素主要是指信息接受者的情感心理状态。不同的情感状态下，人们接受信息的效果是不一样的。因此，传播行为的发生、延续和发展，应建立在双方心理愉悦的基础上。心灵不通，传播效果会受到很大影响。为此，旅游业公共关系人员在实施传播时，只有注意了解和把握旅游公众的心理状态和感受，才能获得理想的信息反馈和情感共鸣，进而产生有利于旅游组织的公众行为。

(3)文化背景。文化背景是传播过程中的一种文化现象，它反映了广阔的时代文化背景，又受到文化特质的制约。传播过程中，传播双方的文化差异往往影响传播效果。不同的文化履历、习俗、性格、思维方式和价值观，会使人对同一信息产生不同的认识和感受。

(4)信息质量。信息质量是指该信息对接收者的利用价值。对受传者来说，时刻面临着大量的信息袭击和选择，而只有那些最有价值的、最适合他自身需求的信息方能引起其有效注意，才有可能产生预期的传播效果。

衡量信息质量的指标一般有三种：

第一，相关度，即该信息对受传者的关联程度，是有用的还是无用的。

第二，可靠度，即受众对信息的信任程度，即在受众眼中，该信息是真实的还是虚假的，其真实性占多大比重。

第三，精确度，即信息自身的针对性和准确性，是针对性强的还是泛泛而谈的，是精确的还是模糊的。

(二)传播形态

传播有三种形态：人际传播、组织传播和大众传播。

1.人际传播

人际传播是指人与人之间的传播，它是构成并维持社会关系，使人际交往和人际关系得以实现的前提。人际传播的表现形式分为面对面传播和非面对面传播两种。

人际传播有以下几个特征：

其一，人际传播在少数人中间展开，它的最小规模是两人之间的传播。

其二，人际传播具有直接性，反馈及时、准确。接收信息的人转瞬之间就可以成为信息的传递者，角色交替随时进行。参加者可以根据对方的反应，或修正对方发出的信息，或详加说明，或改变话题。

其三，信息交流非常灵活。在人际传播中交换的信息，只要少数人之间理解就行，不一定非得具有一般性。如果参与者关系密切、互知脾性，信息的性质就会极不正规。

其四，影响人际传播的因素很多。人际间的互相吸引是最重要的因素，这种吸引首先表现在人们的相互影响、相互感知、相互理解和互有好感上。其次是时空上的接近，即时间、时代的接近和地理位置的接近。一个人的生活态度如何，对自己和别人关系的认识如何，也会影响到人际传播。

2. 组织传播

组织传播是组织和其成员、组织和所处环境之间的交流。组织传播的主要特点为：

其一，规模比较大，多依靠人体以外的信息传播媒介，如文件、告示、内部刊物、扩音设备等。

其二，传播的主体是组织。所谓组织，是按照一定的目的、任务和形式建立起来的有着不同部门的分工协作、不同层次的权利操作和责任划分的社会集团。

其三，传播的对象是公众。传播的对象广泛而复杂，但并非是不特定的多数人，而是具有某种共同性的、与组织存在着某种现实或潜在利益关系的群体，即"公众"。

其四，传播具有明显的目的性和可控性。什么时候、什么人、对什么人、发出什么信息，都有其目的性，都有相当严格的规定。发文件、下指示都不能随心所欲，而只能在规定的时间、向特定的对象、以适当的方式进行。

3. 大众传播

大众传播是指传播组织运用现代传播媒介向广泛的受众所进行的传播。大众传播是人类信息传播的高级形态，它既是人类社会发展的产物，又将促进人类社会的进一步发展。大众传播的主要特点是：

其一，大众传播的主体是大众传播机构，如报社、出版社、广播电台、电视台等。

其二，受众广泛而多样。它可以包括各种不同的社会群体，所以具有某种程度的异质性。

其三，传播过程缺乏灵活性。传者和受众互不相干，几乎没有同一时刻参加同一传播过程的意识。传者和受众的角色相对固定，传者是专业化的职业集团，信息被定期传向受众，几乎没有角色的交换，基本上是单向传播，受众的反应和意愿很难及时地反馈给传者。

其四,大众传播以高科技为传播过程的中间媒介。要使众多分散的人们同时参加传播,印刷媒体、电子媒体等大众传播媒介是不可缺少的。大众传播机构正是利用大众传播媒介将信息复制传播给广大受众的。

其五,大众传播的信息是一种可以大量生产、不断复制的符号结构物,它面向广大受众,因而必须具有一般性,否则就不能为广大参与者关心和理解。

三、公共关系传播模式的演进

传播活动是一个循环往复以至无穷的过程,它是传播各要素之间相互作用、相互影响的结果。其中最基本的五项要素即传播者、传播符号、传播媒介、受传者、传播效果,构成了传播过程的主要支柱。由于传播要素的作用不同,使传播过程处于不断的变化之中。不同类型的传播因其传播渠道日益丰富且互相交叉又同步发展,导致传播过程扑朔迷离,因而,人们对传播过程的研究也各持己见,呈现出多角度、多思维的局面。公共关系传播模式是在理论研究和实践探索的基础上逐步演进而形成的。

(一)"5W"模式

1948年,美国传播学家拉斯韦尔(Harold Lasswell)提出了被称之为经典式模式的"5W"模式:谁(Who),说什么(Say What),通过什么渠道(In Which Channel),对谁(To Whom),有何效果(With What Effect)。如图4-1所示。

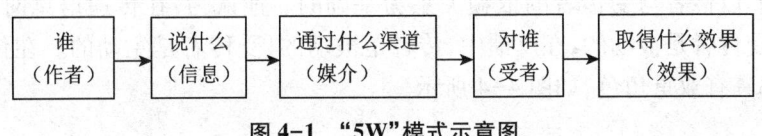

图 4-1 "5W"模式示意图

1958年,美国学者布雷多克(Braddock)对拉斯韦尔的"5W"模式进行了修正扩充,在传递信息的具体环境和传者发送信息的意图等方面进行了补充,被称之为"7W"模式。如图4-2所示。

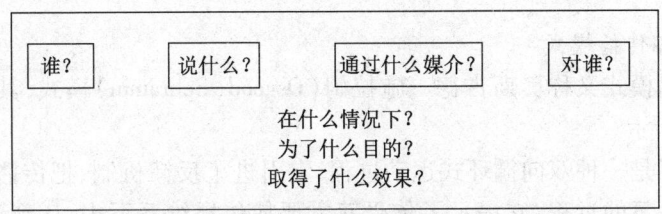

图 4-2 "7W"模式示意图

(二)直线性单向传播模式

1949年,美国电话试验室工程师香农(Claude E.Shannon)和韦弗(Warren Weaver)从信息论角度,提出了直线性单向传播模式,即香农—韦弗模式,如图4-3所示。该模式运用通信电路原理对人类传播进行探讨,其特点是展开四个要完成的正功能和一个负功能因素。特别是其中噪声概念的提出,使人们受到了启迪,为精确的研究传播过程提供了有利的手段,从而影响了一代人的传播学研究。其不足之处在于:没有涉及人的功能性因素,把传播看成了单向传播,忽视了信息的内容、传播的社会效果和传播环境。

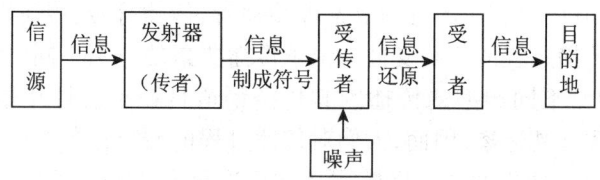

图4-3 直线性单向传播模式示意图

(三)双向传播模式

1954年,美国学者施拉姆(Wibur Schramm)对香农—韦弗模式进行了修正,把传统的简单模式推进到更为复杂的双向传播模式。施拉姆的模式是以人际传播的相互作用、以传者与受传者的依赖关系为基础的。他认为,在传递信息时,传者是主动的,受传者是被动的;在反馈中,传者是被动的,受传者是主动的。在传播过程中两者都具有双重角色,如图4-4所示。

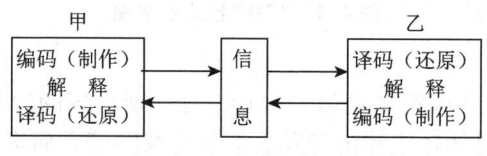

图4-4 双向传播模式示意图

(四)循环传播模式

循环传播模式又称奥斯古德—施拉姆(Osgood-Schramm)模式,其过程表现形式如图4-5所示。

此种模式是一种双向循环式运动过程,它引进了反馈机制,把传播理解为一种互动的循环往复的过程,它揭示了传受双方要使传播维系下去,达到预期目的,就必须根据反馈信息,调节自身的行为,从而使整个传播系统始终处于良性循环的可控状态。

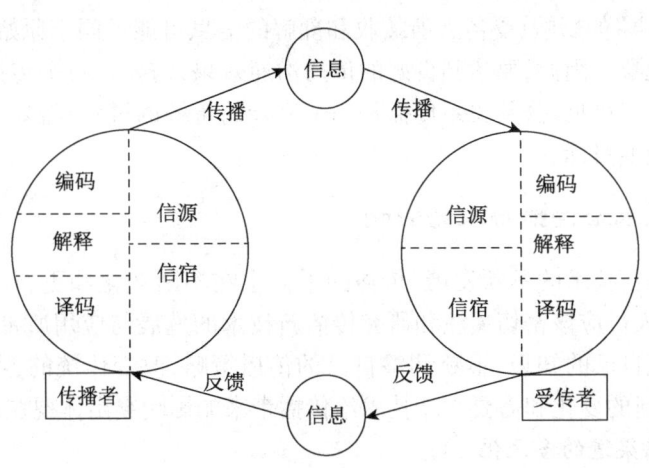

图 4-5 循环传播模式示意图

(五) 公共关系传播模式

公共关系传播模式是针对公共关系的特点,对其传播诸要素和过程的概括。图 4-6 是公共关系传播模式的示意图。

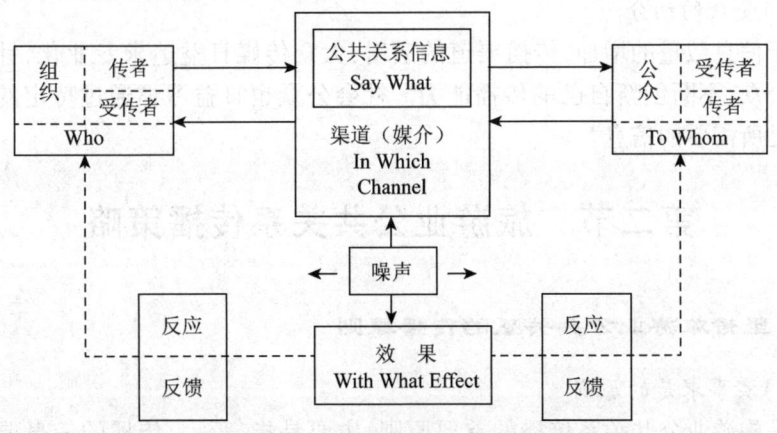

图 4-6 公共关系传播模式示意图

从图 4-6 中可以看出,公共关系的核心工作是采集和传播公共关系信息。社会组织和公众既是信息的传者,也是信息的受传者,双方形成传播的两个流向,并且循环往复。组织根据反馈信息调整改进公共关系状态,达成公众与社会组织利益的一致性,也为下一个公共关系目标提供可靠依据。公众通过对信息的接收获得对组织的认知和了解。在传播过程中,传者选择什么渠道、传播怎样的信息以及传播过程中各种干扰传播效果的"噪声"因素都会给传播效果带来直接和间接的影响。由于"噪声"的影响，受传者所接收和理解的信息可能不同于原始信息，从而出现信息失真现象。因此，要达到良好的传播沟通效果，需要在每个传播要素和传播环节上下功夫。可见，公共关系传播是一个复杂的系统的过程，需要精心策划和实施方能实现预期目标。

四、新技术给传播带来的影响

随着传播新技术的不断发展，传播的手段也在不断变化和更新。在开展公关活动时，公关人员应该密切关注和研究传播新技术的发展与应用所带来的影响，从而及时地扩充自己的知识，不断调整自己的传播策略，改变传统的、习惯的传播方式，不断适应新的变化和需要。新技术给传播带来的影响突出体现在以下几方面：

（一）传播渠道的多元化

如今人们获取信息的渠道多种多样，从传统的报纸、杂志、广播、电视等，到当今流行的计算机、手机等。

（二）信息数量的暴涨

当今已是信息爆炸的时代、大数据的时代，消费者可以通过各种渠道便捷地获得海量信息。

（三）受众的细分

由于信息数量的增加，传播渠道的激增，大众传媒日益追求专业化，针对专门的目标公众，不断创新自己的传播能力。社会公众也日益习惯通过特定的媒介来获得自己所需要的信息。

第二节　旅游业公共关系传播策略

一、坚持旅游业公共关系的传播原则

（一）实事求是的原则

这是旅游业公共关系传播的首要原则，主要是指：第一，传播的信息要以客观事实为基础，真实、准确、全面；第二，在信息传播过程中要尊重客观事实，不隐瞒事实、弄虚作假、欺世盗名；第三，在搜集公众信息、取得反馈材料时也要以事实为依据，准确、客观地再现公众的各种意见。

（二）谨慎负责的原则

旅游组织作为社会的一个组成部分，其生存和发展不仅依靠组织自身的努力，还必须取得社会的支持和协助。因此，旅游组织在进行公共关系传播过程中，一定要采取谨慎负责的态度，要在不损害社会利益和其他社会组织利益的前提下，谋求自身的最大利益。

(三)密切联系目标的原则

旅游业公共关系的传播是公共关系的一个组成部分。它所采取的行动是为旅游公关活动的总目标服务的。旅游业公关活动的总目标是协调旅游业的内外关系，塑造组织良好形象，而在不同阶段、不同情况下，总目标又划分为不同的具体工作目标。旅游业公共关系传播工作一定要围绕这些具体的目标展开。

(四)准确选择传播媒介的原则

旅游公共关系的传播媒介种类繁多，具体选择哪一种传播方式，要综合考虑各种影响因素，如旅游组织的经济能力、人员素质、组织规模等，以及信息的接收者、信息的有关特点等。

(五)简明清晰性原则

旅游业公共关系传播的目的是为了让旅游业公众及时地了解、理解、分享传播信息承载的内容，这就要求信息的形式必须是易于接受的，容易了解的。所以在对信息进行加工整理的过程中，要对涉及的语言、文字、图案、色彩等进行通盘考虑，尽可能地使信息既全面、准确，又简明、扼要。

(六)连续一致性原则

旅游业完整形象的传递并不是一蹴而就、一步到位的，而是依赖于信息连续不断地传送。作为公共关系传播部门，必须根据旅游组织的不同发展阶段，推出相应的传播内容。

(七)传播形式多样性原则

公共关系活动所面对的旅游公众是复杂多样的，他们具有不同的文化素养、经济水平、生活习惯等，这就决定了他们对传播信息的接收程度是不同的，要想取得理想的传播效果，旅游组织必须针对不同的旅游公众采取不同的传播形式，只有这样才能迎合旅游公众的需求，进而取得良好的传播效果。

(八)经济时效性原则

旅游业公共关系传播的目的是为了塑造旅游组织良好的社会形象，为组织的生存、发展提供更为广阔的空间。因此，要讲究"成本收益原则"，力求以最小的代价获得最大的回报。在整个公共关系活动中，公关人员要根据具体情况，时刻把握这一原则。

二、把握公共关系传播的基本规律

旅游业公共关系传播要取得良好的传播效果，就必须对影响传播效果的因素进行系统的分析，找出其内在的规律性，从而更好地发挥旅游业公共关系传播的作用。

(一)传播者的权威性形象规律

信息传播者的自身形象会直接影响信息的传播效果，对于同样的信息由不同的传播者传递,其效果可能会有很大的差别。这是因为传播者的个人形象对传播效果有很大的影响。如果传播者在某一领域具有很强的专业性和权威性,那么在此领域担任传播者的角色,其言论或行为就会令人信服。此外传播者的个人魅力对信息传播也具有很大的影响。

(二)传受双方的角色认同规律

此规律是指在旅游业公共关系的传播过程中,传受双方要彼此体谅,换位思考,才可能取得良好的效果。一方面,传播者必须扮演受传者的角色,树立以受传者的需要为中心的观念,及时地了解受传者的心理和需求状况,有选择性地传播信息,并采取适当的传播方式;另一方面,作为受传者,在接收到信息后会对信息进行分析,判断传播者的宣传目的是否符合自己的利益,若双方利益一致,则传播就会收到很好的效果。

(三)传播因人、因地、因时而异的规律

在传播过程中,公共关系传播的受众是最大的变量,由于性格、年龄、民族、国籍、文化程度、思想倾向、个人心理等多方面存在差异,所以他们的经验范围、接受习惯、接受心理有很大的差别。同样的传播者使用同样的传播技巧将同样的传播信息传递给不同的传播对象,传播效果会有很大的不同。此外,传播效果还会因传播环境和传播时间的不同而不同。

(四)信息结构与信息数量合理搭配的规律

信息的结构指的是信息的组织与搭配的方式。信息的结构性因素包括:信息的先后次序、信息的空间分布、信息的刺激程度、信息的对比程度、信息的重复程度、信息的新鲜程度等。针对公众的心理偏好和接受特点,旅游业公共关系传播要对信息进行结构分析,使公众可以形成对信息的某种依赖,以达到信息的传播效果。此外,信息的传播数量要合适,不能过多也不能太少,要综合地考虑公关活动的目的和受众的有关情况,提供适宜的信息量。

(五)传播效果的层次规律

传播的层次规律是指传播的信息在受众中所引起的反应是分层次的,即:首先引起注意,然后是态度变化和情感变化,最后达到行为转变。受传者对信息的反应首先是从"注意"开始的,因此,要使受传者在纷繁复杂的信息海洋里识别出本组织的有关信息,必须对信息进行有效加工和处理,以唤起受传者的注意。其次,受传者对所注意的信息形成一定的肯定或否定的"态度"倾向,态度的形成既受信息因素的影响,也与受传者本身的主观因素相关;受传者态度变化的外在表现就是"情感"的变化,尽管有程度上的差异,但对肯定的、赞赏的信息,受传者往往会表现出积极的情感,反之则表现出消极情感。最后受传者进入"行为转变"阶段,行为转变是传播效果的最高层次,是传播的结果和归宿。所以,公共关系人员应该合理地控制信息的传播过程,只有使受传者行为符合组织的期望,才能达到传播的目的。

(六)传播环境的影响规律

无论何种活动,都必须在一定的社会环境、自然环境和情感环境中进行。传播环境是传播活动赖以进行的外部条件,对传播效果具有重要的影响。因此,公共关系传播过程中必须选择或创造有利于传播活动开展的环境。

三、克服公共关系传播的障碍

传播障碍指的是对信息的高效、高质的传播造成干扰的条件和因素。通过对传播障碍的了解,可以使传播活动趋利避害,达到传播的目的。传播障碍主要来源自传播者本身、信息传递和信息接收等三方面的障碍。

(一)传播者本身的障碍

传播者作为传播信息的发出者,把组织或个人的有关信息传递给公众,首先必须把信息转换成双方可以理解的状态,在这一过程中,传播者面对着以下几种障碍:

1. 编码能力缺乏

传播者编码能力的缺乏常常表现为不能很好地组织和传递信息,如用词不准、词语不清、表达不通畅等,这些因素会导致公众根本不能接收到完全的信息,甚至使公众产生误解。

2. 信息符号的差异

组织或个人的信息依赖于一定的符号传递给公众。这些符号是人类思维对客观世界的反映形式。它并不代表客观事物本身,而是表示不同的人对客观事物的认识。由于人类思想的差异,造成了对信息符号理解的不同。

3. 传送形式的不一致

一般情况下,信息不是仅靠一种单一的形式进行传播的,要综合运用多种符号形式,比如文字、图形、声音等。如果符号之间不能保持一致,就会使公众对信息不解或误解,造成所传递的信息失真。

4. 知识经验的限制

传播者根据自己的知识范围和经验来展开传播活动,接收者也根据自己的知识范围和经验来接受传递的信息,双方必然存在着某些差异,这也就形成了传播的障碍。

(二)信息传递的障碍

在信息的传播过程中,由于客观环境和主观条件的变化,会带来各种可控和不可控的影响:

1. 传播时机不当

传播时机往往会对传播效果产生重大的影响。时机适当,可以提高传播信息的价值,进而取得良好的传播效果;时机不当,则有可能降低传播信息的价值,造成对传播效果的损害。

2. 信息漏失或错传

在信息的传播过程中,人为的失误、传播工具的问题等都会对信息的内容造成影响,进而形成传播上的障碍。

3. 环境的干扰

信息的传递是在一定的环境中进行的,不可避免地会受到环境中各种因素的影响。

(三)信息接收方面的障碍

信息经过传播者的传送到达受传者,受传者接到信息符号后必然要进行分析和整理,转换成自己可以理解的信息。在此过程中,会出现以下障碍:

1. 选择的随意性

接收者对于信息的接收总是根据自己的心理偏好和现实需求,因此就会对收到的信息进行筛选、过滤,保留对自己有用的信息,阻塞或排斥其他的信息。

2. 受传者的理解差异

受传者对于自己所选择的信息会根据自己的知识范围和认识能力来理解和消化,由于传者与受传者存在着明显的不同,对信息的理解必然会产生差异。

3. 信息超负荷

现代世界是一个信息爆炸的世界,人们被淹没在信息的海洋里。研究表明,人们对信息的接收容量是有一定限度的,超出这一容量就会出现信息超负荷现象,也就是个体对信息产生一种乏力的感觉,采取一种听之任之,不予理睬的态度,从而造成信息传播的重大障碍。

四、选择适宜的公共关系传播媒介

(一)公共关系传播媒介的类型和特点

传播媒介是传播信息得以传递和交流的途径、方式和手段,是传播信息的载体。信息不能独立存在,必须依赖于一定的手段或方式进行传递。传播信息和传播媒介相辅相成,密不可分。没有传播媒介,信息就无法传递;没有传播信息,媒介就无法生存。二者相互作用,共同完成对信息的交流。

现实生活中,传播媒介多种多样,依据不同的分类标准可以划分出不同的类型:

1. 依据传播媒介的物质构成和表现形式划分

(1)符号媒介

符号媒介是现代社会中被广泛应用的一种传播媒介,也是旅游业公共关系活动经常采用的传播媒介。主要包括以下几种:

①有声语言媒介,即人类语言。在旅游公共关系活动中,此种方式被广泛应用。其优点是:交流直接,反馈迅速,形式灵活,效果明显。缺点:感染力较弱,印象不深刻,影响面较小。

②无声语言媒介,即印刷制品。其优点是:跨越时空界限,内容详尽深刻,影响持久,便于保存。缺点:反馈滞后,交流不及时。

③有声非语言媒介,即发出声音但并非语言。例如笑声、掌声等。其特点是要在语言环境中得以传播,同一形式在不同的环境里具有不同的寓意。

④无声非语言媒介,即人体语言。可以是人的动作、表情、服饰、行为等。无声非语言媒介可以加强有声语言媒介的作用,强化传播的效果。

(2)实物媒介

实物媒介指的是利用实物来充当传播信息的载体。例如纪念品、宣传册、广告牌等。其特点是:直观明确,可信赖程度高,视觉和感觉的冲击力较强,可以引起公众的强烈反应。

(3)人体媒介

指借助于人的各种优势,如言谈举止、外貌服饰、个体素质等作为信息传递的载体。例如:旅游组织员工、新闻人物、形象大使等。其特点是:渗透力强,影响面大,容易形成传播双方的情感交流。

2.根据传播对象和手段来划分

根据这一标准,可将媒介分为个体传播媒介、群体传播媒介、大众传播媒介。这里主要介绍大众传播媒介。

大众传播媒介由于具有传播范围广泛、传播速度迅捷、传播内容重要等特点,对于旅游业公共关系的传播具有重要的作用。在公共关系活动中,它发挥着传播信息、引导舆论、传承社会文化、提供娱乐休闲享受等多方面的功能。

旅游业公共关系传播主要选择的大众媒介有报纸、杂志、广播、电视、电影、互联网等。它们各有特点,需要结合旅游公共关系传播的具体情况加以选择。

①报纸。指用文字形式表达的,以刊载新闻为主的、定期的、连续出版的出版物。它是受众面最大的一种印刷类大众传播媒介,主要有以下特点:

第一,报道具有广度和深度。报纸可以刊载国内外的各种消息、报道、评论、新闻图片和理论文章等,同一则消息,报纸可以深入细致、周密详尽地进行报道,而且可以根据读者的反应,对信息进行整合。

第二,信息可以储存。报纸作为一种印刷制品可以较长时间地保留。

第三,读者可以灵活自主地选择信息。读者可以根据自己的个人爱好和现实需要,选择自己最急需的信息。

第四,成本低廉,价格便宜。

第五,对读者有一定的要求和限制,比如文化水平、理解能力,因此,信息传递的对象范围会有所限制。

第六,感染力相对较差。

②杂志。又称为期刊,是指以文字和图片形式表达的、用于刊载各种文章图片的定期的连续出版物,是常被旅游业公关活动选用的一种传播媒介。特别是一些专业性杂志,由于其读者比较专一,因此定位于较单一客源市场的旅游组织非常重视这种传播媒介。杂志有以下特点:

第一,专业性比较强,可以对某一问题进行跟踪调查,深入研究。

第二,读者固定,便于向特定的旅游公众传达信息。

第三,印刷精美,图文并茂,感染力强。

第四,受众面相对狭窄。

第五,生动性相对较弱。

第六,周期较长。

③广播。广播是利用有线或无线电波传送信息的一种传播媒介。其主要特点有:

第一,传播迅速及时,不受时空限制。

第二,机动灵活,可以随身携带,便于收听。

第三,对受众的要求比较低,因此普及率比较高。

第四,只有音响效果,没有视觉感官的冲击。

第五,信息传递稍纵即逝,保留程度较差。

④电视。电视是当今社会最重要、最普遍、最生动、最形象化的大众传播媒介,它是通过电能,以声音、图像为主的一种传播方式。其主要的特点是:

第一,形象生动具体,感染力较强,容易引起轰动效应。

第二,传播迅速及时。

第三,效果广泛普及,老幼皆宜。

第四,信息不易保留,稍纵即逝。

第五,对信息内容的创意性、时代性、轰动性要求较高。

第六,使用费用高。

⑤电影。新闻纪录电影媒介也是大众传播和公共关系活动的重要手段之一,它的某些功能是其他媒体无法取代的。其主要特点是:

第一,作为一种综合艺术,电影既有动态图像,又有音响效果,比电视具有更大的场面和更理想的音响效果,尤其是旅游风景片等所带来的视觉冲击是其他媒介所不可比拟的。

第二,观赏电影一般是在与外界隔绝的情况下,因而可以高度集中观众的注意力,形成一种感情气氛,有较好的传播效果。

第三,电影可以全面、形象、直观地介绍宣传的内容。

第四，影片便于长期保存。

第五，电影制作的周期较长，耗资费时，在所有的媒介中成本最高，而且传播范围受到限制。

⑥互联网。互联网是全球最大的、最开放的、由众多网络互连而成的、主要采用 TCP/IP 协议的计算机网络。互联网代表着一场无处不在的重大传播革命。前面所讲的各种形式都可以通过互联网在计算机、手机等设备上传播，给社会带来的影响是巨大的、长远的。与传统电子媒体相比，互联网具有以下几个特点：

第一，传播范围广泛。互联网是由两个或无数个局域网连接起来的世界性信息传输网络，被称为是"无边界的媒介"。

第二，不受时空限制。网络传播沟通是在网络空间进行的，能够突破现实时空的限制和障碍，网上没有距离和时间的限制，只要可以连接网络，就可以随时随地接受和传递信息。

第三，高度开放。网络是一个高度开放的系统，在这个网络空间里，没有红灯，没有障碍，没有种族、国家的界限，任何人都可以平等地利用它来获得和传递信息。

第四，双向沟通，平等参与。网络融合了大众传播和人际传播的优势，实现了大范围和远距离的双向沟通，大大加强了受众的主动性、选择性和参与性，使双方可以平等地表达各自的意愿。

第五，服务的个性化。互联网在传播中的应用实现了一系列的个性化服务，如信息内容制作、媒体的运用和控制的个性化，传播和接收信息的方式方法的个性化等。

第六，多媒体，超文本。网络以超文本的形式，使文字、数据、声音、图像等信息转化为计算机语言进行传递，相同的信息以不同的方式在网上传播，可以综合其他大众媒体的优势。

第七，成本低廉。与网络的巨大功能相比，其成本是低廉的。无须重建线路设施，利用现有的通信网络，支付地方性的服务费用就可以连接全球性的网络。

第八，不可控性。网络的高度开放性和人员的广泛参与使网络的控制成为一个难题，这也是目前互联网的一大缺陷。

（二）传播媒介的选择

如上所述，传播媒介的类型多种多样，各有特点，因此，公关人员应了解和掌握它们的特性。在公共关系实践中，选择传播媒介还要根据具体情况，综合考虑以下因素，以便作出恰当的选择。

1.传播对象

传播对象是旅游业公关活动信息的接收者，旅游组织要达到传播的目的，就必须对传播对象进行充分的了解和分析。要考虑传播对象的文化水平、年龄结构、经济水平、工作及生活方式，以最适合他们理解、最能引起他们注意、最符合他们工作和生活习惯的传播媒介来传递信息。

2.传播内容

传播内容是旅游业公共关系活动根据特定的目的向旅游公众传达的信息。选择传播媒介时要考虑信息的特点,根据信息的难易程度、信息是否需要记录和保存、信息的趣味性、知识性、专业性等,分析以何种方式表现为佳,如文字、音响、图像,还是兼而有之。

3.经济状况

传播媒介的使用意味着费用的支出,因此,旅游业公关人员在选择传播媒介时还要考虑旅游组织的经济状况,根据组织的经济实力和公共关系的预算要求,量力而行。

4.信息传播的时效要求

信息需要及时传播,因此,选择传播媒介还要考虑信息传播的时间要求,要考虑是否必须赶在特定的时间之前,这直接关系到传播效果。

第三节 旅游业公共关系的传播技巧

旅游业公共关系传播技巧是指在完成旅游业公关传播任务、实现旅游业公共关系信息传播目标的过程中所采用的各种有效的方法和技能。旅游业公共关系人员必须掌握各种不同的技巧,才能有效地发挥公共关系传播的作用,保证旅游业公共关系活动的成功。这里我们按照口头传播、书面传播、实像传播三大类型,介绍旅游业公共关系传播的基本技巧。

一、公共关系口头传播技巧

口头传播是指传播者(即说话人)通过口腔发声并运用特定的语词和语法结构及各种辅助手段向受传者(即谈话对象)进行的一种信息交流。口头传播是人际交往的最常见的形式之一,不管是一般人际交往还是公共关系实务活动,都大量地采用口头传播的方式。

在旅游业经营活动过程中,无论是专职公关人员,还是旅游组织的领导者、代言人或者普通的组织员工,掌握口头传播的技巧,于组织于个人都是有益的。尤其在开展旅游业公关活动时更应该善于运用口头传播技巧,例如新闻发布会、演讲、谈判等活动,主要是以口头传播的方式实现其公关目标的。

(一)口头传播的基本技巧

口头传播有三大特点:第一,时空的限制性,即有两个或两个以上的传播主体在同一时空范围内共同参与传播;第二,很强的时效性,即信息交流过程与信息反馈过程是同步进行的;第三,内涵表达丰富,即口头传播具有丰富的表现手法和辅助手段。

口头传播的基本技巧体现在传播的每一个环节中。

1.传播者环节

传播者是传播活动的主角,由于语言传播通常采用面对面的方式,因此,传播者要特别注意把握以下要点:

第一,明确传播性质,找准切入点。

第二,认定自己的社会角色和传播角色。

第三,语言表达得体,全身心投入。

第四,留意细节,小心慎重,注意习惯用语的负面影响。

2.传播内容环节

传播内容环节是传播活动的主要环节,信息大部分集中于此,因此,对信息的恰当组织和传递是至关重要的。要注意:

第一,明确主题、紧扣主题。

第二,重内容、重实质,忌华而不实。

3.媒介环节

口头传播的媒介主要是口语,同时还包括一些非语言的传播媒介,要善于综合运用。其要点在于:

第一,力求用语准确、简洁。

第二,注意口语的流畅和连贯。

第三,学会控制声音。

第四,注意发挥非语言即表情、手势、体态语言的传播作用。

4.接收者环节

口头语言传播是与传播对象直接的沟通,因此接收者的状况也会影响口头传播的效果。传播者要尽可能了解接收者,尊重接收者;注意观察接收者的反应;与接收者保持一种交流状态。

(二)公共关系谈判技巧

谈判是人类生活中不可缺少的相互交流意见、相互协商的一种信息交流的手段。在旅游业公关活动中,谈判具有重要的作用。

1.谈判的一般程序

(1)导入阶段。此阶段是谈判开始的前奏,主要是指谈判双方相互认识、非正式交流的一个过程。

(2)概述阶段。谈判双方在谈判开始时,首先要亮出自己的基本观点,对此观点的阐述必须简洁明了,重点突出。

(3)明示阶段。此阶段要明确地摆出自己的具体需求,将谈判的要点坦诚地亮出来。

(4)交锋阶段。这是谈判的关键阶段。谈判双方根据自己的需求,为维护自身的利益而据理力争。

(5)妥协阶段。经过交锋阶段的激烈角逐,此时双方都明确掌握了对方的具体要求,为达成谈判的目的,必须在合理的范围内各自作出一定的让步。

(6)协议阶段。这是谈判的最后一个阶段。双方经过不断的讨价还价,最后达成了一个彼此都可以接受的协议,把此协议以书面形式表现出来,双方代表签字,使其具有一定的法律效力。

2.谈判中常用的策略

(1)主动出击策略。第一,虚张声势。谈判开始时,首先提出高于期望目标的要求,然后在谈判过程中与对方进行周旋,最大程度地维护自己的利益。第二,威胁。如果自身占有某种谈判优势,就可以利用此项优势威胁对方就范,但必须把握一定的度,否则,就可能两败俱伤。第三,僵持。这是根据对方的反应所采取的一种方法。如果对方急于达成谈判协议,就可以通过僵持的办法更多地维护自身的利益。第四,各个击破。根据谈判对方的代表们的不同个性,寻找代表之间的显著差异,采取逐个击破的方法。

(2)反击策略。第一,预先筹划。在进行谈判以前,首先对谈判进行一个整体的考虑,对于谈判过程中可能遇到的问题,要做到胸有成竹。第二,搜集情报。在对方陈述观点或发表意见时,要仔细地倾听,认真地剖析其中蕴含的意义,根据对方表述的思想,结合自身的利益,找出问题答案。第三,同意与拒绝。在谈判过程中,要合理地运用"坚持己见"和"求同存异"。第四,回避的方法。对于暂时不能作出的决定,要采取一定的手段转移对方的注意力。第五,强硬反击。谈判过程中,要软硬兼施,对于不同的对象和不同的谈判内容采取不同的态度。第六,终止谈判。如果谈判双方的基本立场存在着明显的差距,而彼此又都不肯作出让步,终止谈判是最明智的选择。

(三)公共关系演讲技巧

演讲是人们为了阐明事理,说服听众而进行的一种针对性很强的传播活动。它在很多方面都存在着技巧,具体表现在以下几方面:

1.表达技巧

要特别注意开场白和结束语的技巧。"好的开始是成功的一半",开场白必须引人入胜。结束语是演讲的最后一步,要给听众留下深刻的印象。

2.语言节奏的技巧

一方面,要做到言语生动,富于变化。富于变化的语言往往会使听众产生兴趣,进而认真地倾听演讲,领会演讲的意思;毫无变化的语言则会使听众产生厌倦的情绪,达不到演讲的目的。另一方面,要注意张弛有度,变换节奏。人的注意力是有一定的时间限制的,必须根据人的生理特点,设计演讲的进度,通过内容和节奏的变化调节听众的情绪,达到演讲的目的。

二、公共关系书面传播技巧

书面传播是公共关系传播的一种重要手段,它直接体现着旅游组织的政策和形象。作为旅游公共关系人员,要熟练掌握各种公共关系文书的写作技能。公共关系文书主要包括:新闻稿、公关简报、公文、函件等。

(一)新闻稿的写作

新闻宣传,是开展公共关系工作必不可少的一个重要环节,掌握新闻稿件的写作技巧,是对一个合格的公关人员最起码的要求。撰写新闻稿,借助新闻舆论的力量,一方面可以扩大组织与公众的信息沟通,优化社会舆论,树立组织的良好形象;另一方面可以收集公众的反馈,使组织得以了解公众的意向。

1.新闻的定义

新闻,是指新近发生的事实的信息,是人们欲知而未知(或新知)的事实。新闻有广义和狭义之分。广义的新闻包括消息、通讯、特写、调查报告、采访记、新闻评论等;而狭义的新闻专指消息,是对新近发生的有社会价值的事件的及时报道,又称新闻或新闻报道。我们这里主要指的是后者,即"消息"。

消息是对新近发生的有社会意义的事实的简短报道。它广泛地应用于报刊、广播和电视。公关人员对它们各自不同的特点应有所了解和掌握,才能在公关活动中恰当地选择和运用新闻传播媒介。

新闻具有时效性强、真实准确、用事实说话、短小精悍的特点。

2.新闻稿的结构和要素

新闻稿就其形式结构而言,当前运用得最多的是"倒金字塔"式和"金字塔"式两种。

"倒金字塔"式,即把最重要、最新鲜的材料作为导语,放在新闻的开头,按照重要性排列其后内容。这种形式有助于作者迅速地撰写新闻稿,便于编辑制作标题和设计版面,也符合大多数读者、听众、观众的心理,吸引他们阅读、收听、收看的兴趣,故公关新闻稿多采用此结构形式。

"金字塔"式与前者相反,主要是按照事件发生的时间顺序来写,常用于客观叙述一些故事性较强的事实,所以亦称"新闻故事"。

一般而言,新闻稿由标题、导语、主体、背景材料和结尾五个部分组成。

完整的新闻稿必须具备六大要素,即5W1H:何人、何事、何时、何地、何故、如何。

3.优秀新闻稿的标准

从新闻的角度来看,高水平的新闻稿一般有以下特征:

(1)新闻或信息能够真正地引起人们的兴趣。

（2）文章能切实回答读者或听众的疑问。
（3）听众或读者认为所有问题已解释清楚。
（4）稿件中确实含有新闻,能在吸引公众注意力的激烈竞争中取得成功。
（5）信息能促进组织目标的实现,确有效果。
（6）该新闻的传播能准确反映组织的性质。
（7）事实、名称、日期准确无误,技术用语恰当。

从新闻稿的风格和结构内容来看,可以从以下方面衡量新闻稿的水平:
（1）内容提要是否能够吸引读者的注意力,标题是否简明扼要。
（2）文中的事实是否与标题协调一致。
（3）稿件内容是否简明清楚。
（4）是否受到"试图做免费广告"的指责。
（5）新闻内容是否能够在以事实为依据的基础上尽可能地激动人心、引人注目,但又不夸大其词。

4.公关新闻稿的写作要求

公关新闻稿是由公关人员撰写的新闻稿件,要在以下方面作出努力:
（1）明确写作目标。公关人员写作新闻稿时,要时刻围绕确定的目标进行,以发挥新闻稿对公共关系的特殊作用。
（2）最大的客观性。尽可能把对事实的评价留给读者。
（3）保证信息来源的真实性,谨记真实性永远高于新闻性。
（4）保持新闻写作的长期一致性,这样有助于吸引人们的注意并能够为人们长期记忆。
（5）努力形成特色,产生最大影响。
（6）注意稿件书写格式的细节,要便于编辑的选用、修改。如用白纸书写,字体不宜太小,行间距不宜过密,文稿四周应留出足够的空白处便于修改。

案例4-1 "东楼改造工程竣工 以崭新面貌喜迎秋交"

1986年10月9日,在广州东方宾馆举行的记者招待会上,各新闻单位都收到一篇公关新闻稿,题为"东楼改造工程竣工 以崭新面貌喜迎秋交"。其内容如下:

"东楼第一次装修改造是在1980年,距今已有6年,卫生洁具、家具和墙纸、地毯已陈旧,如不改造更新,就会影响东方宾馆作为国际高级宾馆的形象。为此,宾馆从去年开始有计划地进行全面改造。改造后的客房宽敞明亮,面积达39平方米;家具全部是高级红木,配上色调和谐的墙纸和地毯;卫生间全贴高级大理石;房内保留原有的闭路电视、电脑、电话、音响和中央空调等现代化设备。改造后的东楼既豪华庄重,又具有现代风韵。

"现在,东楼大堂面积已达600多平方米,比原来扩大了近一倍,顶柱和地面镶上了光彩照人的高级大理石。大堂外是一条带有遮檐的通道,通道外的正门广场面积有50 000多平方米,气势恢宏,整个布局极具民族特色。"

这篇公关稿发出以后,各新闻单位根据需要,进行改写并予以报道。消息传出后,很多宾客踊跃前去参观东方宾馆的新建筑,给予很高的评价,开房率也随之大幅度上升。

资料来源:林汉川,李觅芳.公共关系案例教程.上海:复旦大学出版社,1997。

(二)公关简报的编辑与写作

公关简报是统称,它可以有多种形式,如"简讯""信息""情况反映""工作状态""内部参考",有些还以刊物的形式出现,如长城饭店的《长城之声》,京伦饭店的《京伦之窗》。在旅游企业文化建设和公共关系工作中,公关简报常常当作内部、外部沟通的桥梁。

1.公关简报的种类和特点

(1)公关简报的种类

公关简报可以分为工作简报和会议简报两大类。工作简报是日常工作中编发的简报,其涉及面广,名目繁多,常当作组织为沟通情况、交流经验、传达信息而定期编发的内部刊物。

会议简报是会议期间编发的简报,这种简报涉及面小,一般为比较重要、规模较大的会议所采用。会议简报主要反映会议的进程、领导讲话、代表发言以及会议期间一些有意义的插曲、花絮等。

(2)简报的特点

一要快,即写得快、编得快、印得快、发得快,但不能粗制滥造,不能凭空杜撰。

二要简,即精要简短,重点突出,内容集中,忌华而不实。

三要准,即反映的事实准确无误,不得夸大或缩小。

四要新,即提供最新颖、最有价值的信息,反映新问题、新动向、新经验、新事物,引发人们的思考,使人们受到启迪。

2.简报的格式

简报的格式一般包括报头、报文、报尾三个部分。

在简报封页的上部需写明报头,其内容包括:简报名称、期数(号)、编印单位、编写时间等。

报文也叫正文部分,是该简报编载的全部信息。其写法可采用分列小标题式的写法、新闻报道式的写法、经验介绍式的写法、转发式的写法等。

报尾位于简报最末一页的下方,在画出的两条平行线中间,依次注明"报""送"

"发",并写出有关单位或个人名称。最后注明印发的数量。

(三)公函的写作

公函,是组织之间联系工作的公用信件,是组织对外联系的一种正式形式。从内容看,可分为商洽性公函、询问性公函、答复性公函、委托性公函、告知性公函等。

由于公函是组织公共关系活动中必不可少的重要工具,而且,公函的语言、意图等均需要慎重斟酌才能发给对方,以免造成不良后果。所以,其写作应按照一定的要求来进行。

1.商洽性公函

商洽性公函常用于组织之间商量和接洽工作。这类公函多用于三种情况:组织主动发出、要求对方给予必要的协助;组织向对方提出共同办理某事的要求;组织向对方提出处理某一问题的看法。其正文应包括两部分,即商洽理由和商洽事宜。

2.询问性公函

这类公函是组织主动发出的,主要用于组织向对方询问有关问题,以及简述某一事项并提出处理办法,然后征求对方意见,要求答复。如果是询问几方面的问题,应分别、具体地写出,以便对方考虑和答复。其正文包括询问缘由和询问内容。

3.答复性公函

答复性公函,主要用于组织答复对方来函所询问的问题。其正文应包括:说明来函已收到,有时还需写明收到的日期;简要复述对方询问的问题或者提出的要求;最后回答对方所询问的问题或情况,即答复的内容。

4.委托性公函

此类公函主要用于组织将有关事务委托对方代为办理,它也是一种主动性公函。其正文部分包括委托的缘由和委托的事项。

5.告知性公函

告知性公函有两种。一种是组织在办理委托他人代办事项后告知对方代办的情况,另一种是指组织主动告知对方某种情况或某一事项。正文包括告知发函原因和告知事项。

三、公共关系实像传播技巧

(一)实像传播的概念和特点

实像传播是指组织通过产品的实物或形象性的图片资料、视听资料,以及各种示范性服务、操作表演等方式进行的传播。在实像传播中,可以引入大量的现代传播技术,如彩色摄影、电视录像、电视录制、液晶显示、模型制作、激光全息图片制作等。因此,与口头传播和书面传播相比,实像传播可以更加客观、更加直观、更加形象、更加全面地反映组织的真实面貌。

旅游最大的吸引力在于它给人们带来的美好经历和审美感受。因此,人们对经营旅游业的旅游组织也寄予了美的期望。仅就此而言,实像传播为旅游组织形象的塑造和推广发挥着重要的作用。质地精美的旅游画册、图文并茂的旅游广告、引人注目的旅游专题片、别具一格的旅游展销等都属于实像传播的具体形式。

由于实像传播需要专门的操作技术,所以,旅游组织在必要时还需要聘请专业人员进行设计和制作。

(二)旅游业利用实像传播的技巧

运用实像传播的技巧在于,达到技术要求的前提下充分发挥实像传播的优势。为此,应注意以下几方面:

第一,设计生动形象,如临其境。

第二,充分考虑接收者的审美情趣。

第三,环境气氛适宜、融洽。

第四,传播细节周密、精致。

第四节 广告在旅游业公共关系中的应用

广告作为现代社会的一种重要传播方式,其功能和价值日益被人们所认识。公关广告是组织运用传播媒介传播组织公共关系信息,塑造组织形象的一种重要手段。

一、公共关系广告的概念和类型

1.公共关系广告的概念

广告是行为主体有计划地通过各种传媒向公众宣传商品、劳务、介绍事物、人物,借以影响公众意向,促进事业发展的一种手段。广告分为商业性广告和非商业性广告两类。非商业广告又可分为公益性广告和公共关系广告。

商业性广告的内容主要是推销商品和服务,目的在于获取经济效益。公益性广告的内容主要是宣传科学、文明的观念和生活方式以及政府的政策法规,目的在于获取社会效益。

公关广告又称为组织形象广告,是指行为主体有计划地通过传播媒介向公众宣传有关组织信息,使公众对组织有整体了解,提高组织的知名度和美誉度,从而影响公众意向,取得公众对组织的信赖和支持,树立良好的组织形象的一种活动。

2. 公共关系广告的类型

公共关系广告有很多类型,根据其主要目的,可以分为如下几种类型:

(1) 形象广告

这是公关广告中运用最为普遍的一种,其目的在于塑造组织的良好形象,以求得公众的支持。其内容主要强调本组织各方面与社会的相关性和公共性,如宣传组织的改革、主张、政策、宗旨、价值观念、行为方式、生产技术、人员素质、成就贡献等。如一些饭店在广告中展示其新设备、新服务项目、特色产品等。

采取此种形式的广告要注重对组织整体形象的传播,不偏重于某个具体产品,应以事实说话,以理服人,避免商业化痕迹。

(2) 响应广告

这是与社会各界联络感情的一种广告形式。通常又可分为公益广告、贺仪广告、答谢广告等。其内容主要有:以组织的名义响应政府的某些政策措施;对当前社会生活中某个重大主题表示支持;对某个组织表示祝贺、支持或赞许;在节日里向广大公众表示祝贺;对社会公众对本企业的支持表示答谢等。

这种形式的广告重在显示组织关心和参与社会公众活动,表明组织愿意为社会公益事业做出贡献,并向公众表示良好的祝愿,从而扩大组织的社会影响。

(3) 创意广告

创意广告是以组织率先发起的某种社会性活动,或以向广大公众提倡某种有意义的新观念等为主题的广告形式。它不直接宣传商品和商品的优点,而是宣传组织的一贯宗旨、信誉、文化或某项政策,或宣传社会流行的某个热点。

这种广告有的是直接陈述组织的观点,有的则用暗示的方法触发公众的联想,其目的都是为了扩大组织的影响,通过组织与公众之间的沟通,更好地达到推销产品的目的。

如吉林春谊宾馆的广告"像春天一样的温暖,难以忘怀的友谊",既说明了宾馆的服务宗旨,又将"春谊"两字隐含其中。日本大仓饭店的广告语"在东京有一个优美动人的传说",给人以美的遐想。

(4) 解释致歉类广告

这类广告适用于公众对组织、产品缺乏了解,存有误会时,组织通过媒介向公众进行解释性宣传,说明情况、澄清事实、消除误会;或组织出现过错或失误时,组织向公众表示道歉,并说明改进计划和发展计划。

这类广告的目的是为了表明组织对公众的充分重视和尊重,以及对自身过错的态度,以此消除社会公众对组织的误解、疑虑或不满。

3. 旅游公关广告的主要表现形式

(1) 语言。语言是旅游广告表现手段中的最重要的要素。广告词、广告标题、正文、广播稿、电视广告的解说词等都是语言。其中,旅游口号是以简洁精练的词语所表达的旅游广告主题,它是旅游广告语言的核心。旅游广告语言应追求既富于诗意,又准确,朗朗上口,便于记忆。

(2)画面。画面是旅游广告的主体。运用画面可以比较准确地把旅游产品及旅游组织的形象和信息传播出去。画面包括旅游电影、电视、照片、幻灯、各类户外广告载体及各类旅游印刷品,等等。

(3)色彩。色彩是和画面联系在一起的,是广告表现的重要手段。色彩应用必须考虑到旅游活动的特点,还应考虑到公众的民族习惯和禁忌。

(4)音响。音响有时可以代替语言,它与画面结合完成广告的表现任务。

(5)体语。体语是指通过人体的形体动作和姿势表达一定的寓意。

(6)实物。实物可以增强旅游广告的亲近感。

二、旅游业公共关系广告的策划

旅游业公关广告需要精心的策划才能获得较好的效果。策划分为四个步骤。

(一)进行公众调查和形象定位

公关广告的对象是公众,传播的核心是组织形象。因此,首先应对公众进行深入细致的调查,并对组织自身的形象进行科学定位,为广告的设计和制作打好基础。广告制作需要确定广告目的、广告对象、广告范围、广告的时间和频率,这些要素要在调查的基础上予以确定。

(二)确定主题和创意构思

1. 确定主题

在公众调查和形象定位的基础上,根据旅游组织的宗旨、人物、精神、文化,以及组织的需要,依据公关的目标来确定公关广告的主题。旅游公关广告的主题可以从多方面选择,主要有:

以建立组织信誉为主题的公关广告,目的在于塑造和推销完美的组织形象。这类广告的内容集中在介绍组织的历史、现状、经营方式等。

以公共服务为主题的公关广告,目的在于扩大组织的知名度,显示组织的经济实力和社会风格。这类广告的内容以赞助社会公益事业为主。

以经济贡献为主题的公关广告,目的在于加深社会公众对组织经济实力的了解,反映组织对国家或地区经济发展做出的贡献。这类广告的内容以经营成果汇报为主。

2. 创意构思

创意构思是旅游公共关系广告的重点和难点。公关广告创作人员根据组织所确定的广告主题和内容要求,对广告的具体内容和表现形式展开创意。创意大致经过以下过程:

第一步,根据广告意向收集信息,根据主题准备材料。

第二步,对收集的信息进行综合分析,展开想象思维,寻找创意线索和灵感火花。

第三步,将意念、想象变成构思。

第四步,深思熟虑,反复推敲,草拟出生动形象的情景设计。

第五步,各种创意构思相互比较,选择最令人满意的方案。

第六步,拟定旅游口号。旅游口号是旅游广告的核心,一般要求既简短,又能把特色表现出来,还要有很高的艺术性和文学性。设计出一个好口号,等于完成了创意的一半。

(三)广告媒介的选择

广告媒介的种类繁多,包括印刷媒介、电子媒介、户外媒介、室内媒介、商品媒介、交通工具媒介等。

选择广告媒介要考虑一系列因素,根据广告的目标、广告的内容、广告对象的习惯及自身的实力等选择传播效果最好的媒介。

(四)旅游公关广告的效果检测

旅游公关广告的检测方法可分为广告前的评估和广告后的测定。

广告前的评估包括:是否给公众愉快的感觉;是否体现了创新、改进精神;能否解决公众面临的问题;有无明确的承诺;有无潜在的推销力量。

广告后的测定主要有:公众的注意、认知、记忆程度;视听率调查;回忆检验;公众评价调查;经营效果调查。

案例 4-2　金字招牌"好客山东"

"好客山东"品牌始创于 2007 年。山东省旅游局在旅游市场开发的工作实践中意识到,一个省的旅游业要在市场竞争中掌握主动、焕发活力、求得发展,就必须打整体品牌。基于这样一种理念,2007 年底,山东省旅游局开启了品牌化发展之路,策划推出了"好客山东"旅游品牌,并配套了完整的 VI 识别系统。山东旅游形象标志,将中外古今的语言、文字、设计元素融合到一起,以丰富的色彩变化,对应山东深厚的历史文化底蕴和独特的休闲度假魅力,丰富、动感、亲切,构成强烈的视觉冲击。以五岳之首、大海之滨、孔孟之乡、礼仪之邦的整体形象,结合"山东、山东人"的"好客之道",以"诚实、尚义、豪放"的鲜明个性,传递特色化、国际化的现代形象与文化意识。

"好客山东"旅游品牌是优秀传统文化与现代旅游产业的有机结合,它通过凝练山东地域文化特征,将连绵 2000 多年的"好客文化"作为"好客山东"品牌的核心价值,同时,"好客山东"品牌又适应现代旅游业发展趋势,充分体现"以人为本"这个旅游产业的本质特征,既将其塑造成山东旅游品牌的文化标志,又打造成山东高品质旅游品牌的标志,使"好客山东"成为引领山东旅游业发展的一面旗帜。

自2007年起,山东连续4年选择央视作为品牌营销的主流媒体,推出了由早间新闻栏目《朝闻天下》及"全天套"组成的套餐和晚间黄金资源《名牌时间》及法语、阿拉伯语、西班牙语、俄语、高清频道组成的套餐,实现跨时间、跨空间、广受众的全方位覆盖。同时,山东经过近两年的努力,取得了"好客山东"首批五大类别的成功注册,成为全国首例成功注册的省域旅游品牌形象,一并提起了"山东客栈""鲁菜馆"及"贺年会"等子品牌的商标注册申请,进一步夯实了"好客山东"品牌保护和运作基础。

在"好客山东"品牌整体统领下,2011年由山东省人民政府和国家旅游局共同主办的好客山东休闲汇活动作为"好客山东"的子品牌启动,构建以整体品牌形象为核心,多层次品牌为支撑的旅游品牌体系,提升了山东旅游品牌的竞争力。活动内容分为休闲主题周、休闲系列活动、休闲购物打折季、组织评选四大板块,共开展乡村休闲、健身养生休闲、夜间休闲等九个系列的产品与活动。将文化与旅游休闲相结合,将山东省传统文化引入休闲活动,打造山东特色的休闲方式,大力发展高铁旅游,让周边省市的居民通过小长假和周末也可以到山东各个城市进行休闲旅游。好客山东休闲汇推广以来,全省旅游总收入超过3000亿元,占GDP的比重达到7.5%,旅游已经成为山东名副其实的支柱产业。

据相关部门统计,1978—2005年,山东用27年时间实现了旅游收入的第一个千亿;2006—2008年,用3年时间实现了第二个千亿;2009—2010年,用2年时间实现了第三个千亿。"好客山东"已成为山东名副其实的金字招牌。

资料来源:整理自《"好客山东"的品牌营销实践》(陈刚.央视广告网(www.cctvad.org)),《"好客山东"品牌享誉海内外》(新浪网新闻中心(news.sina.com.cn).2012.02.20);网易网旅游频道(travel.163.com)相关报道。

案例讨论:
你喜欢"好客山东"的设计吗?为什么?

专业词汇
公共关系传播 公共关系传播模式 传播要素 传播媒介 人际传播 大众传播 实像传播 公共关系广告

思考与练习
1.传播包括哪些要素?描述公共关系传播的一般过程。
2.如何理解公共关系传播模式?
3.旅游业公共关系传播应遵循哪些原则?

4.影响传播效果的主要障碍有哪些？
5.要保证旅游业公共关系的有效传播,需要注意哪些问题？
6.请根据新闻稿的基本要求和写作方法,撰写一篇新闻稿。
7.请收集各种媒介上的旅游广告实例若干,包括旅游目的地广告、酒店广告、景点广告等,并作评析。
8.从旅游业的角度,为你所在城市或地区策划一套旅游公共关系广告方案。

第 5 章

旅游业公共关系的工作程序

本章导读

为了使公共关系活动顺利地开展,必须对公共关系工作进行全面策划,制订一个完整的实施方案,保证公共关系工作按照一定的程序和步骤循序运行,这就是常说的公共关系四步工作法,即公共关系调查、公共关系的策划、公关计划的实施和公关效果的评估。其中,调查是活动开展的基础;计划是整个工作过程的全盘规划;实施是对工作的开展;评估则是对整个过程的最后总结。本章将结合旅游业的特点和具体情况阐述整个工作程序的要领和方法,以便使旅游业公共关系工作的展开更具有针对性、计划性、连贯性和实用性。

第一节 旅游业公共关系调查

旅游业公共关系调查是旅游业公共关系工作过程的第一步,是旅游业组织开展有效的公共关系活动的前提和基础。旅游业公共关系调查是运用科学的方法,有步骤地考察旅游组织中的公共关系状态,收集有关的旅游信息,进而分析各种相关因素及其相互关系,从而达到掌握实际情况,解决所面临问题的一种实践活动。

一、旅游业公共关系调查的作用和原则

(一)旅游业公共关系调查的作用

公共关系调查可以减少公关决策中的不确定因素,为决策提供一个较为可靠的基础,其重要作用表现为:

1.有助于旅游组织制定科学合理的决策

旅游公共关系调查的首要任务是及时地为旅游组织公关主管提供决策依据,并能有效地预测和检验决策的正确性。要保证公关主管的决策正确,调查是最好的方法。只有充分了解旅游公众的要求和愿望,才能作出符合公众要求和愿望的决策。只有作出符合公众要求和愿望的决策并认真地实施,才能使旅游组织在公众心目中树立起良好的组织形象。

2. 有助于旅游组织进行准确的形象定位

旅游公共关系调查可以使公关人员准确地了解旅游组织在社会公众中的形象定位。组织的形象定位是组织在其公众中形象的定量化描述。通过形象定位,可以测量出旅游组织自我期望的形象与其在公众中的实际形象的差距。公关人员可以针对这个差距策划有效的公共关系活动方案,由此也可以大大加强策划的目的性和针对性。

3. 有助于旅游组织及时准确地把握公众舆论

旅游业公共关系调查可以使公关人员及时地把握公众舆论,并及时作出决策。公众舆论是自发产生的,并且处于不断扩大或缩小的动态中。它是公众对组织的一种变动的、表层的认识。但是当少数人的观点、态度扩展为多数人的观点、态度时,分散的、彼此孤立的意见就可能集合为彼此响应的公众整体意见。声势较小、影响微弱的局部意见一旦成为声势浩大的公众的共同反响时,对旅游组织的形象将产生很大的影响。积极的公众舆论有利于旅游组织塑造良好的形象,消极的舆论则有损于旅游组织的形象,甚至会造成旅游组织形象危机。因此,需要通过旅游公共关系调查来监测公众舆论,以使旅游组织及时扩大积极舆论,缩小消极舆论。

4. 有助于旅游组织与社会公众的沟通

旅游公关调查从旅游组织的主观方面来说是以搜集信息为主要目的,但在客观上,开展调查活动要同调查对象进行广泛的接触,调查人员在全面了解社会公众的意见、要求的同时,也在向公众传播着旅游组织的信息。因此,从一定意义上说,旅游公共关系调查本身就是一种传播和沟通,恰当的调查本身也会赢得公众对旅游组织的好感,对旅游组织的形象塑造起到一定的促进作用。

5. 有助于提高旅游业公共关系活动的成功率

在某项公关活动开展之前,旅游组织必须对其现有的人力和物力条件作充分的调查,必要时还要做现场考察。通过调查,公关人员对所要开展的公关活动的主客观条件可以有一个比较清晰的了解,这样,就可以量体裁衣,为公关活动作出充分的准备,制订出切实可行的计划,为取得良好的效果打下基础。

(二)旅游业公共关系调查的原则

进行旅游业公共关系的调查,必须讲究科学性,减少盲目性和随意性,调查人员必须遵守以下原则:

1. 客观原则

客观原则是调查人员所应遵守的最重要的原则。在整个旅游调查过程中,调查人员应该从客观事实出发,区分公众的客观态度和主观臆想,准确地把握旅游业公众的主、客观态度,进而对旅游业公众的有关评价得出科学、准确的结论。此外,在整个调查过程中,调查人员必须以客观的态度参与到调查活动中,不能根据自己的喜好对客观事实进行修改甚至歪曲,要保证调查结果的可信性和有效性。

2. 全面原则

全面原则要求在整个调查过程中,调查人员必须运用科学方法搜集多方面的信息,尤其是具有代表性的公众意见。此外,调查资料必须全面,既要有正面意见,也要有反面意见,切忌以偏概全。

3. 时效原则

对于旅游组织来说,调查所取得的信息是具有时间价值的,及时的信息可以为组织带来机会,而滞后的信息则可能会使组织错失良机。因此,在整个调查过程中,调查人员既要保证信息的准确性,也要把握信息的时效性。此外,客观事实总是处于不断的运动和变化中,每一次调查仅仅是反映调查时的状态,此种状态会随着社会的变化、时间的推移而发生变化。因此,旅游调查活动要讲究调查的长期性、反复性,才能有利于旅游组织及时地搜集情报并作出科学的决策。

4. 伦理原则

伦理原则是指在调查过程中,调查人员既要注意调查的科学性,又要注意使调查行为符合道德规范。如果调查人员的行为不符合道德规范,就不能取得公众的信任,旅游公关调查也就不能得到准确的信息,达不到调查的目的。因此,调查人员与调查对象应取得良好的沟通,在遵守伦理原则的前提下,取得准确的调查结果。

二、旅游业公共关系调查的基本程序

公共关系调查的基本程序指的是对客观存在的公共关系现象进行科学调查的基本过程。具体而言,它是指根据人的认识过程和认识规律而确定的具有严密逻辑联系和最佳运作效率的调查前后的几个阶段,一般包括准备、实施、分析、报告写作、总结评估五个阶段。

(一)调查的准备阶段

调查的准备阶段是旅游业公共关系调查的基础阶段,旅游业公共关系活动的成功与否很大程度上取决于调查工作的质量,而调查工作的质量高低又受到调查准备阶段的影响。调查的准备阶段主要包括以下几个步骤:

1. 确定调查任务

旅游业公共关系调查涉及的范围是非常广泛的,因此,在进行旅游业公关调查以前首先应该确定调查的任务。公关人员要通过对旅游组织所面临的现实的公关问题的探讨,根据旅游组织公共关系工作对公众信息的实际需要,确立具体的公共关系调查任务,使公共关系调查真正做到有的放矢。

2. 进行调查设计

调查设计主要包括:调查课题设计、调查指标设计、调查样本设计、调查问卷设计、调查过程设计、调查方案设计等。

3.准备调查条件

调查条件主要涉及三个方面。第一,人员条件。既包括对公关人员的数量要求,也包括对公关人员的质量要求。第二,经费条件。包括材料费用、活动费用、人员经费等。第三,物质条件。包括活动的展开所需要的一系列技术手段的支持,如电话、计算机、音像器材等。

(二)调查的实施阶段

旅游业公共关系调查实施阶段的任务主要是组织公关调查人员深入到旅游公众当中,按照已有的调查方案的要求,有计划、有步骤地收集各种可靠的信息和数据,听取被调查对象的意见。此阶段主要分为两个步骤:

1.确立调查组织

负责旅游业公共关系调查的部门要根据调查任务和调查范围的大小,合理地配备调查人员,建立调查组织。调查人员一旦确定,就要集中起来进行学习和培训,学习的内容主要包括对调查任务的明确、调查技巧的掌握、调查原则和调查方案的领会等。

2.搜集有关资料

根据旅游业公共关系调查方案的要求,采取各种资料搜集方法,现场搜集各种资料。资料可以分为:第一手资料,即调查工作人员深入实际搜集到的旅游业公众提供的资料;第二手资料,即已存在的,经过其他人搜集、整理过的现成的资料。在搜集资料的过程中要始终保证:无论是何种资料或者是以何种方法搜集,都必须确保资料的真实、准确、全面、丰富。

(二)调查的分析阶段

通过旅游业公共关系调查得到的资料往往是分散的、零星的,有些甚至是片面的、不真实的,资料本身并不能说明什么问题,必须系统地加以分析,经过去伪存真、由此及彼的分析、研究、整理,才能真实、客观地反映现实存在的问题,进而揭示问题的本质和各种公共关系现象间的因果关系。此阶段的具体步骤如下:

1.资料的核实、分类

一般情况下,从旅游业公共关系调查现场搜集得到的资料多是原始资料,真伪不分,有待确认;资料涉及的内容广泛,形式各异,有序度和完整度都比较差,有待整理和完善;资料多是平列粗糙的信息资料,不分主次,概括度和有效度都比较低。因此,这些调查资料在未加整理前,很难真实地再现公众的意见,更不能预测旅游组织的公共关系趋势。

公共关系调查资料的整理工作的内容主要包括:第一,按照真实性、准确性、完整性、标准化的要求对调查资料进行审核;第二,按照科学性、实用性、渐进性、相斥性的原则对调查资料进行分类;第三,按照条理化、系统化、精练化、规范化的要求对调查资料进行加工。

2.资料的分析

调查资料的分析指的是调查者运用一定的科学分析方法对调查资料的内容进行深度加工的过程。公共关系调查所得到的资料反映的是事物的外部表象上的联系,因此必须对其进行分析、整理,搞清调查对象的情况和问题,通过现象抓住本质,找出客观事物之间的矛盾及其内在联系,进而掌握事物的发展规律。在此过程中,调查者可以通过对已整理过的旅游业公关调查资料进行由此及彼、由表及里、由浅入深的测算、比较、推理、判断,发现隐匿于大量资料中的某些规律和关键问题,并以此提出旅游组织公共关系工作的若干对策措施,从而形成旅游业公共关系调查的科学认识成果。

(四)调查报告写作阶段

调查报告是一种书面报告,它可以用来反映旅游业公共关系调查所取得的主要的信息成果或者是初步认识成果,它是调查成果的集中体现,本身也是调查成果的一种重要形式。调查报告的写作实质上是调查人员对所获得信息资料的一种高级处理过程。这一过程的具体工作内容包括:第一,综合全面地分析经过审核和加工处理的信息资料,从而确定调查报告的主体;第二,全面汇集有关的信息资料,概括出相应事物存在与变化的一般规律;第三,通过对相关信息资料综合研究,提炼出相关的观点;第四,选择运用有关信息资料,具体地说明旅游组织公共关系工作中应当注意的有关问题。

(五)总结评估阶段

总结评估阶段是调查工作的最后阶段,是对整个调查工作的最后总结,此阶段是公共关系调查必不可少的重要步骤。通过总结评估,旅游公共关系调查者可以获得新的收获:第一,可以了解到此次旅游公共关系调查的完成情况;第二,可以了解到旅游公共关系调查所取得的一系列成果;第三,可以总结出此次调查工作的经验、教训。总结评估的内容包括对调查成果的评估和对调查工作的评价。

三、旅游业公共关系调查的主要内容

旅游业公共关系调查包括旅游组织形象调查、公众情况的调查、传播媒介的调查和公关活动条件的调查。

(一)旅游组织形象调查

旅游组织形象调查包括自我形象调查、实际形象调查和形象差距分析三个基本环节。

1.旅游组织的自我形象调查

自我形象是旅游组织自我期望建立的形象,它是旅游组织公关工作的目标。自我形象的确立应将主观愿望与实际结合起来。确立科学合理的自我形象需要对以下几个方面进行调查:

(1)领导层的公共关系目标和要求。
(2)员工的要求和评价。
(3)旅游组织实际状况和基本条件。包括经营方针、管理政策、服务生产状况、财务状况、市场营销状况、人事组织状况等。

旅游组织的自我形象目标可用知名度和美誉度来表示,根据旅游组织本身的特点及其面临问题的特殊性,又可将其具体细化为次一级的指标。

2.旅游组织的实际形象调查

旅游组织的实际形象调查即运用各种调查方法了解旅游组织在社会公众中享有的知名度和美誉度及各项细分指标所达到的状况。社会舆论和公众评价是反映组织真实性的一面镜子。旅游组织的实际形象调查通常分为三个步骤:

(1)公众网络分析。即甄别公众对象,寻找目标公众,确定调查对象和范围。
(2)形象地位测量。在公众网络分析的基础上,确定和实施具体的调查方法,综合分析公众的评价。

组织形象可以归纳为知名度和美誉度两项指标。知名度代表的是公众对组织知晓和了解的程度;美誉度则表示社会公众对组织的信任以及赞许的程度。表示美誉度的指标一般包括:组织的宗旨、经营方针、组织信誉、员工的精神面貌、办事效率、服务态度、业务水平、产品质量等。表示知名度的指标包括组织知晓度和组织认知度。知名度和美誉度反映了公众对旅游组织的总体评价和态度。

通过描绘企业形象地位分析图,可以确定旅游组织在社会公众心目中的整体形象地位。例如,在100位被调查者中60%的人表示对组织有某种程度的认知,则该组织的知名度为60%,有70%的人表示出对组织的信任和赞许,则该组织的美誉度为70%,那么该组织的形象地位处于A点,如图5-1所示。

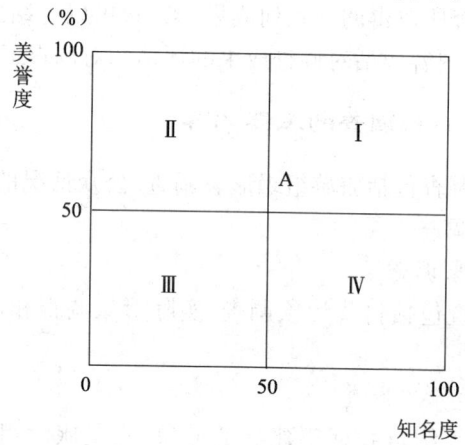

图5-1 组织形象地位分析

图中横轴线表示知名度,纵轴线表示美誉度。四个象限分别代表组织形象的四种不同状态:Ⅰ表示高知名度、高美誉度,这是比较理想的组织形象状态;Ⅱ表示低知名度、高美誉度,这意味着组织应大力加强传播沟通工作;Ⅲ表示低知名度、低美誉度,这种情况一般是出现在组织形象成长的初期;Ⅳ表示高知名度、低美誉度,这是组织最忌讳的状态,即"臭名远扬"。

根据组织形象地位的测定,公关部门可以初步了解到本组织存在的问题,进而找到公共关系工作的方向,明确活动的目标。

(3)形象要素分析。即对构成旅游组织形象的具体要素进行分析,找到制约其形象的具体因素,进而有针对性地制订改善公关状态的具体措施。通常运用"语意差别法"作为分析工具,制作形象要素调查表,如表5-1所示。方法是:首先,将认定比较重要的属性分别以语意的两极为两端,在两端之间设置若干中间程度的档次,制作成若干等份的表格,以表示这些属性的差别;其次,由调查对象按照自己的意见作出评价;最后,将表格汇总,将接受调查的公众数按百分数折算填入该表相应的栏中。根据组织形象要素调查表中相应的数值,可以直观地了解到影响公众态度形成的重要因素。

表 5-1 组织形象要素调查

评价 调查项目	非常	相当	稍微	中	稍微	相当	非常	评价 调查项目
经营方针正确								经营方针不正确
做事讲信誉								做事不讲信誉
服务态度诚恳								服务态度恶劣
员工素质高								员工素质低
产品质量高								产品质量低
知名度高								知名度低

3.形象差距分析

形象差距分析指的是将旅游组织的公众形象和自我形象进行比较,找出两者之间的差距,从而为下一步工作——设计形象和建构形象提供依据。

形象差距分析方法有多种。可以运用形象要素调查表,根据调查结果,计算公众对每一个调查项目评价的平均值,将各个平均值分别标定在标尺的相对位置上,连接各点。如图5-2所示,图中以实线表示旅游组织的实际形象,虚线部分表示组织的自我期望形象。两条曲线之间的差距就是组织的形象差距。

从图5-2可以看出,除了经营方针和知名度这两项形象要素的实际评价与自我期望值接近以外,其他的各项形象要素均与自我期望值有相当的差距。缩小和弥补这个差距,即是该旅游组织的公共关系的工作目标。

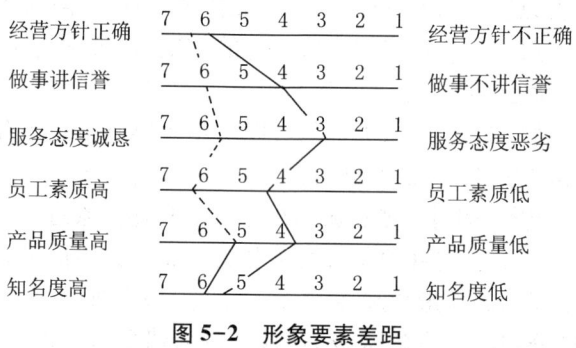

图 5-2 形象要素差距

(二)旅游业公众情况的调查

旅游业公众情况的调查指的是就公众对组织的某一决策或共同关心的某一问题进行单一指标调查,主要是了解公众对某一具体问题的意见和态度。其具体的调查内容主要包括:

1. 公众的构成情况调查

任何一项公共关系活动都不可能全面地影响所有的公众。公众的构成情况调查的开展有利于确定公共关系工作的基本范围和重点对象,避免盲目地开展公共关系活动。公众的构成情况调查的主要内容包括:第一,内部公众的构成情况。如旅游组织员工的数量构成、年龄构成、性别构成、文化程度构成等;第二,旅游组织外部公众的构成情况。如外部公众的数量构成、空间构成、特征构成、需求构成、与旅游组织的联系状态构成等。

2. 公众的需求情况调查

旅游业公众的需求是旅游组织存在的前提。有效的公共关系工作必须对旅游业公众的需求进行调查,以掌握公众的需求信息,并不断地设法满足公众的合理需求。公众的需求情况调查主要涉及两个方面:第一,公众的物质需求状况。如公众对旅游服务所依赖的硬件的要求,对提供的有形服务的要求等;第二,公众的精神需求情况。包括公众对满意服务的要求,对合法权益的要求,对获得重要信息的要求等。

3. 公众的评价情况调查

任何公共关系工作的开展,必须基于对实际社会形象的清楚认识。所谓形象,实际上是公众对组织的各种评价的总和。因而,旅游组织开展公共关系调查时,必须着重搜集旅游公众对旅游组织的评价性信息。旅游公众对旅游组织的评价主要有:第一,对旅游组织服务产品的评价。如对服务质量、服务方式、服务水平的评价等。第二,对旅游组织管理水平的评价。如对管理机构及其办事效率的评价,对经营创新和管理革新的评价,对管理效益的评价等。第三,对旅游组织人员素质的评价。如对企业的领导人、中层管理人员、一般员工等人员的评价。第四,对旅游组织外向活动的评价。如对旅游组织的外向宣传活动的评价,社会活动的评价等。

(三)传播媒介的状况调查

公共关系工作的本质是组织与相关公众之间的双向信息交流活动,这就需要有效地利用传播媒介。因此必须对传播媒介的有关情况进行调查,主要范围包括:

1. 大众传播媒介的调查

大众传播媒介是公共关系信息传播的支柱性媒介,它们跨越空间大,影响范围广,传播效率高,深受各类组织的重视。对大众传播媒介情况进行调查的基本内容范围是:第一,大众传播媒介的分布情况。如地域分布情况、行业分布情况、类型分布情况、数量分布情况等。第二,大众传播媒介的功能作用情况。如大众传播媒介的传播范围、传播内容、传播特色、传播效果、传播者的威信等方面的情况。第三,大众传播媒介所需信息的情况。如一定时期内大众传播媒介的报道重心、新栏目的开辟、编辑和记者需要的内容等方面的现实状况。

2. 专题活动媒介的调查

现代社会中,专题活动已成为一种重要的社会信息交流通道,是现代公共关系工作中一种具有特殊作用的信息传播媒介。专题活动媒介情况调查的内容主要有:第一,专题活动筹办情况。如某次专题活动是由何种企业机构主办的,将在何时何地举办,拟办活动的主题、内容、规格、规模、预计影响等。第二,专题活动效果评价情况。如某次专题活动的经验教训、经济效益与社会效益、主办单位的自我评价等。

(四)旅游公共关系活动条件的调查

1. 组织条件调查

组织条件指的是旅游组织在开展旅游公关活动时自身能够提供的人力、物力、财力等条件。如需要多少公关人员,公关人员的有关情况,公关活动所需投入的资金,资金的使用情况等。

2. 环境条件调查

环境条件的调查包括社会环境、经济环境、文化环境等情况。

四、旅游业公共关系调查的方法

科学的调查方法是进行有效调查的手段。公共关系调查的方法有很多,大型的公关调查活动可以综合运用多种方法。

(一)个人接触法

个人接触法是旅游业公共关系人员通过与旅游组织的员工、顾客和其他社会公众的直接接触来准确地把握信息的一种调查方法。这种方法由于是公关人员与公众的直接沟通，所以易于了解公众的内心活动情况，易于了解公众对旅游组织的真实看法。对于公共关系人员来说，接触公众的机会越多，与公众的感情就越深，就越容易调查到公众真实可靠的情报和信息。

（二）深度访问法

这种方法是由公共关系人员有目的地选择一些代表性的公众对象进行专门的访问。主要有两种方式：一是向受访者提出"开放性"的问题，即答案有多种，被访者根据自己的情况自由作答；二是提出"封闭性"问题，即答案是非此即彼的问题，被访者根据自己的情况，在其中选择自己认为是恰当的答案。一般情况下，开放性问题的提出对公共关系人员的水平要求较高，他必须受过专门的训练，有一定的经验，并熟悉有关资料，这样访问效果才能有保证。封闭性问题调查所得的材料便于统计，但没有给被访者留下自我表达的机会，难以发现新的问题。在实际操作中，最好将这两种方式巧妙地结合起来。

（三）公众座谈会

这是根据发生的事件和要解决的问题，选择有代表性的公众到组织来进行座谈的一种调查方法。公众座谈会对公关人员的基本要求是：一要保证主题明确、重点突出；二要保证代表结构的合理性；三要表述自然、简洁，能激发代表公众的兴趣，留有较多的时间让公众发表意见；四要注意做好记录、录音或录像，以便掌握更多的可靠资料。

（四）文献研究法

文献研究是旅游业公共关系调查中比较普遍运用的一种方法。文献研究是指对文献资料进行搜集、整理、保存、检索和分析，其目的是为了积累整理有关的资料，以便需要使用时可以迅速查出有关的资料，进而分析事实与观点，及时发现问题，解决问题，为旅游公共关系活动服务，步骤如下：

第一，搜集资料。旅游组织要有目的地搜集关于自身发展的资料，重点从各种媒介报道、内部刊物、公众档案、旅游组织报表、市场情报资料等方面获得有关的信息。

第二，检索资料。资料搜集完成以后，不能简单地堆放在一起，应该根据一定的标准对搜集到的资料进行分类整理，并建立检索系统，以便将来使用时可以方便快捷地查找。

第三，保存资料。旅游业公关部门应利用适当的手段对整理过的资料进行有效的保存，有条件者应建立资料库，包括电子资料库。

第四，分析资料。即公关部门采用纵向和横向的分析方法检索出有关资料，进行详尽的分析，提出报告建议，为决策者提供参考咨询。

（五）问卷调查法

问卷调查是旅游业公共关系人员按照一定的理论假设设计出来的，由一系列的变量、指标所组成的一种调查方法。问卷由问题组成,调查对象可根据个人的情况自行选择答案。常见的问卷形式有是非法、选择法、等级排列法等。公关人员应根据调查的目的和对象对问卷进行精心的设计。

问卷调查具有标准统一、形式规范、易量化、易比较、易于大范围调查等优点,但也容易出现缺乏深度、问卷回收率和有效率难以保证等问题。公关调查往往综合采用上述多种方式以保证调查结果的准确性和有效性。

案例 5-1 北京长城饭店的日常调查

北京长城饭店是大型豪华五星级饭店。由美国喜来登公司经营管理。饭店位于东三环北路,毗邻使馆区。饭店通过高质量的管理及服务,从 1983 年开业至今已接待了海内外宾客达 100 余万人。

北京长城饭店的不少公关活动被用作经典案例,例如,曾轰动一时的里根总统的答谢宴会、由北京市副市长证婚的 95 对新人的集体婚礼、颐和园的中秋赏月和十三陵的野外烧烤等一系列使长城饭店声名鹊起的专题公关活动。这些公关活动的成功离不开日常工作所打下的良好基础,尤其是围绕为客人服务的日常公关工作。其周密系统的调查研究就是其中最为重要的环节。长城饭店的日常调查研究工作包括以下几个方面:

1. 日调查

(1) 问卷调查。每天将问卷调查表放在客房内,征询客人对饭店服务质量的意见。

(2) 接待投诉。几位客务经理每天 24 小时轮班在大厅内接待反映情况的客人,随时随地帮助客人解决困难,处理投诉。

2. 月调查

(1) 顾客态度调查。每天向客人发送喜来登集团在全球统一使用的调查问卷,每日回收,月底集中到喜来登集团总部,进行全球性的综合分析。

(2) 市场调查。前台经理每月与在京其他集团酒店的前台经理交流一次顾客情况,互通情报,共同分析本地区的形势。

3. 半年调查

喜来登集团总部每半年召开一次世界范围内的全球旅游情况会议,其所属的各饭店的销售经理从世界各地带来大量的信息,相互交流研究,使每个饭店都能了解世界旅游形势,站在全球的角度商议经营方针。

长城饭店通过这一系列的调查活动,力求充分了解顾客及市场情况,使自己的发展登上一个又一个的新台阶。

资料来源:整理自《公共关系案例精选精析》(张岩松.北京:经济管理出版社,

2000)、喜来登酒店集团网站(www.starwoodhotels.com/sheraton)相关信息。

案例讨论：

为什么说公共关系调查是公关工作的第一步？说明本案例给你带来的启示。

第二节 旅游业公共关系策划

一、旅游业公共关系策划的含义

旅游业公共关系策划指的是旅游业公共关系人员为塑造旅游组织的良好社会形象或者是为了改善旅游组织所面对的外部环境，在分析和整理旅游公共关系调查资料的基础上，依照科学的方法和原则，凭借自身的经验和知识，设计出针对具体的旅游公关对象的最佳公共关系方案的过程。通常，公共关系策划是对组织的公共关系活动的整体方案进行规划，它是对公共关系方案的全过程作出预测和设计，是公共关系决策的形成过程。公共关系策划围绕组织目标而设计，它具有特殊的目的和特定的对象。成功的公共关系策划方案都具有创新性和针对性，它们是公共关系人员为组织公共关系工作的开展所精心设计的蓝图。

二、旅游业公共关系策划的核心要素

(一)旅游组织目标

1. 组织目标是策划立项的基础

公共关系策划本身就是为旅游组织的目标服务的，要做好公关策划，公关人员必须首先清楚旅游组织的目标，然后审时度势，客观评估旅游组织目标的科学性。公关人员一方面要具有敢于面对挑战的勇气，对于自己通过努力可以完成的目标要勇于立项。另一方面要具有冷静客观的态度，对于条件不足、违背科学的目标不能立项。

2. 组织目标是公共关系策划的起点

公共关系策划是一项复杂的、高智慧的作业，涉及的范围比较广。但归根结底是依据旅游组织目标而制定的，所有的方案都必须以紧扣目标、体现目标为标准。组织目标是策划的基础。

3. 组织目标是公共关系策划评估的首要依据

评估一个策划方案，首要的依据不是看其信息含量是多少、智慧含量是多少，而是看能否实现组织目标，能在多大程度上实现为总目标服务的公关目标。对于公关策划的评估，必须首先从组织目标着手，这是因为公众利益是全方位的，无所

不在的,而组织对公关活动的资金投入是有限的,因此,公关策划要保证在一定的时间和空间范围内解决某些困难与问题。

(二) 公众心理

公众的心理研究是旅游公关策划的起点和评估要点。旅游公关策划本质上是公关人员为旅游组织在做公众的工作,在努力赢得公众。商场如战场,要想征服对手,取得胜利,必须首先征服旅游公众;欲征服公众,就必须先征服公众的心。当前,旅游组织竞争的主要内容已转为对公众心理的把握上,因此,在评估策划方案时,首先要看公众喜欢什么,策划方案是否符合公众的意愿。如果只是从旅游组织的目标出发,忽视公众心理,往往就会在塑造形象时脱离群众、自吹自擂,把那种只适合于组织内部誓师会上表达的决心、目标拿到组织外的公众中去宣传的做法是不合时宜的,也是愚蠢的。

(三) 信息个性

信息个性指的是公关策划所要传播的信息必须要具有鲜明的个性,独特新颖,明显区别于同类的其他信息。信息个性化要求信息有其特殊的含义和价值,不可取代,不与其他信息雷同。

1. 信息个性是竞争的要求

公关策划要求信息个性化是由现代竞争所决定的。现代竞争经历了三个阶段:以科技为先导的生产力竞争阶段;以利润为导向的行销力竞争阶段;以文化为导向的形象力竞争阶段。当人们从追求温饱的理性消费转向感性消费、体验式消费时,就表现为求新、求异、求体现个人特点的消费,即个性消费。因此,公关策划需要强调信息的个性化。

2. 信息个性能使公共关系策划方案脱颖而出

信息时代的到来,将人类淹没在信息的海洋里,要想使自己传达的信息被广大公众所了解、接受,就必须首先要对公众形成吸引力,这就要求信息讲求创新,追求个性。唯有如此,才能使公众比较容易地发现信息,进而产生认识和了解的欲望,才可能达到公关活动的目的。

3. 信息个性是评估的主要依据

对旅游组织来说,公关策划的信息一定要突出个性、独特性、不可替代性,让竞争者无力模仿。如北京喜来登长城饭店的口号是"在喜来登,小事不小",突出体现了该饭店"店大不欺客,关怀无处不在"的特点。

(四) 审美情趣

审美情趣是指人们理解和评价自然界和社会生活中各种事物和现象的美学特点的能力。这里指的是旅游公关策划方案应能满足特定公众的审美要求,要考虑公众的审美情感和文化心理因素。仅仅有明确的目标、个性化的信息、拥有公众的拥戴,仍不足以塑造新的形象,赢得新的公众。公关活动要针对不同的目标公众的审美情趣,采取不同的策划方案,只有做到有针对性,才有可能赢得目标公众。

三、旅游业公共关系策划的程序及内容

旅游业公共关系策划是一项系统工程,涉及的范围很广,策划者要仔细斟酌每一个环节,以便策划出一个构思完整、周密严谨的方案,作为旅游组织公共关系行动的指导和依据。

(一)确定旅游业公共关系的目标

旅游业公共关系目标是旅游组织在一定时期内通过公共关系活动要达到的目的。它是公共关系策划的前提;是主攻的方向;是指导和协调公共关系工作的依据;也是评价公共关系计划方案实施效果的标准。

1.确定公共关系目标的基本原则

第一,公关目标要与组织整体目标保持一致性。组织的公共关系目标是整个组织目标的一部分,必须为树立整体形象和实现经营目标服务,要同组织的发展战略和整体目标相一致。

第二,公关目标要具有可行性。即所制定的目标既要有鼓动性,又要有现实性,目标的高低要适度。高不可攀的目标会挫伤人们的积极性,轻而易举就能达到的目标则不能激发人们的热情。

第三,公关目标的可操作性。即公关目标应确定完成的时间,确定工作的区域范围,确定所期望达到的效果,确定人力、财力、物力的投入量,以利于公关计划在实施过程中的控制,并为公共关系工作的评估提供参照指标。

2.公关目标的分类

就旅游业公共关系工作而言,其目标多种多样。

从时间的角度看,公关目标可以分为长期目标、近期目标;从内容的角度看,公关目标可以分为一般目标和特殊目标;从公关工作所期望的效果性质看,公关目标主要有传播组织信息、联络公众感情、改变公众态度、引发公众有利于组织的行为等。

英国公共关系专家杰夫金斯认为,组织的公共关系目标十分广泛,他将组织的公共关系目标概括为16种,我们在确定旅游业公共关系工作目标时可以作为参考:

(1)在新产品、新技术、新服务项目开发之时,让公众对其有足够的了解。

(2)在开辟新市场、推出新产品或新服务项目之前,在新市场所在地向公众宣传组织的声誉,提高知名度。

(3)在转产其他产品时,调整组织的对内对外形象,树立与新的产品相适应的新的组织形象。

(4)开展社区公共关系活动,与组织所在地的公众沟通。

(5)参加社会公益活动,并通过适当的方式向公众宣传,增加公众对组织的了

解和好感。

（6）本组织的产品或服务在社会上造成不良影响后,进行公共关系活动,以消除不良影响。

（7）为本组织的新的分公司、新的销售店、新的驻外办事处进行宣传,使各类公众了解其性质和作用。

（8）让组织内外的公众了解组织高层领导关心社会、参加各种社会活动的情况,以提高组织声誉。

（9）发生严重事故后,要让公众了解组织处理事故的过程和采取的方法,以及组织对事故原因的解释和正在作出的努力。

（10）创造一个良好的消费环境,在公众中普及同本组织产品或服务相关的消费方式、生活方式。

（11）创造股票发行的良好环境,在本组织的股票准备正式上市挂牌前,向各类公众介绍产品特点、经营情况、发展前景、利润情况等。

（12）通过适当的方式让公众了解本组织产品的商标牌号、企业名称。

（13）争取政府对本组织性质、发展前景、需要得到支持的情况的了解,协调组织与政府的关系。

（14）赞助社会公益事业。

（15）准备同其他组织建立合作关系时,向组织的内部公众、组织的合作者以及政府部门宣传合作的意义和作用。

（16）处在竞争危机时刻,通过联络感情等方式争取有关公众的支持。

（二）确定旅游业公共关系的目标公众

目标公众就是组织在特定的时期根据其公共关系的特定目标所确定的公关工作的具体公众对象。

1.确定旅游业目标公众的重要性

（1）有利于明确传播对象,确保工作实效

明确的目标公众是旅游组织开展公共关系活动的前提。不同性质的旅游组织会面对不同的目标公众;即使是同一旅游组织,在不同的时期,也会面对不同的公众。因为不同类型的公众的特点不同,所以组织应该开展的公共关系活动是不一样的。如旅行社针对国际游客和国内游客开展的公共关系活动一定有所不同;而饭店针对商务客人和纯粹观光游客的公共关系活动也是有区别的。因此,对于旅游组织来说,确定好目标公众,就能围绕既定的公共关系目标,针对不同的目标公众采取不同的方法进行沟通和宣传,开展不同的公关活动,做到有的放矢,确保工作的实效。

（2）有利于缩减开支,节约经费

任何公共关系活动都要考虑到成本问题,都有一定的经费开支。特别是对于旅游组织来说,所面对的公众类型繁多,涉及面广泛。如果不加分析,而采取相同的公关措施,势必会造成资金的浪费。因此,确定好目标公众,有利于组织进行有针对性的公关活动,根据不同的公众对象有主次、有轻重、有缓急地使用经费,从而达到节约开支的目的。

2.确定旅游业目标公众的方法

首先,分析旅游组织的公众范围;其次,依据公众分类的方法对旅游组织的公众进行分类;再次,根据组织的活动目标、活动的需要和组织的实力确定公众对象;最后,对目标公众对象及其权利和要求进行分析,找出其中的共同点,并把这些共同点作为策划的基础。

(三)确定旅游业公共关系活动的主题

公关活动的主题是全部公关活动内容的集中体现,是公关目标的具体化,也是对公关活动内容的高度概括。设计主题时要通过思考、提炼、浓缩,用最简单的语言来表达公关活动的中心思想,说明活动的意义,体现活动的价值。

设计公关主题,一般要考虑到公关目标、信息特性和公众心理三个因素。首先,公关主题必须与公关目标一致,并能充分地表现目标;其次,表述公关主题的信息要独特、新颖,具有强烈的吸引力和感召力;再次,公关主题的设计要适应公众心理的需求,既要形象生动,又要可信可行;最后,公关主题设计要简明扼要,易于传诵。

(四)选择公关活动项目

公共关系活动项目是指围绕公共关系目标而确定的、在不同时期进行的各种形式的活动。公关活动项目有很多,策划者可以根据组织自身的条件进行选择,同时也要大胆地开发富有创新性的活动项目。在选择活动项目时,要注意:项目要为公共关系目的服务;确定项目要量力而行;确定项目要考虑目标公众的特点。常见的公关活动项目有:

1.宣传型公共关系活动

宣传型公关活动主要是运用各种传播媒介和沟通的方法,以宣传组织、传播信息为中心而展开的相关活动。其具体形式有:新闻发布会、新产品展示会、经验或技术交流会、演讲会、公共关系广告、公共关系刊物、企业开放参观、各种典礼和仪式等。

2.交际型公共关系活动

交际型公共关系活动是指组织以沟通手段达到与公众联络感情、增进友谊目的的公关活动。具体形式有:座谈会、联谊会、宴请、酒会、茶话会、交流访谈、信件往来等。

3.服务型公共关系活动

服务型公共关系活动是一种以向社会公众提供特色服务为主的公关活动。这类活动常常与企业的营销活动紧密相连,以周到、务实的服务体现对公众的真诚,如知识讲座、产品消费指导、产品维修更新服务等。

4. 社会型公共关系活动

社会型公共关系活动是指组织主动参与社会公益活动,以实际行动承担社会责任,为社会作贡献,以此来扩大组织的积极影响。常见的形式有:对教育、文艺、体育、卫生等事业的支持与赞助,对老弱病残的救助,对灾区的援助等。

5. 征询型公共关系活动

征询型公共关系专题活动是组织为了把握公众状况、了解公众舆论环境而有计划、有目标地展开的相关活动。主要形式有民意测验、电话调查、网络调查、深度访谈等。

(五)选择恰当的传播媒介

各种传播媒介都有其特定的功能和针对的对象,对于旅游组织来说,只有选择恰当的媒介才能事半功倍,取得良好的效果。选择媒介应考虑以下方面:

第一,针对目标公众的类型和特点选择传播媒介。

第二,根据传播的内容选择传播媒介。

第三,传播时间的选择要与目标公众习惯、作息时间相吻合。

第四,根据组织的经济实力,选择既有利于目标实现又经济合算的媒介。

(六)把握公关活动的时机

善于把握公关活动的时机是成功的公关策划所不可缺少的前提。旅游公共关系的效果与其开展的时机有紧密的联系。组织要善于审时度势,抓住最有利的时机,开展有针对性的活动。时机的把握没有固定的模式,一方面要根据组织的具体情况,另一方面也取决于策划者的观察力和判断力。

对于旅游业组织来说,要特别注意把握以下时机:

(1)旅游业组织创办、开业之时。

(2)组织更名、迁址或与其他组织合并之时。

(3)组织推出新产品、新服务之时。

(4)组织举行周年纪念性活动之时。

(5)旅游企业上市之时。

(6)国际国内举行各种节庆纪念活动之时。

(7)重大的社会活动和社会事件出现之时。

(8)组织出现突发事件或危机事件之时。

(9)国家或地方政府相关新政策出台之时。

(10)社会公众观念和需求发生转变之时。

(七)编制公共关系活动预算

怎样以最小的成本创造最大的价值是每一次公关活动都需要考虑的问题,编

制旅游公共关系活动的预算可以为公关活动的顺利开展打下一个良好的基础。预算一般包括以下几个方面:

1. 人力方面

人员预算是指对实施计划作业所需人员的多少进行科学的估计。它必须符合旅游公共关系部门对每一位公关从业人员岗位责任和职责的规定,并且体现少用人、多办事的原则。

2. 资金方面

主要是对各种活动经费的预算。如办公费、工作人员的工资、调查费、宣传资料印刷费、媒介使用费、特别事件活动经费、交通费、各类会议费、展览费、纪念品费、招待费等。

3. 时间方面

要明确整个旅游公关计划的持续时间;各阶段主题活动占用的时间;具体活动项目的起止时间;各主题活动时间安排是否冲突等。

预算要注重实效,以效果定预算。在旅游公共关系活动结束后,要根据效益和成本之比来检测评估花费的多少,考核预算内各个项目之间的分配比例是否合理,时间和费用分配是否得当,不要前松后紧,致使后面的活动缺少经费。

(八)编制旅游业公共关系活动策划书

公共关系计划经过论证后,必须形成书面报告,即策划书。职业化的公共关系策划必须建立自己完整的文书档案系统。策划书的内容应包括:封面、序文、目录、宗旨、活动内容、预算、活动进度表、有关人员目标责任分配表、活动所需的物品和场地安排。

第三节 旅游业公关计划实施

旅游业公共关系计划的实施即运用各种传播手段,把预期的信息传递给相关的旅游公众,以影响其态度或行为,创造有利于旅游组织生存和发展的公众舆论和社会环境。公关计划的实施是将计划确定的内容变为现实的过程。

公共关系计划的实施是一个动态过程,伴随着计划的实施,不可避免地会出现各种新的情况和新的问题,因此,公关人员必须掌握实施过程中的调整和控制方法。

一、旅游业公关计划实施的方法

(一)目标导向

指在旅游业公共关系计划的实施活动中贯彻执行预先计划的方案。在整个实施过程中依据目标对活动进行引导、制约和促进,把握实施活动的进程和方向。目标控制的主体是实施计划的旅游组织,客体是旅游组织相对应的目标旅游公众,手段就是目标本身。

（二）进度控制

在公关计划实施的过程中,要经常检查各项工作的进度,进行量的控制,及时纠正超前或滞后的情况,做好协调工作,使人力、物力、财力做到最优化,使各方面工作按既定的计划、指令达到同步和平衡发展。

（三）反馈调整

对于旅游组织来说,其内部状况和客观环境都处于不断的运动和变化状态,因此,再周密的旅游公关活动策划也难免会与实际有偏差。所以,要不断地搜集实施过程中的反馈信息,与旅游公关目标进行对照,找出差距,总结经验,并及时地对公关活动进行调整,使整个公关活动过程得到很好的控制。

（四）整体协调

协调不同于控制,控制是对实施中与计划有差异的行为进行纠正,协调则要求实施过程中所涉及的方方面面达到和谐、合理、配合、互补、统一的状态,以提高工作效率。

（五）选择适当的活动时机

在公关计划实施的过程中,对时机进行精心选择与安排,并且根据情况的变化灵活地把握时机,会有助于收到良好的效果。选择时机要注意:

第一,尽量选择那些能够引起目标公众关注和具有新闻价值的时机。

第二,善于利用重大节日和重大事件烘托和扩大公共关系活动的影响,如果旅游组织预期进行的某项公关活动在主题上与国际、国内重大主题相吻合,则应抓住时机,积极参与和倡导,借此扩大活动的效果。

第三,学会避开重大节日和重大事件对公共关系活动产生的负面影响。旅游组织的公关活动应尽量避免与国际性或全国性的重大事件相冲突。因为在这个时候,旅游公众的注意力和传播媒介往往被这些事件所吸引,容易忽视旅游组织的公关活动,尤其是某些特殊的或大型的公关活动更要重视这一点。

第四,随时注意观察事态的发展变化,掌握对自己组织有利的信息,时机一旦成熟,就要采取果断的行动。

二、消除公共关系计划实施中的障碍

（一）由于计划目标不当而给计划实施带来的障碍

公共关系计划的实施过程,就是执行计划方案所规定的内容。如果计划目标不正确或不明确、不具体,就会使旅游组织的公共关系活动迷失方向,就不会达到预期的效果,甚至会引起负面效应。如计划目标损害了公众利益,必然会引起公众的抵触。又如计划目标过低,不能引起目标公众的重视；计划目标过高,则会挫伤执行人员的积极性。因此,必须排除这些障碍,才能有效地实施计划。

消除计划目标障碍的方法是要求计划部门或人员修正、调整计划目标,使之正确、明确、具体。计划实施人员应在开展工作之前,就计划目标是否切合实际,是否可以进行比较和衡量,是否指出了期望结果,是否规定了完成的时间,是否超越了实施者的职权范围等方面进行认真的检查,并将发现的有关问题主动、及时地反映给有关部门,以保证目标得以在计划实施前修订。

(二)由于传播沟通不畅而给计划实施带来的障碍

公共关系计划的实施过程实质上就是进行传播沟通的过程。这一过程会受到许多因素的干扰,经常发生的传播沟通障碍有:

1. 传播沟通中的语言障碍

语言是人类最重要的沟通工具,准确熟练地运用语言文字技巧是公关人员的基本功。最常见的语言沟通障碍是:词不达意、模棱两可、寓意不明、语言不通等。这些语言障碍必然会影响公关活动的正常进行,甚至造成公众的误解,引起矛盾。

2. 传播沟通中的观念障碍

观念是指一定社会条件下公众对于客观事物的根本态度和看法,是用以指导自己行动的理论和观点。这种理论和观点既可以构成计划实施的动力,也可以构成计划实施的阻力。一般情况下,封闭观念和极端观念往往成为沟通的障碍,使公关计划难以顺利实施。

3. 传播沟通中的习俗障碍

习俗即风俗习惯,是指在一定的民族、文化、宗教、信仰等历史背景下所形成的具有固定特点的道德观、利益观、审美观等。习俗往往难以改变。在公共关系计划的实施过程中,公众对象复杂,风俗习惯各异,公关人员忽略或者缺乏对目标公众习俗的了解,都有可能影响公关活动的开展,甚至引起公众的不满。

4. 传播沟通中的心理障碍

心理障碍是指个人的认知、兴趣、态度、情绪、性格等心理因素对实施工作造成的障碍。在公共关系计划实施过程中,实施工作能否顺利进行,关键取决于公共关系实施人员和公众心理是否相悦。心理相悦是公关计划能够顺利实施的基础。认知不协调,双方易产生曲解;兴趣不高,会影响传播效果;情绪偏激,容易产生行为偏差;态度不诚恳,难以使人相信;性格孤僻,难以使人接近。

5. 传播沟通中的组织障碍

旅游业公共关系计划的实施需要组织内部人员的团结协作、共同努力。精简合理的组织结构会加速信息的传播沟通,而烦琐不合理的组织结构会延缓甚至束缚信息的传播沟通。因此,合理的组织结构是公关计划得以顺利实施的重要保证。

(三)由于突发事件而给实施带来的障碍

突发事件主要有两类:一类是指人为的纠纷危机,如公众投诉、新闻媒介的批评、不利舆论的冲击等；另一类是由灾害引发的危机。由于突发事件具有突然发生、来势迅猛、后果严重、影响面广的特点，因此，必须加以及时、妥善的处理，否则，不仅计划难以实施，还直接影响组织的威信和形象。

三、旅游业公共关系实施的控制

在旅游业公共关系实施的过程中，旅游组织内部的状况以及它所面对的外在客观环境总是处于不断的运动和变化当中，旅游公关活动面对各种动态条件，必须加强协调和控制。公关活动控制主要分为前馈、现场、反馈三个部分。

（一）前馈控制

主要是根据已有的公关活动经验，对将要进行的活动进行指导，通过对以前的成功因素和失败因素的分析、总结，来指导以后的公关活动，做到趋利避害。

（二）现场控制

对正在进行的公关活动作现场的指导，对事先未考虑到的各种变化、事件进行现场解决，保证活动按照预定的目标和程序进行。

（三）反馈控制

在公关活动后进行分析、总结，对取得的成就进行肯定，对未完成的任务或者是工作失误要进行原因分析，总结出正反两方面的经验教训，为下一次公关活动的开展提供指导。

第四节　旅游业公共关系效果评估

旅游业公共关系效果的评估指的是根据特定的标准，对公关效果进行衡量、检查以判断其优劣的过程。之所以进行旅游公关效果的评估主要是因为：第一，任何有目的的人类活动都是以追求既定目标为先决条件的，旅游业公关活动也不例外；第二，从循环的角度看，公关效果既是公关活动追求的归宿，也是下一次公关活动的出发点；第三，在目前的公关研究和实践中，"效果评估"是一个薄弱的环节。公关效果的评估是旅游公共关系工作的重要组成部分，对旅游公关活动的开展具有重要的意义。

一、旅游业公共关系效果评估的目的

（一）在公共关系活动后进行总结分析

旅游公关活动后，无论其成功与否，对旅游组织来说都具有重要的意义。它是一笔可观的财富，因此必须对其进行分析总结，找出其中的成功经验和失败教训。公关人员尤其要注意对失败原因的深层挖掘，以便指导以后的旅游公关活动的开展。

(二)开展公共关系活动前要进行论证预测

人类的实践活动总是在不断地总结前人和自身活动经验的基础上得以继续开展的,所以它存在着一定的连续性和继承性。同样,公关效果的评估对将进行的公共关系活动具有明显的"效果导向"作用。借鉴以往的效果评估,可以有助于分析、论证新方案的可行性,也可以为新方案提供可借鉴的经验和教训。

二、旅游业公共关系效果的分类

对旅游业公共关系的效果进行分类,可以使旅游组织更为准确地评估公关效果。

(一)直接效果和间接效果

旅游公关效果是在公关活动的不同方面、不同层次表现出来的。直接效果指的是在空间和层次上与公共关系活动密切联系的结果及利益,带有直接性;间接效果指的是在空间和层次上与公共关系活动间隔较大、中间环节较多的效果及利益,带有间接性。

(二)近期效果和长远效果

从获得时间的长短方面来说,公共关系效果有近期与远期之分。近期效果一般指的是那些立竿见影,能够比较容易得到的效果;而长远效果则指的是对旅游组织具有深远影响,不容易察觉到的效果。在旅游公共关系活动中,既要考虑近期效果,更要顾及长远效果,近期效果必须服从长远效果。

(三)显效果和潜效果

根据与旅游组织利益的关联方式,旅游公关活动效果有显效果和潜效果之分。一般来讲,公关人员将获取"显效果"视为公关活动的初步目标,"潜效果"则是在此基础上的进一步追求。

(四)局部效果和全局效果

根据公关活动带来利益涉及的范围大小,将公关效果分为局部效果和全局效果。这是一对相对的概念,必须结合起来加以研究。

三、旅游业公共关系效果评估的方法

公关效果的评估方法主要有目标监测、公众反馈、专家评定、资料分析、传媒调查等五种。

(一)目标监测法

目标监测法将旅游公共关系活动的目标作为评价标准,按目标规定的具体项目,把活动结果与原定目标进行对照,找出二者之间的差距。目标监测法能否有效实施,关键取决于公关策划阶段是否制定了科学、合理、可行的目标及衡量标准。

(二) 旅游公众反馈法

评估离不开对旅游公众的反复调查，调查可以帮助了解和分析旅游公众的态度、行为的变化及其原因。公关活动结束后，旅游组织领导要直接与旅游公众见面，虚心地听取旅游公众对此次活动的意见，并认真地分析和比较活动前后旅游公众态度的变化，进而准确评估公关活动的效果。

(三) 专家评定法

在旅游公关人员拟定评估项目、制定评估标准以后，聘请旅游公共关系专家进行评估。评估时要保证专家的独立性和自主性。评估专家通过对计划实施对象的调查，与实施人员交换意见，最后撰写评估报告。

(四) 资料分析法

资料分析法要求旅游公共关系部门把调查搜集到的资料进行概括和分析，评估公关效果。同时，旅游公共关系人员还要对公共关系预算和公共关系活动后得到的可计量的经济效果进行对比分析，科学地预测公关活动的经济效益，准确评价公关活动效果。

(五) 传播媒介调查法

通过对传播媒介发布的本旅游组织信息的统计分析，评价有关信息的传播情况。包括传播的数量、形式、范围、影响、媒介的类型等。据此可以比较有效地分析和概括出旅游组织形象的变化情况，测量出旅游公关活动的效果。

四、旅游业公共关系效果评估的程序

由于所针对的具体目标的不同，旅游业公共关系效果的评估内容和手段也会有很大的差别。但体现活动规律的基本程序是相对固定的。

(一) 重温旅游公共关系目标

重温旅游公关活动的目标，看看原计划想通过公关活动要为旅游组织树立一个怎样的形象，达到怎样的传播效果，解决怎样的问题，以此与公关活动的实施效果作对比。如果既定的公关目标就是向旅游公众传达关于某一问题的信息，那么，"是否传达了这一信息"便是评价公关活动成效的尺子，对此既不要提高标准，也不要降低标准。只有在既定目标明确的情况下，效果才是可衡量的。

(二) 收集有关资料

将旅游公关活动中搜集到的信息快速、准确、经济地传达到公共关系部门。搜集渠道主要有：

(1) 旅游公众的来信、来电、来访。反映的是旅游公众对旅游公关活动的看法和评价。

(2) 新闻媒介的评论、报道。这些报道能反映旅游公众对旅游组织的看法和要求。

(3)内部职工提供的信息。主要是向组织的管理人员、员工、推销员、股东等搜集信息,了解他们自己与他人对组织的看法。

(4)组织已有的各种资料。资金平衡表、销售额、统计资料、财务活动分析、会议记录等都可以用来评估旅游公关效果。

(三)选择评估标准,制订评估方案

由于每次旅游公关活动的目标不尽相同,除了力求从可观察与可测度的角度将目标具体化以外,还要选择适当的评估标准。如果一个组织将"让公众了解自己,支持当地福利机构,以改善自己的形象"作为公关活动的目标,那么,评估这样的公关活动的标准就不应是了解公众是否知道当地报纸哪一个专栏报道了这一消息,占用了多大篇幅,而应该是了解公众对企业的认识情况以及公众的观点、态度和行为的改变。根据所选择的评估标准,制订评估方案。

(四)形成评估报告

在分析研究各种资料和信息的基础上,形成评估报告。评估报告不应该是一大堆数字的简单罗列,而应该陈述主要活动及其结果,包括与原定目标的比较以及与过去活动的比较,今后需要解决的问题,预测可能发生的问题等。

(五)评估结果的作用

通过对旅游公关效果的评估,可以使公关活动的每一个周期都有所进步,不断将公关活动导向预定目标。旅游组织管理者运用评估结果,一方面可以保证对有关情况的及时掌握,有利于对活动的全面协调;另一方面可加强对环境变化的认识,确保公关活动能持续地与旅游组织目标、计划保持一致。此外,还可以丰富公关人员自身的经历,进一步充实公共关系的专业知识和提高公共关系实务水平,为以后的公关活动提供指导。

案例 5-2 天津利顺德大饭店的特色公关

天津利顺德大饭店是仍在使用的天津最老的饭店,是全国酒店业唯一的国家级文物保护单位,迄今已拥有140多年的历史了,是天津乃至中国近代史的见证。

1863年英国基督教牧师殷森德创建利顺德饭店,这也是我国近代首家外商开办的大饭店。初建时为一平房,被称为"泥屋"。1886年,殷森德集资将"泥屋"改建成一座具有英式古典建筑风格的三层豪华饭店,他按照自己姓氏的中文译音,把饭店命名为"利顺德饭店",并巧妙地把中国孟子"利顺以德"的格言寓意其中。饭店的英文名字则是"总督府第饭店"的英文缩写。这里的总督是指北洋大臣李鸿章。近代中国的历任总统袁世凯、徐世昌、曹锟、冯国璋、黎元洪都在此留下过他们的足迹;张学良与赵四小姐绵长感人的爱情故事也曾经在此演绎;美国第31届总统胡佛任英国墨林公司矿师期间曾在此居住长达七年之久;中国革命先驱孙中山先生、艺术大师梅兰芳等也先后在此下榻。1954年12月,西藏同胞观光团200余人来到天津,分两处下榻,其中阿沛·阿旺晋美等下榻在利顺德饭店。为了尊重藏族同胞的信仰,饭店专门在423房间设立讲经诵经地,期间,十世班禅大师也来此诵经。

利顺德大饭店面对美丽的海河,背靠金融一条街。改造后的利顺德大饭店恢复了英式建筑风格,木质长廊、雕花拱窗、花园中庭,同时还新建了全国第一家酒店博物馆,珍藏了饭店历史上珍贵的文物史料。经历了140余年的风雨历程,利顺德至今仍保留着英国古典建筑的风格和欧洲中世纪的田园乡间建筑的特点,是天津市租界风貌独具特色的代表建筑。饭店内至今还存有许多珍贵的历史文物。1888年利顺德大饭店就有一台自己的发电机,是中国最早使用电灯照明的饭店;中国最早的有线电话机交换机也是在利顺德大饭店最先使用的。1886年,在饭店开业时,室内的许多家具都从英国购进,至今仍保存有百余年的意大利文艺复兴式的雕花长椅。中国末代皇帝溥仪和皇后婉容当年在利顺德饭店跳舞尽兴之余用来欣赏音乐的留声机,当年宋庆龄、末代皇后婉容和赵四小姐先后在饭店弹奏过的老式钢琴都可以看到。1920年,美国首批制造了数字统计机十几台,当年饭店就购进了其中一台,使用80多年,如今它已成为世界珍奇。1924年天津利顺德大饭店扩建时安装的奥迪斯电梯,至今已有80年的历史,如今它仍性能完好,运行正常,是中国饭店现存最古老的电梯。

一百多年的岁月侵蚀,利顺德风采依旧。走入利顺德,听着楼梯由于步伐传来的嘎吱嘎吱的声音,嗅着空气中夹杂着的木头的香气,看着古朴的木质的门窗和墙上一幅幅曾在这里居住过的社会名流的画像和照片,似乎一下让人进入到历史的走廊,体会那段充满伤感的动荡年代。

百年名店,利顺德名副其实。利顺德饭店正是抓住这一主题开展了一系列的富有特色和文化品位的公关活动,在此列举其中几例。

(一)名人效应名不虚传

利顺德大饭店从2001年10月20日开始向公众免费开放张学良将军与赵一荻女士曾经下榻过的215房间。据利顺德饭店大堂经理介绍,215房间自2001年10月20日开放以来,前来参观的市民络绎不绝,其中有八十多岁的老人,也有十几岁的孩子。人们凝视房中的旧物、照片和图画,共同缅怀张学良将军的历史功绩。一位老者说:"张将军与天津有缘,天津人忘不了张将军。"少帅房间免费向公众开放,一时间游人如织,此次公关活动,吸引了公众来参观张学良将军的房间,不仅扩大了饭店的声誉,而且吸引了很多顾客到利顺德大饭店去住宿。

利顺德饭店根据"修旧如旧"的理念,不仅恢复了张学良将军房间的原貌,还有孙中山总统套房、美国前总统胡佛套房、一代京剧大师梅兰芳套房以及班禅套房。在这里人们可以从中系统而完整地了解到中国天津近代史中很多弥足珍贵的史料,可以穿越时空隧道与中外历史名人进行对话。由于饭店声名显赫,国内外要人经常驻足利顺德，为饭店赢得了源源不断的客源。

（二）老菜单探秘

天津利顺德大饭店曾意外发现两张定制菜单，此菜单专门为天津足球队在利顺德饭店宴请来访的上海足球队而特制，做工考究、细致。老菜单上还留有当年上海足球队和天津足球队两张珍贵的合影，照片上两支球队队员绝大多数是外国人，仅两三个球员是中国人模样。为此利顺德登报寻找了解此次比赛及宴请的知情人。后经本市足球史专家田广武先生追踪考证，竟引出尘封了69年的惊人发现：1936年，由英、法、葡萄牙等多国洋球员组成的上海和天津队，曾在津门这块足球宝地上演了一场当时最高级别的大赛。一代球王李惠堂、天津名将孙思敬、姜璐均有参加，此报道刊登在一份珍藏多年的绝版老足球报上，上有由英、法、葡萄牙及代表各国商会的洋球员组成的对阵表。比赛在原英国球场（现新华路体育场）举行，最终"天津队力克沪队"。老菜单的发现恰逢皇马来津比赛，是历史的偶合还是……此事一出得到各大新闻媒体的热情关注。

（三）独特的公关礼品

利顺德大饭店是中国第一个邮政机构在天津诞生和我国第一枚邮票大龙票在天津发行的历史见证者。2004年9月27日世界旅游日，具有140多年历史的利顺德大饭店精选出具有百年历史文化风貌的原样照片，设计成8张的明信片在津利顺德大饭店门前首发，与会单位有邮电管理局、旅游局、旅游集团等。通过这套明信片的轮廓性介绍，发生在利顺德大饭店的一系列历史事件得到了充分展示。以历史的方式见证了天津利顺德的发展。

（四）让最古老的电梯见证

中国现存最古老的电梯是利顺德饭店的美国OTIS电梯。1924年，饭店兴建北楼时，当时的饭店经理海维林请美国的OTIS电梯公司专项制作安装了一部电梯，它是该公司最早的产品，也是中国现存最古老的电梯。80多年过去了，曾经有众多的名人乘用过这部电梯，一脚踏进去，说不定会踩到哪个名人的脚印。周恩来总理陪同贵宾就曾乘坐过这部电梯。

以电梯作为公关宣传手段的饭店在中国只有利顺德大饭店一家，而它也因为拥有中国最古老的电梯吸引了社会各界名流、国内外的观光者、电梯专业工作者的参观，甚至还作为影视基地拍摄电影和电视剧，利顺德饭店的电梯也吸引了新闻媒体的注意力，从而对其进行详细的报道，使得利顺德饭店的美名远扬。

（五）获得荣誉，编撰成书

2011年9月30日，天津市旅游集团在利顺德大饭店维多利亚花园举行利顺德大饭店荣膺"中华老字号"揭牌仪式。利顺德大饭店是国内唯一荣膺"全国重点文物保护单位"和"中华老字号"两项桂冠的酒店企业，并为国家旅游局授牌的"国家3A级旅游景区"特色酒店，也是唯一拥有专属博物馆和游船码头的豪华酒店。活动现场还举办了《利顺德——跨越三个世纪的大饭店》图书首发仪式,受到公众的广泛关注。

资料来源:整理自"对天津利顺德大饭店曲光瑞先生的采访"2006-12-07,旅游卫视—中国往事—利顺德大饭店,百度百科(baike.baidu.com)相关信息。

案例讨论:

利顺德大饭店通过哪些方法来塑造其独有的饭店形象?你从中获得哪些启发?

专业词汇

公共关系调查　公共关系策划　公共关系实施　公共关系评估

思考与练习

1. 旅游业公共关系调查主要有哪些内容?主要采取哪些调查方法?比较各种调查法的优缺点。
2. 旅游公共关系策划对整个公共关系活动有哪些重要意义?如何进行旅游业公共关系策划?旅游业公共关系策划要考虑的因素有哪些?
3. 你认为好的公共关系策划是怎样的?试举例说明。
4. 如何实施公共关系计划?旅游业公共关系实施过程中应考虑哪些影响因素?
5. 旅游业公关效果评估的主要内容有哪些?主要采用哪些方法?
6. 结合你所在组织的情况,运用本章所介绍的方法和图表工具,模拟组织形象调查,并对调查结果进行分析。
7. 以了解所在地旅游形象为调查目标,设计一套完整的调查计划;利用课堂或实地进行模拟操作,实施调查计划;分析调查结果,并以此为依据编制一份公共关系策划书。

第6章

旅游业公共关系专题活动

本章导读

公共关系专题活动是旅游业公共关系活动的重要内容,也是最容易吸引公众注意力的一种公关方式,它在塑造及推广旅游业形象、传播旅游组织信息方面能够发挥独有的作用。策划和组织公共关系专题活动是公共关系人员必须掌握的技能,是对公关人员综合素质的集中考验。为此,本章将分析公共关系专题活动的特点和基本要求,论述主题活动的策划方法,在此基础上,集中介绍旅游业主要专题活动及其组织方法和注意事项,内容主要涉及纪念庆典活动、新闻发布会、社会公益活动、展销展览及推介活动等。

第一节 公共关系专题活动的特点和要求

公共关系专题活动是指组织为了实现特定的目标,主动地、有计划地选定一个专门方式和主题并精心组织的具有一定声势和规模的公共关系活动。公共关系专题活动是公共关系实务的重点,是开展公共关系活动的重要方式。通过这种专题活动,旅游业组织可以开辟与社会公众联系和沟通的新渠道,也可以在已经建立起来的公众关系上取得新的突破,还可以调整和改变公众对组织的认知,营造有利于组织发展的社会舆论和社会环境。

一、公共关系专题活动的特点

(一)针对性强

公共关系专题活动是社会组织在审时度势后,根据某种特殊需要而举办的,其活动目标很明确,能够较好地解决某一特殊问题。

(二)感染力强

公共关系专题活动中,特定的公众对象或耳闻目睹组织的情况,或与组织直接交往沟通,通过这种亲身体验使公众留下了深刻的印象,再加上情景气氛的烘托,因而具有较强的感染力。

（三）不受时间的限制

公共关系专题活动是组织根据需要而举办的，可不受时间限制。在举办的时间上可长可短，既可短小精悍，只用一两个小时，也可周密策划，持续数周时间。举办时间也可选取在组织需要的任何时候。

（四）活动方式灵活

公共关系专题活动除了活动方式很多之外，活动内容、活动规模也可随需要而定，并且还可以在活动举行的过程中随时作出一些调整，以求更好地达到活动的目的。

（五）弥补日常工作的不足

社会组织在制订公共关系计划和进行日常公共关系工作时难免有疏忽和遗漏，这些疏忽和遗漏在工作中或多或少会给组织造成一些麻烦，给公共关系工作带来不利影响。公共关系专题活动的开展可以灵活地拾遗补阙，弥补日常工作之不足，使组织的整个公共关系活动更加完美。

二、公共关系专题活动的基本要求

（一）主题明确

专题活动的灵魂在于明确的主题。每次的专题活动都要有一个明确的主题，通过主题实现组织的目标和观念，并指导专题活动的具体实施。应该强调的是：主题必须和公关的目的一致。一次活动的主题虽然可能仅仅体现总体目的的某一方面，例如树立信誉、扩大影响、改变形象、创造新的需求等，但是绝不能脱离甚至违背总体目标。主题的表达还应确切、生动、鲜明，从而在专题活动的具体实施中，使参与者能够感觉到主题的存在。

（二）时机恰当

专题活动的选择也是能否吸引公众、收到良好效果的重要条件。策划专题活动可以利用重大节日烘托气氛，扩大影响。但是，并非所有的专题活动都要选择、利用节日。与这些节日无关的专题活动就可以考虑避开相关的日期。如果有重大事件发生，企业则可以及时抓住这种时机来组织适当的专题活动。

（三）特色鲜明

只有具有鲜明特色的专题活动才能吸引人，才能达到传播目的。在公关专题活动中，形式可多种多样，有传播性质的、公益性质的、交流性质的、娱乐性质的等。无论何种形式都要注意特色的鲜明性。切忌形式雷同，千篇一律。具体活动要注意与主题呼应，既要简明扼要、通俗易懂，又要有丰富的内涵，只有主题鲜明，针对性强，才可能给公众留下深刻的印象。

（四）富于情感

专题活动只有取得社会的认同和支持，才能达到举办的目的。做到这一点，就要注意活动的主题和方式是否符合公众的文化价值观念、是否尊重人们的传统习俗、是否对社会有积极的影响。

（五）处理及时

尽管活动策划中作了各项事务的周密安排，但是实际过程中仍难免遇到意外的变化，甚至会遇到突发的事件。例如突发的断电、人员伤病、机器的故障等，对此类的问题不可忽视，要有充分的思想准备。在专题活动策划中，事先要做好对策预案，一旦发生变故，能及时采取措施，妥善解决。意外的事件处理不仅可防止出现不良的后果，如果处理巧妙得当，还可以使公众产生新的好感和信任，从而产生意外的效果。

公共关系专题活动策划的要求体现在很多大的方面，中心的问题是要使各种具体活动与组织的总目标融为一体，注意与社会公众的信息交流，大处着眼，小处着手，源于生活，高于生活，不落俗套，使公众喜闻乐见，使组织具有亲和力，以博得更广泛的支持和帮助。

三、公共关系专题活动的主要形式

在公共关系实践中，公共关系专题活动的形式多种多样，而且每一次策划都可以有新的创意。各种形式的公共关系专题活动都有各自的特点，可以采取各种组合，以达到最佳效果。概括起来，公共关系专题活动主要有以下几种形式：

（一）新闻发布性活动

此类活动是组织为向新闻媒体报告或传播组织希望公众了解的某些信息或新闻素材而举办的主题活动。如新闻发布会、主题演讲等。

（二）促销、展销性活动

此类活动是组织紧密围绕市场营销，直接吸引、刺激消费而举办的专题活动。如展览会、展销会、博览会、新技术新产品推介会等。在组织公共关系专题活动时，这种形式最为常用。

（三）信息交流性活动

此类活动是组织与社会公众特别是同行间开展的有关专业信息、业务信息、技术交流性的专题活动。如研讨会、座谈会、交流会、报告会等。

（四）庆典、纪念性活动

此类活动是组织为庆祝某个节日、纪念日或某项成绩而举办的专题活动。如开业典礼、奠基仪式、落成典礼、纪念会、表彰会、庆功会、签字仪式、就职仪式等。

（五）沟通、咨询性活动

此类活动是组织为塑造形象、提高声誉，达到组织与公众双向沟通和相互了解的目的而举办的专题活动。如组织接待公众到现场参观，举办消费问题的现场咨询等。

(六) 社会福利性活动

此类活动是组织为搞好与政府或社区的关系,承担一定的社会责任与义务,提高社会声誉而举办的专题活动。如赞助、捐款、设立基金仪式、组织慰问演出等。

(七) 联谊娱乐性活动

此类活动是组织为加强内部、外部感情,为组织广为结缘,建立广泛的社会关系网络,形成有利于组织发展的人际环境而举办的专题活动,如联欢会、联谊会、文艺演出、聚餐会、宴会、舞会、体育竞赛等。

第二节 旅游业公关专题活动的策划

一、旅游业公关专题活动策划的原则

(一) 目的性原则

任何组织的活动均有明确的目的,专题活动更是如此。专题活动的整个过程始终都要贯穿既定的目标,在各种形式的具体活动中体现总目标、总方针。目的性越强,专题活动越出色,越能引起社会公众的普遍重视,从而产生轰动性效应。旅游业公关专题活动要针对旅游业公众和旅游业的经营特点、围绕发展旅游业的总目标而设计。

(二) 全局性原则

从根本上说,旅游业公关专题活动是为旅游业整体利益服务的,因此策划中要特别注重全局的原则。首先,应充分考虑到旅游业在经济利益和社会利益方面的双重价值。这就要求专题活动的组织者要高瞻远瞩,对专题活动不能仅仅局限于自己的组织,而应立足于为整个旅游业和社会文明的发展作贡献。其次,策划要从组织的整体利益和整体目标出发,对具体活动、内容方式作出周到、全面、细致的安排。在一些具体安排中要统筹兼顾,局部服从整体。最后,旅游业的公关专题活动应特别注重长远性和持续性的考虑,不能急功近利。总的利益和目标是通过连续的、持久的公关活动的展开而实现的。

(三) 协调性原则

旅游业公共关系专题活动所面临的复杂的外在环境,常会涉及政治、经济、社会、文化、法律等诸多方面的问题。同时,在旅游组织内部,也往往涉及众多部门和环节。为此,旅游组织既要考虑与社会协调,也要考虑组织内部的协调和一致。组织内部因素多是可控制因素,因此,调动组织内部的积极性,团结起来,是成功开展专题公关活动的起点,同时,还有助于组织增强凝聚力。总之,策略手段与目标的协调,主观意愿与客观条件的协调,子系统与总系统的协调,是实现协调性原则的基本要素。

（四）适应性原则

旅游组织的外在环境是不断变化的,有些是组织难以控制的。因此,公共关系专题活动应该能够不断适应新形势的发展变化。在专题活动的策划中,既要考虑现存的环境和现实的条件,又要考虑适应形势发展而出现的新潮流。落后于发展的活动安排与超越现实的活动安排都不具有适应性,良好的适应性表现在活动方案目标的可行性、程序的可行性、策略手段的可行性、实现能力的可行性上。适应性是衡量公共关系专题活动策划的标准之一。

（五）灵活性原则

公共关系专题活动内容丰富,方式灵活,需要策划者和实施者具备较强的组织能力和驾驭能力,既能使专题活动按照既定的基本程序进行,又能利用专题活动过程中出现的各种机会,机智而幽默地活跃专题活动的气氛,使整个活动过程都意趣盎然,富有感染力。

（六）创新性原则

公共关系专题活动的策划是一种理性思维活动,它在强调策划的科学性的同时强调创意的艺术性。专题活动的创意需要策划者的经验、直觉、想象力和创造性。一次具有轰动效应的、成功的公共关系专题活动,无不与独具匠心的创意密切相关。就旅游活动而言,旅游与人们的审美活动密不可分,因此,旅游业专题活动的策划尤其需要创意,使其艺术层面充分表现出来,使专题活动更具有感染力和影响力。

（七）信息反馈原则

及时掌握信息是公共关系专题活动策划的基础条件。策划时所需要的信息包括外在环境信息和内在环境信息两方面。成功的专题活动,实际上也是组织内外环境信息交流的过程。为此,每一次专题活动的开展,不仅要事先掌握充分的信息,而且还应注重活动过程中各种信息的交流和反馈,以便及时调整,保证活动的顺利展开。专题活动是实现组织与公众双向沟通的重要途径,只有做好信息反馈工作,才能实现信息的双向沟通。

二、旅游业公关专题活动实施方案的制订

成功的专题活动必然以良好周密的计划为前提。具体实施计划方案应确定五项内容。

（一）确定主题,选择方案

每一次公共关系专题活动必须确立相应的主题,以使整个活动围绕主题而进行。同一主题可以有多种活动方案,制订计划时要对若干个体现主题的方案论证、筛选,最终确定一个较好的活动方案。

(二）确定形式，选择媒介

按照所选定的方案，确定专题活动的形式。专题活动的形式很多，组织应根据具体情况和需要加以选择。形式确定后，就可以选择恰当的媒介。媒介选择涉及活动效果、传播范围、传播对象等问题，也应围绕主题综合考虑。

（三）确定日期，选择场所

专题活动日期的确定一定要慎重，如果无须以重大节日烘托气氛，则应避开节日、纪念日。确定日期还应包括专题活动的日程安排，要做到安排合理，避免过于紧张或过于拖沓。选择场所要适当，一般不宜过于奢华或过于简陋。整个活动日程安排确定后，不宜轻易变更。两次内容不同的专题活动的日期应当有一定的间隔，相距不宜太近，以避免相互抵消效果。

（四）确定工作人员，选择参与者

专题活动成败的关键因素之一，还在于工作人员的素质。人员素质不仅包括良好的道德规范，而且包括组织能力、协调能力、应变能力及较高的专业知识水准。公众及参与专题活动的外部人员常从组织工作人员的能力及表现来判断组织的实力和魅力。因此，组织要恰当地配备有关工作人员，并事先进行专门的短期培训。同时，还应注意活动参加者的人选安排，包括主要嘉宾、有关领导、社会公众等。参加会议的人选安排直接影响专题活动的效果和目的，因此要对参与者人选再三斟酌，使专题活动的针对性更强，效果更好。人选确定以后，还应该注意提前将请柬送达，并得到反馈信息，以了解参加专题活动的人员的要求，便于作出相应的安排。

（五）确定费用，落实各项物资及服务的安排

专题活动的顺利进行需要费用和物资的保证。确定活动费用，既要考虑降低活动成本，也要保障活动的正常进行。为此，活动前应列出清单，确定合理的支出。专题活动费用主要包括器材购置及器材租用费、宣传资料费、场地使用费、人工费等，要根据计划落实各种物资的准备。在接待服务如参观、食宿等方面，要有合理周到的安排。

三、旅游业公关专题活动的创意

创意是指公共关系活动方案在策划过程中应有自己鲜明的个性和特色，而不是简单的模仿和重复。创意贯穿在公共关系策划的整个过程。创意是公共关系方案取胜的关键，同样也是公共关系人员水平高低的主要衡量指标。

创意是以创造性思维、形象思维为主要思维方式的创新性活动，它没有固定的程序和统一的格式。

案例 6-1 "深圳人游深圳"专题活动策划

一、活动背景

深圳是国内知名的旅游城市,有国际花园城市的美誉。

深圳也是年轻的移民城市,深圳节奏和生存压力使得深圳人整天忙忙碌碌,无暇顾及深圳的美景。据调查,2002年,87%的深圳人没有上过地王顶层观光,68%的深圳人没去过世界之窗,91%的深圳人没去过明思克航母……其实深圳人并不了解深圳。深圳旅游主管部门认为:要带动深圳旅游,首先深圳人自己要了解深圳,这样每个深圳人才能做好义务宣传员;只有全市人民都有旅游的意识,才能全面带动深圳旅游的发展。深圳新闻媒体也希望对深圳人、深圳家庭、深圳社区、深圳城市分别倡导一种健康的心态、健康的生活方式、健康的社区"家"文化、健康的社会风气,使深圳的精神文明再上一个新的台阶。

所以,深圳市旅游局、深圳晚报社、深圳中国国际旅行社、深度旅游策划管理公司联袂策划了这次"深圳人游深圳"的活动。

二、活动组织

主办单位:深圳市旅游局、深圳晚报社。

承办单位:深圳中国国际旅行社有限公司。

策划单位:深圳市深度旅游策划管理公司。

协办单位:深圳世界之窗有限公司、深圳锦绣中华有限公司、深圳西部海上田园旅游发展有限公司、深圳明思克航母实业有限公司、深圳光明生态旅游有限公司、龙岗客家民俗博物馆、深圳市博物馆、深圳地王观光有限公司、大鹏古城、西丽奇蔬异果世界。

三、活动时间

2002年8月31日—9月31日。

四、活动主题

旅游、交流、融合。

通过旅游,促进交流和沟通,达到人与人、家与家、企业与企业的相互融合。

五、活动口号

深圳人游深圳,再一次呼吸"家"的气息……

活动口号紧扣"深圳人游深圳"的主题,把深圳比作一本熟悉而有点淡忘的书,在某一时间又再一次翻出来细细品读一番;也把旅游比作一次呼吸,让人感受到一种扑面而来的"家"的气息。整个句子流畅起伏,有韵律,朗朗上口,非常具有亲和力。

六、活动标志

标志的设计融合了积极向上的深圳人(向上的箭头)和抽象写意的家(房子造型)的意念,整个标志像人们在奔走相告,像在旅游的行程中正互相交流,沟通的意念很强烈,然后都是向着太阳的方向融合,去实现心中的梦想。

整个标志动感十足,较能体现深圳的年轻活力,更巧妙地表达了人、家、旅游、交流、融合的完整概念;颜色也较丰富,体现了深圳人鲜明的个性;下面的弧线也是较为传神,把深圳人梦想自由飞翔的意念表现得淋漓尽致。整体构图简洁,跃动着深圳大都市的现代感。

七、主题线路

1.合家欢深圳一日游系列
A."生态家园"深圳西部一日游;
B.体育馆—西丽奇蔬异果世界—光明农场—西部海上田园—世界之窗;
C."古往今来"深圳经典一日游;
D.体育馆—深圳博物馆—地王深港之窗—大鹏古城—客家民俗博物馆—世界之窗;
E."黄金海岸"深圳东部一日游;
F.体育馆—大鹏古城—东江纵队旧司令部—明思克航母。

2.万名青工深圳大联游

体育馆—莲花山公园—邓小平画像—地王深港之窗—明思克航母(外景)—高交会馆—世界之窗(17:00 后入场游览,晚上观看"跨世纪"大型主题歌舞晚会)。

八、评价

"深圳人游深圳"活动关键在于结合深圳实际,立意高远,以"呼吸家的气息"为核心展开策划,选择社区营销为切入点,系统化整合传播,发动新闻攻势,堪称深圳旅游界的一次大手笔策划活动。

"深圳人游深圳"的活动还在持续。

据《羊城晚报》报道,2007 年 8 月 25 日"2007 深圳人游深圳暨精彩深圳欢乐行"体验活动在深圳香蜜湖举行了盛大的集体发车仪式。由 500 多名幸运市民和旅游业同行组成的体验团,乘坐十多台旅游大巴浩浩荡荡地出发,分别体验由市民自己设计的 5 条线路。另外,"精彩深圳欢乐行旅游设计大赛"历时 5 个月,经过专家学者的层层把关,12 条线路脱颖而出。主办方从本次的获奖线路中抽取了最佳深圳一日游""最佳滨海风光旅游线路""最佳合家欢旅游线路""最佳美食购物旅游线路""最佳文化旅游线路"5 条线路,让市民亲自体验自己设计的深圳旅游产品。

据深圳新闻网报道,2011 年 5 月 8 日上午,由市文体旅游局和深圳报业集团主办,多家旅游机构承办的"相约大运,畅游深圳"创意时尚游深圳活动启动暨文化游、大运游首发仪式在市民中心前广场举行。由深圳市旅行社和 E 车游俱乐部组织的 800 多位市民游客踏上了"相约大运,畅游深圳"一日游旅程。副市长为启动仪式亮灯。深圳、广州、珠海、东莞、惠州旅游部门负责人会同旅游企业代表与首发团的游客一起乘车前往文化游、大运游线路景点,体验创意文化之旅。许多游客是首次走进深圳的创意文化市场,精美的油画、丝绸、珠宝及工艺礼品,让游客颇感新鲜。

"相约大运、畅游深圳"一日游线路产品丰富,共分 8 个主题 40 条指导线路,包括大运场馆之旅、文物古迹之旅、创意文化之旅、主题公园之旅、都市风情之旅、滨海休闲之旅、绿色生态之旅、自驾开心之旅。

深圳市文体旅游局有关负责人表示,为更好地利用大运会的契机,吸引更多的海内外游客来深圳旅游,鼓励更多的市民开展深圳人游深圳活动,此次推出的指导线路突出了"文化+旅游""体育+旅游"的理念。涵盖了深圳湾体育中心、深圳大运中心等体育场馆,也涵盖了南岭中国丝绸文化产业创业园、宝福李朗珠宝文化产业园等文博会场馆。经营深圳一日游线路的多家主要旅行社直接参与了指导线路的磋商、踩线和设计,确保了指导线路推出后能广泛进行市场运作,突出展示了深圳旅游的主要特色。8个主题40条指导线路,充分展示了深圳旅游的各类主要产品和主要资源。

资料来源:整理自《2002"深圳人游深圳"——深圳市旅游局主题活动案例评析》(深度旅游营销网,http://www.deeptour.com),网易新闻(news.163.com),深圳新闻网等。

案例讨论:

分析历次"深圳人游深圳"活动的亮点,分析如何做好旅游公共关系主题活动的创意策划?指出你体会最深的一两点。

第三节　旅游业公共关系主要专题活动

一、纪念庆典活动

纪念庆典活动是组织根据其本身及所处社会环境中有关的重大事件、纪念日、节日等所举办的各种仪式、庆典和纪念活动的总称。纪念庆典活动是旅游业组织公关工作中颇受重视的活动类型之一。这种活动多由组织的领导亲自主持,公关部具体承办,组织各部门共同参与,邀请相关社会公众参加,是一种内、外公关作用兼具的公关专题活动。

(一)纪念庆典活动的类型

纪念庆典活动的类型有很多,大致可以分为以下几种:

1. 节庆活动

节庆活动即利用盛大节日而开展的公关活动。各国、各民族、各地区的节庆名目繁多,大致可以分为官方节日和民间传统节日两大类。官方节日又有世界性及国家性节日之分;民间传统节日则有中外之分。节庆日是开展公共关系活动的极好时机,旅游组织可以借助各种重要的节日庆祝之机策划开展相应的活动。

另外,还有很多省市根据各自地理文化环境、习俗、民间传统、土特产、民族等特点举办具有浓郁地方特色的特殊节庆活动,如哈尔滨冰雪节、北京地坛庙会、天津妈祖节、山东潍坊风筝节等,这些节庆活动本身就具有公关活动的性质,是旅游公共关系大显身手的好时机。

2. 纪念活动

纪念活动即利用社会或本行业、本组织各种具有重要纪念意义的周年纪念日开展公关活动。如领袖人物、英雄模范人物、著名的学者、科学家、发明家、作家等的诞辰或逝世纪念日;重大科技发明纪念日;历史上重要事件纪念日;本行业重要事件纪念日;本组织周年纪念活动,一般逢五逢十着重搞,五十年、百年则大庆;还有重要建筑物竣工纪念;重要活动开展周年回顾纪念等。这类活动每个组织都可以开展,它对于树立组织形象,使公众熟悉以至支持本组织会有特殊的作用,是一种有效的公关广告。

3.典礼仪式

可用于旅游组织专题活动的典礼仪式很多,如奠基典礼、落成典礼、开业典礼、开幕典礼、周年庆典、签字仪式、颁奖仪式、捐赠仪式、授勋仪式等。具有里程碑意义的事件也可以举行庆祝仪式。

4.其他活动

除上述活动外,旅游组织还可以利用社会上相关部门开展的活动,如电影节、艺术节、爱鸟周、植树节等,还有本部门、本系统内部设立的有关活动日,如消费者日、优质服务日等,有针对性地开展一些纪念庆祝活动。

(二)纪念庆典活动的筹划、安排及注意事项

纪念庆典活动既可以单一地举行,也可以辅以开放参观、文化娱乐、联谊会、产品展销、社会赞助等来进行,构成一种综合性更强的公关活动形式。纪念庆典活动是组织向社会公众"亮相"的宝贵时机,整个活动的策划和实施也在一定程度上反映了组织的经营管理水平、领导能力与员工素质,它往往会影响社会公众对组织的态度。如何使这类活动办得有声有色,引起社会公众的广泛注意,是需要精心筹划和安排的。在筹划和安排这类活动时,应注意以下环节:

1.确定纪念庆典活动的主题

每次纪念庆典活动都有明确的主题,这便是举办纪念庆典活动的缘由、目的。光有主题还不够,还必须根据组织的需要和公众的需要进行精心设计,选择适合于主题的实际内容来巧妙地开展公关活动,这样才能达到举办纪念庆典活动的目的。

2.选择纪念庆典活动的形式

选择纪念庆典活动的形式,首先要准备几种备选方案,优中选优。对于旅游组织而言,可选择的形式主要有:开放参观、产品展览、成就展览、联谊舞会、招待酒会、表彰会、新闻发布会、消费者座谈会等。公关人员可以根据组织的实际情况进行选择。

3.安排纪念庆典活动的程序及工作任务

作为公关活动的纪念庆典活动一般都比较盛大,要做到有条不紊、忙而不乱,首先是成立一个专门机构以指挥和协调各项工作的开展,尔后是安排纪念庆典活动的程序。

单一的典礼程序一般为:主持人宣布典礼开始;宣读重要来宾名单;剪彩或授旗、授勋;签字与互换文本;来宾致辞等。程序最好能事先印刷好,在宾客到来之前,分发到每个座位上,也可在来宾签到时一同分发。

对于综合性的纪念庆典活动,首先需要安排各种活动内容的次序,否则会出现忙乱不堪、顾此失彼、互相冲突的局面。尤其是重点活动的安排要做到井然有序,相互配合,重点明确,注意高潮。其次要按照纪念庆典活动程序的要求确定具体工作任务,要妥善安排各项接待事宜,确定专人负责客人的签到、接待、剪彩、放鞭炮、摄影、录像,以及布置环境、道路、场地、照明、音响,纪念品的定制与发放等细节,并印好工作任务安排表,发放给有关人员,作为协调各种具体工作的依据。

4.精心拟定邀请宾客名单并发出请柬

纪念庆典活动需邀请宾客光临。邀请的宾客应包括同行组织代表、社会名人、新闻界人士、政府有关部门负责人、社区负责人、社团代表、员工代表及相关公众代表。拟定名单后,要将请柬于举行活动前72小时送到出席人手中,如系函寄,对特别的宾客还有必要采用打电话等办法进行双重邀请。

5.确定主要发言代表及亮相人物

纪念庆典活动中的发言代表及亮相人物应包括本组织代表和来宾代表等。发言代表应有一定的代表性或一定的社会地位。本组织发言代表的发言稿应事先拟好。重要活动应将发言稿提前印发给与会者。需要来宾发言的则要提前联系,让来宾事先做好准备,并在活动之前逐一落实。参与剪彩的主方代表应是本组织负责人,客方人员应邀请地位较高和有一定名望的知名人士。在公关活动中,为了突出组织的宗旨,造成轰动效应,也可别出心裁,反其道而行之。

6.安排纪念庆典活动的辅助活动

纪念庆典活动还要考虑辅助活动或叫助兴活动的安排,以烘托整体的气氛。辅助活动有两大类型:

其一,制造气氛的辅助活动。它是为了活跃纪念庆典气氛而安排的辅助性活动,如敲锣打鼓、挥舞彩旗、舞龙、舞狮、燃放鞭炮烟花、合唱歌曲、播放音乐、乐队奏乐、呼喊口号、张贴标语等,以造成热烈欢快的气氛。每段辅助活动安排都要别具匠心,如设计富有感染力的口号,既要令人耳目一新,又要便于传播和记忆,如此可以大大强化宣传的效果。

其二,增进情谊的辅助性活动,如茶话会、招待餐、恳谈会、参观活动、招待演出、招待电影、联谊舞会、赠送纪念品等。这些辅助性活动由本组织员工组织和参与,以培养其当家做主精神和职业自豪感,增强与公众的亲和力。若本组织缺乏相关人才,也可邀请其他组织的人员助兴。

7.落实纪念庆典活动的具体实施

在活动举办时,要一一落实具体事宜。

事先要布置好会场,确定主席台和第一排的主要宾客名单,并放置醒目的名卡。在主要宾客站立的地方应铺上地毯,以示礼遇。接待人员应在活动开始前5分钟引导主宾进入既定区域。主席台座位顺序以正中间为首位,分左右两边以此类推,妥善地安排好一般宾客座次。若是筹办签字仪式,则应摆好签字者的桌椅,安排好签字仪式的座次顺序。

在实施过程中,要安排专人负责总调度工作,各项工作按计划展开,大家各负其责。遇到不够周到的地方,要灵活应变,妥善处理,保证活动的顺利进行。在实施活动中要做好新闻报道工作,协助记者做好采访,向记者提供有关材料。若记者未能亲临,则要充分利用自己的条件和设备代为录音录像,写出新闻稿,提供给新闻媒介发布,以扩大纪念典礼活动的影响面。

案例 6-2 "真情十年,感恩之夜"环境国旅十周年庆典

环境国际旅行社有限公司 2001 年 11 月成立于北京,是我国环保行业第一家大型国际旅游集团,采用股份制形式组建,是"中国出境游十大批发商""北京入境旅游突出贡献奖""入境外联人天奖"等奖项获得者,曾成功组织许多重要的有影响力的活动。

时光荏苒,岁月如歌,环境国旅成就十年,辉煌十年。在"环境国旅成就了我们,我们成就了环境国旅"主题的渲染下,环境国旅于 2011 年 12 月 29 日在北京万豪酒店隆重举办了"真情十年,感恩之夜"环境国旅十周年庆典晚会。庆典由公司总裁钟先生和特邀主持南非旅游局中国大陆和香港地区总经理祁女士共同主持。随着由员工舞动的金龙冲入会场,晚会在隆重而热烈的气氛中拉开序幕。全国政协人口资源环境委员会有关负责人亲临晚会现场并发表了热情洋溢的致辞。国家旅游局监管司有关负责人也到会祝贺,并发表了重要讲话。庆典现场嘉宾云集,中国工业经济联合会、中共中央对外联络部非洲局、中国环境科学学会、中国旅游协会、中国旅游研究院、中国旅游出版社、北京市旅游委、北京财贸职业学院、亚太旅游协会(PATA)大中华区等单位负责人和代表莅临。埃及驻华使馆纳赛尔参赞,希腊驻华使馆克里斯参赞,德国国家旅游局中国首席代表奥利文等近 50 名世界各国旅游局及航空公司驻华机构代表出席了庆典。来自首都 20 余家新闻媒体的记者,来自 20 余家知名企业的高管也出席了仪式,并与环境国旅在京业务骨干及 17 家分公司的员工代表共 600 余人欢聚一堂,共贺环境国旅十年华诞。

庆典仪式上,环境国旅为服务超过 5 年的 75 名老员工,授予了由中国黄金第一家——菜百首饰荣誉出品的由 50 克纯银打造的勋章——"环境国旅荣耀十年服务勋章";授予 1 名员工"环境国旅荣耀十年进步最快人物大奖";6 名员工在历时 3 个月的"环境国旅荣耀十年杰出人物大奖"评选中被评为杰出人物。仪式最后,总裁还非常动情地向董事长颁发了"好老板奖"。

庆典仪式结束后,由各业务部门、分公司员工表演了自编的文艺节目。晚会现场还专门安排了慈善拍卖环节,由《法制晚报》旅游周刊主编主持。三件拍卖品共

筹集43 888元,在现场亲笔写下支票,全部捐赠给中国环保事业。拍卖捐赠活动使晚会现场达到高潮!

最后十周年庆典晚会在一曲《飞得更高》的歌声中圆满结束,这标志着环境国旅在总裁的统领下,站在十年起点,驶向百年目标。环境国旅下一个十年将更加辉煌!

资料来源:搜狐旅游网,2012-01-10。

案例讨论:
模拟本案例的庆典仪式,详细说明组织和实施过程中应注意的细节。

二、新闻发布会

新闻发布会,又称记者招待会,是组织直接向新闻界发布有关组织信息、解释组织重大举措而举办的活动。新闻发布会是组织直接与新闻界沟通,并通过新闻界实现与社会公众达成沟通目的的一种积极的传播方式。通过出席新闻发布会的各种新闻媒体记者,组织可将有关信息经大众传播媒体迅速地扩散到全社会,还可以公布与解释组织的重大决策、行动措施,传达组织的某些意图、设想、计划、安排,澄清事实、纠正错误、回答咨询,并且协助新闻界及时了解组织从事的各种业务,有利于新闻界客观报道本组织情况。

(一)新闻发布会的特点

新闻发布会作为旅游业公关专题活动的方式之一,具有以下特点:

1. 正规隆重

以新闻发布会的形式发布信息,其形式比较正规、隆重,而且规格较高。新闻发布会一般除邀请专业记者参加外,还邀请新闻界负责人、部门主管、各协作单位代表及政府官员参加。

2. 沟通踊跃

在新闻发布会上,除了信息发布者向记者发布信息外,记者可当场提问,与会记者还可以相互启发,更深入地挖掘新问题。新闻发布会对于增进旅游组织与新闻界的沟通,促进双方的合作起着不可忽视的作用。

3. 传播方式优越

与其他传播方式比较,新闻发布会无论在深度,还是在广度上,都更为优越。由于新闻媒介自主性的特点,通过其他单独媒介传播的旅游组织信息会因各家媒介组织的视角不同、取舍不同、转播时间不一致等而影响传播效果。而通过出席新闻发布会的各新闻媒介记者,有关信息将会经大众传媒迅速地扩散和放大到大部分的社会公众那里。

（二）确定举办新闻发布会的理由和时机

在举办某一具体的新闻发布会之前，需要对以下两点加以确认：

1. 是否具有恰当的理由

恰当的理由，又称新闻"由头"，主要是指新闻发布会上发布的信息是否具有专门召集记者前来予以报道的理由。具有新闻价值的事件如重要人物的来访或被邀请，重要产品的研制成功或推广，组织的重要活动纪念等。如果没有新闻"由头"，就没有必要采取这种隆重的形式，以避免给记者们留下"浮躁空谈""小题大做"的不良印象。在发布会上，要明确发布的信息内容，要注意主题的集中，否则难以达到发布会的效果。

旅游组织需要运用新闻发布会传播的公共关系事项主要有：开业及重大庆典，新产品、新景点、新旅游线路、新服务项目的推出，经营管理方针的改变，组织最高管理层人事变动，违纪事件发生的善后处理事宜等。这些事项需要向社会公众和新闻界沟通、传播和解释时，要及时举办新闻发布会。

2. 是不是恰当的时机

时机恰当是对组织新闻发布会的一个基本要求。恰当的时机，主要是指举办新闻发布会的时间是不是发布本组织有关信息的最佳时机。新闻发布会的日期要与将发生或已经发生的事件在时间上临近，但也不宜过于仓促。时间上相距太远，会给公众形成时过境迁或"只听雷响、不见下雨"的感觉。此外，新闻发布会应注意避开节假日和重大的社会活动的时间，以保证受邀记者的出席时间，保证记者出席率。

（三）新闻发布会的主要环节和注意事项

1. 会议筹备阶段

（1）根据主题准备材料。新闻发布会时间短，要求在短暂的时间内发布基本信息，又要回答相关问题。要做到这一点，前提是大量材料的准备，诸如组织背景材料、发展方向、群众来信来访，并利用实例证明、表格以及录音、录像等手段，在会议中选择恰当的时机予以展现，也为记者报道提供素材。对于一些照片、宣传材料可以直接发放，人手一册，有些内容还可以通过参观展览加深与会者印象，烘托气氛。

（2）确定主持人、发言人及工作人员。主持人一般由旅游组织的公共关系机构负责人担任，发言人则由旅游组织的主要负责人担任。他们对组织的整体情况有全面、清楚的了解，而且其身份也具有一定的权威性。对于工作人员，因为新闻界人士见多识广，眼光高，对事务性工作易挑剔，因此要求有关工作人员要礼貌周到、安排有序。

（3）确定邀请记者的范围。根据所发布信息的重要性、涉及的范围等因素确定邀请记者的范围，如地方性媒体记者或全国性媒体记者，文字记者、图片记者或者音像记者、中文记者或外文记者等。在邀请有关记者时,要特别注意,与组织有密切联系的新闻机构的记者不能遗漏,应提前三天至四天把请柬送到邀请对象手中,以便记者们做好充分准备。会前一两天,再用电话邀请落实。如果有未被邀请而来参加会议的记者,也要热情接待。

（4）适当的地点和设施的准备。根据发布信息的内容和影响的不同,地点可选择本地区或外省市大、中城市,甚至首都;会议场所可以是新闻中心、宾馆、会议厅、会议室等。选定地点及场所后,会前要进行实地考察,不可因场地原因临时改变地点或时间,造成与会者及记者的不满意及财力、人力的浪费。新闻发布会会场应有良好的照明、视听、电源等设施,方便记者的使用。会场座位安排要合理,对到场人数要做到心中有数,避免记者到来后没有适当席位或大量席位空缺。另外会场环境要安静,不受电话干扰,应配备舒适的座椅,必要的饮料。如需安排共进工作餐,要考虑大众口味,由专人负责提供相应服务,并利用机会相互沟通,密切与新闻界的关系。

（5）做好经费预算。新闻发布会成本较高,对会议所需费用要做好预算,留有余地。所需开支项目一般包括场地费、布置费、材料费、交通费、就餐费、茶点费、文具礼品费等。

2. 会议进行阶段

（1）配备恰当人员。在会议召开之际,要配备足够的服务人员作为向导,安排好来宾的签到、佩戴胸牌、座次顺序、照相、就餐、休息等事宜,以免会场混乱或不愉快的事情发生。

（2）信息真实准确。新闻发布会所发布的信息必须真实准确,似是而非、模棱两可的信息不能作为新闻发布会的内容。真实准确,既表现为事实确凿,又表现为态度真诚坦率。对于记者们提出的问题,若一时情况不清楚,可说会后给予准确答复;若属于商业机密,则明确说明原因,尽可能避免"无可奉告"等简单回答。

（3）把握分寸。发言人的发言应力求全面、透彻地传达所要发布的信息,应避免呆板、照本宣科或哗众取宠、喧宾夺主。在回答记者提问时要把握主题范围,控制会议进程,调节会议气氛,谈吐自如、幽默、亲切、反应机敏。对于有损组织形象的问题要义正词严,不卑不亢地予以答复。对一些误解与不实之词,应以事实真相予以澄清。对所有来宾一视同仁,不可厚此薄彼。要尊重所有来宾,不要随便打断记者的提问,即便是无理要求,也要表现出极大的涵养,冷静予以应对。还要有时间观念,争取在有限的时间内达到会议目的,给社会公众留下良好的印象。

3. 总结评估阶段

新闻发布会结束后,要做好会后总结和评估工作,以检查其效果是否达到了预期目的。主要方法有:

（1）全面收集与会记者在报纸、杂志、广播、电视及网络等媒介上发表的稿件和图像报道,进行归类分析,存为资料,作为评估效果的依据。

(2)对照与会记者名单,核查发稿率,供日后邀请记者时参考。

(3)追踪和调查记者对新闻发布会准备与组织工作的反应,检查新闻发布会筹备、组织工作状况以及在接待、服务等方面是否存在不足,以不断提高新闻发布会的质量。

(4)对已发新闻报道的记者,应及时联系并致谢意,以加强与记者的感情沟通。

三、社会公益活动

社会公益活动是组织或其他社会组织以无偿提供资金、物质进行帮助或支持的方式发起、组织、参与某些已有广泛群众基础,同时能获得一定的形象传播效益的社会活动。社会公益活动是组织的一项战略性投资活动,其目的是使本组织在公众心目中树立起具有高度社会责任感的社会形象,提高组织的知名度和影响力,赢得社会公众对组织的好感,使公众了解到该组织关心公益事业,勇于承担社会责任和义务。

(一)社会公益活动的类型

1.赞助教育事业

有远见的企业家应该注重企业精神,有长远眼光,关心中国教育事业的发展。这既有利于自身发展和对未来人才的选择,又能为社会带来效益。如组织出资设立奖学金,兴建希望小学,或为学校投资改善办学条件,建设实验室、培训基地等。

2.赞助体育运动

组织通过对体育运动的赞助,不但有利于人民体质的提高,而且可以最大限度地提高组织的知名度,广泛深刻地影响公众对组织的态度。赞助体育事业,包括赞助体育器材的购置,体育场馆的建立,某些体育活动的开展,某项运动队的训练等。一般常以赞助大型体育比赛为主,可以由一个组织独立赞助,也可以由数个组织联合赞助。

3.赞助社会慈善和福利事业

这是组织与社区公众、政府部门搞好关系、提高声誉的重要途径。主要方式有出资赞助大规模庆典活动,为城市建设提供资金,投资援助灾区,为伤残病人、养老院、福利院、幼儿园等一次性或定期、不定期地捐款等。

4.赞助文化艺术事业

组织赞助文化艺术,不仅有利于文化事业的发展,提高民族文化素质,而且可以培养组织与公众的良好感情。常见的形式包括:赞助广播电视节目的制作、播映,电影的拍摄,报刊开辟新专栏,图书的出版,艺术研究,文学艺术创作,文艺表演,各类展览竞赛等。

5.赞助建立某一专项奖励基金

组织赞助设立专项奖励基金是企业承担社会责任、推动社会进步的具体体现。组织出资设立奖励基金一般有优秀学生奖、社会科学论文奖、发明家奖、见义勇为奖等。

6.其他项目

如赞助部队建设,为各类部队、交通警察在日常或年节假日提供必需用品、书籍、车辆,赞助医疗卫生事业,赞助社会公益、社会道德宣传用品的制作等。

(二)社会公益活动的主要环节和注意事项

1.社会效应

旅游组织参与社会公益活动首先要遵循社会效应的原则。即所赞助的活动一定要有利于弘扬正气,推动社会新风气的形成,激发人们的社会责任感与道义感,提高民族文化素养与精神文明水平,推动社会进步等,一定要能够引起积极的反响和公众的广泛关注。

2.明确目标

在注重社会效应的同时,组织要遵循形象目标原则。社会公益活动的目标一般是让公众熟悉组织的名称,对其产品或服务有进一步的了解,增强公众对组织标志的识别,培养与公众亲善友好的感情,吸引大众传播媒介的兴趣,得到政府和社区的支持等。

3.量力而行

参加社会公益活动要视组织的财力而行。组织一般都是根据自己的财政预算来确定赞助费的额度与范围。组织要根据自己的经营状况、财力大小、轻重缓急决定是否赞助社会公益活动。组织在无力赞助的情况下,应该处理好与征募者之间的关系,真诚地解释组织的有关政策,说明理由,以免引起误会和矛盾。但对于威胁利诱者,不应屈从,可以通过法律寻求保护。

4.调查论证

组织参与社会公益活动,有主动和被动两种形式,无论哪一种形式都应该对其可行性进行详细、周密、科学的调查论证,这是社会公益活动的关键环节。调查论证包括调查组织自身的情况和赞助对象的有关情况,以此为参与社会公益活动制定政策、把握方向、决定赞助金额的基础。

为了保证活动的成功,通常要成立一个专门的部门,负责研究活动的各项事宜。包括调查了解,成本、效果分析,撰写可行性报告给董事会或高层管理层审议,以及负责对实施全过程进行操作与协调,确保社会和组织同时受益。

5.科学管理

旅游组织举办社会公益活动应纳入科学管理的轨道,即以本组织的公关目标、本组织面对的社会环境为出发点,制定出切实可行的政策、方针和策略,将公益活动纳入整个组织公关管理系统中,科学有序地进行,防止盲目赞助或因个人主观感情因素而影响组织对于整个公益活动的计划。

6.财务审计

组织在参与社会公益活动的整个过程中,一定要在财务上严格管理,以免资金被挪用,或被私人非法侵吞。一般情况下,被赞助项目本身主要由受赞助方来实行,提供赞助的组织只需从旁协助,但是对于合同规定的项目内容的落实,全部补偿条件的兑现、赞助资金的合理使用等,提供赞助的组织有必要也有责任严格监督。大笔的赞助款项需要分步到位,按实施效果分阶段提供,从经济上约束项目实施者,以保证项目的质量。

7.联合传播

社会公益活动的本身也是为了扩大组织的影响,因此在公益活动的实施过程中,应努力选用多种传播方式与途径,辅助主要活动的开展,扩大其影响。如利用大众传播媒介广泛宣传报道,利用广告传播烘托气氛,强化效果,以起到最好的作用。

8.效果检测

赞助活动完成后,应对其效果进行检查、评定,对原定目标和计划的实施状况及具体原因进行总结,对赞助活动的经济效益和社会效益进行客观的评价,总结经验教训,为今后的公益活动提供参考。总结应以书面形式上报管理决策层。

四、展览、展销活动

展览、展销活动是旅游业公共关系活动中经常采用的一种形式。展览会在确定的时间和空间里,依照一定的主旨,设计、布置、安装实物、图片、著作、图表及音像、影视材料等多种媒介,向广大公众开放,以宣传组织的某些主张、意图、目的、观念、产品等。通过举办展览会,旅游业组织可以向公众显示自身的经营能力和满足社会需求的应变能力;可以向社会广泛地收集信息,为新产品的正式投产或新的服务项目正式推出测定市场反应的程度,以利于对产品和服务项目作最后的修正和改进;可以进一步开拓市场。展览会以介绍组织甚至个人的各种情况、工作成就、最新产品、最新技术为主要内容,纯粹是一种宣传活动。展销会则是一种目的明确的经济活动,以推销产品、转让技术、开拓市场为主要内容,它是展览活动的继续和发展。在公关活动中,两者往往是互为补充,有时是相互融合的。

(一)展览展销的类型

依据不同的角度,展览、展销可以有以下几种类型:

1. 从展览展销的性质看可分为贸易性、宣传性展览展销

贸易性展览展销会是商业企业展览实物产品,通过实物广告的形式来促进产品销售。展品以实物为主,以文字、图片、图表为辅助;宣传性展览展销会是政府机关、社团等组织为了宣传某一观点、思想和信仰,或者是让人们了解某段历史而采用的一种方式,其展品多以照片、图片、艺术作品、文字、幻灯、录像资料等为主,以少量实物辅助或不用实物。

2. 从展览展销的内容看可分为综合性、专题性展览展销

综合展览展销会较全面地介绍某些组织的总体情况,有一定的整体性和概括性,像广州商品交易会。专题性展销展览具有特定专题,围绕某一类或某一系列相关产品进行展览,如旅游展销会。

3. 从展览展销的规模看可分为大、中、小和微型展览展销

大型展览展销会多由政府或某个社会组织举办,吸纳企业参加。中小型展览展销会可由一个企业独家举办或联合若干企业共同举办。这类展览展销可采用固定展馆,也可临时选用一些商场或展厅。

4. 从展览展销的场地看可分为室内、露天展览展销

露天展览展销会多以实物为主,图表文字说明较少,如花展、汽车展等。大部分展览展销会都在室内举行,便于展品布置,但成本较高。主要通过现场操作并以录像、电影等形式辅助的展览多采用室内展览形式。

5. 从展览展销的时间看可分为长期性、定期性和一次性展览展销

此外,还有一些巡回展览、特色展览等。如1997年由国家旅游局牵头在美国若干大城市举办了主题为"新世纪—中国"的系列大型旅游促销活动,其中的一个活动项目便是大篷车巡回展,深受当地欢迎。

(二)组织展览展销会的举办及注意的问题

1. 确定展销主题

每次展览展销会都需要确定明确的目的和主题,以决定展览的规模、形式和参与项目,主办者要严格根据组展目的与主题对整个展览工作进行组织、安排。选取展品要有一定的代表性,文字说明既要简明扼要,又要生动形象;展览厅室的布置应体现一定的艺术性。从展览会的前言、解说、展品、灯光设计、音响效果,到展台布局、结束语要形成系统安排,充分体现展览的目的和主题,使其产生良好的效果。

2. 确定展览展销会的工作人员

工作人员主要包括负责解说、接待、服务的人员,其素质高低和行为举止直接影响展览的效果。因此,组织应根据展览展销会的特点确定工作人员,要在参展前对工作人员进行公关培训,并就每次展出项目内容进行基本的专业知识训练。

3. 确定展览展销会的费用预算

展览展销会的费用预算应包括:展览展销厅室租赁费、参展样品费、日常水电

费、设备损耗费、人员工资等，还应包括必要的广告宣传费、资料宣传费、媒体推广费用，以及签字留言用文具、纪念品等费用。组织要提前进行展览展销会的费用预算，并留有充分的资金余地。

(三)旅游展览展销会的举办和参展创意

1. 旅游展览展销会的举办

旅游展览展销会主要是旅游各类企事业组织通过实物展示、示范表演，并利用各种声像文字资料等向公众现场展示各种旅游路线、旅游资源、旅游设施设备水平、旅游纪念品、旅游企业形象及需求合作机会的一种活动方式。大型旅游展览展销会一般由专门的单位主办，参加单位以报名方式加入。展览展销会的组织者安排具体的时间、场地、展览展销会的主题等。对于大多数旅游业组织而言，以参加展销会为主。旅游业组织的公关部应为组织做好参展的策划、组织和安排工作。

2. 旅游展览展销会的参展创意

旅游业组织参加展览展销会，最关键的环节是参展创意。"新意"是设计的核心，中心工作有两项：

其一是展台设计。展台设计应突出展销会的主题思想，并且，企业标志、名称、商标等重要的形象识别要素必须在展台中给予突出的体现。设计独特、新颖别致、立意深远是展台设计成功的秘诀。

其二是活动安排。组织应借展览展销会之"势"开展各种公共关系活动。策划精妙的活动安排可以使组织借大型展览展销会庞大的气势，引起广大公众的关注，收到最佳的传播效果。

针对旅游组织的特点，可以尝试从以下几方面打开创意的思路，获取灵感，撞击出火花。

(1)突出个性，"唯我独有"。这一点并不是说不能吸取他人的经验，而是坚决反对照搬照抄。策划的方案应该是令人耳目一新，而不是似曾相识。

(2)创造鲜明的文化氛围。文化特色是使展台效果能够别具一格的必要因素，应该在这方面多做文章。

(3)巧妙运用文字造型、色彩和装饰。展台是通过具体形式表现的，造型别致、色彩醒目、装饰新颖、文字"画龙点睛"是创意的突破点。

(4)考虑参观者的文化背景和审美情趣。在大型的国际展览展销会上，这一点尤为重要。展览展销创意是为了向公众宣传自己、展示自己。是否取得了更好的效果，是否达到了推销产品、树立形象的目的，评判的权威是公众，而非设计者本人。

(5)思想要有深度，内涵要丰富。旅游展览展销会的展台设计要有明确的主题和思想内涵。形式独特但内涵空洞的展台设计只能哗众取宠于一时，不能达到组织的参展目标。

五、联谊、娱乐类活动

旅游组织可以通过联谊、娱乐类的专题活动与内部公众联络感情,增强组织的凝聚力和向心力,也可以此形式与外界社会公众建立友谊,沟通信息,增强彼此的了解,以便日后加强合作。在开展这类活动时,旅游组织公关人员及相关人员要特别注意公共关系礼仪规范。我们将在下一章讲述公共关系礼仪知识。

案例 6-3 厦门国际会展酒店的"大长今美食节"

厦门国际会展酒店位于风光旖旎的环岛路风景区,与台湾大小金门岛隔海相距仅为 4600 米,并与著名的厦门国际会展中心以玻璃连廊相衔接。酒店造型超凡绝伦,犹如一艘整装待发的豪华游轮,全长 325 米,堪称"世界最长酒店"。酒店于 2004 年 1 月 19 日加入了世界金钥匙酒店联盟,并凭借得天独厚的环境和优质的服务,于 2005 年、2006 年、2007 年三度蝉联"中国酒店金枕头奖——中国十大最受欢迎度假酒店",并成功蝉联 2005 年、2006 年、2007 年的"中国酒店金钥匙服务最高奖——金钥匙钻石奖"。此外,国际会展酒店还获得"中国最具价值会议奖励目的地酒店"提名,成为厦门"休闲与会议城市"的一张金色名片。

2005 年 11 月,厦门国际会展酒店举办大长今美食节活动。餐厅仿造韩国电视剧《大长今》中的韩式料理,将 60 多道养生御膳精彩呈现出来,美食节活动受到广大食客的热烈追捧,取得圆满成功。

为了把大长今美食节做得专业和精彩,酒店策划人员可谓费尽心思,做了充分的准备工作。酒店专门成立了以餐饮部为中心的筹划小组,餐厅经理带人亲自到厦门各大韩国料理店采风试菜,汲取经验,并购买了《大长今》的剧组顾问、韩国国宝级御膳师韩福丽女士所著的《大长今养生御膳》书籍以及大长今电视剧的碟片,策划小组经过研讨与激烈的思想碰撞,最终将美食活动的方案确定下来。

这次美食节的气氛布置是整个活动的一大亮点,其浓烈的"韩"风,可谓独具匠心。餐厅吊顶悬挂一条长 80 多米、宽 1 米的韩文巨型书法横幅,这条巨型横幅是酒店集合各部门的书法精英花了两天的时间才完成。横幅下方是剧中女主角的照片,餐厅四周是郁郁葱葱的竹子。书法的刚劲飘逸、竹子的青翠挺拔,以及大长今的美丽端庄,三者交相辉映,共同缔造出浓厚的韩国风情。餐厅的服务员身着美丽优雅的韩装迎接客人,让客人眼前一亮。同时为了让宾客有更直观的感受,酒店还在餐厅的钢琴区域装置了大屏幕,每天播放《大长今》的精彩片段和主题歌曲《希望》。许多客人在餐厅边用餐边欣赏。

美食节上,推出了精彩纷呈的菜品。酒店行政厨师长根据《大长今养生御膳》的相关介绍,结合自己的经验,设计出 60 多道经典美食,每天更新不同的品种。这些菜肴中既有韩国泡菜、韩国烤肉等经典韩国美食,也有经过改良以更适合中国人口味特点的菜肴,如传统的韩国泡菜火锅只放土豆、豆腐等,口味过于单调,考虑到这点,厨师就在泡菜锅中加入排骨、羊肉等,使其更加营养鲜香。以及用韩国的明态鱼加上大厨的秘方熬成的汤,不仅色泽明亮,滋味更为清甜,具有清肺润喉、美容去火的功效。还有将清香的松子与鲜虾的美味极致相融合的松虾凉拌,清甜爽口的醋什锦以及有预防中风的保健效果的胡麻全鸭汤等菜肴,都是食客最喜欢品尝的菜肴。

结合这次活动的契机,饭店工作人员及时宣传促销,取得显著成效。

"酒香不怕巷子深"的时代已一去不复返,酒店市场企划部负责人以"韩式料理多采用凉拌及炖煮,少油、清淡,口味以酸辣为主,比较开胃,并且保留了食物较多的营养成分,比较符合现代人讲究健康的需求"为诉求点进行宣传,选择在厦门电视台进行美食节的宣传介绍。同时,厦门主流平面媒体《厦门晚报》《厦门商报》和《海峡生活报》,以及国际会展酒店所属的厦门建发旅游集团网站和行业性的厦门餐饮网等网络平台上面均对此次美食节做了宣传推介。当然少不了的是直接与客户接触的酒店营销人员们,他们在外出拜访、电话联系业务的时候也将大长今美食节的讯息传达给客户。通过充分的准备和行之有效的营销途径,在美食节举办期间,酒店预订部的咨询电话接连不断,慕名前来体验美食节的客人都对这首场的大长今美食节赞不绝口,并留下了深刻的印象。国际会展酒店大长今美食节由此成为2005年度厦门酒店业中举办的最有影响力的美食节。

大长今美食节举办期间,其中1/3的时间怡海苑餐厅均爆满。对于国际会展酒店精心导演的这场韩国美食盛宴,厦门本地的食客和前来参加会议并在酒店用餐的中国其他城市的客人都好评如潮。不论是菜肴、服务还是氛围的营造,他们都给了很高的评价。同时他们也希望酒店能延续这种紧跟潮流、时刻创新的精神,为客人提供更加精彩的服务。

国际会展酒店大长今美食节的成功举办,可以归因于以下几方面。

首先是敏锐的市场嗅觉。鉴于《大长今》在中国大陆热播的风潮,创新意识强烈的国际会展酒店敏锐地意识到这股大长今热中蕴藏着无限的商机,结合酒店行业的特点和电视剧中经常出现的宫女们烹制养生御膳的场景,他们马上策划举办大长今韩式美食活动,将电视剧中的各种韩国养生御膳呈现出来,增加餐饮菜品的多样性,带给宾客不断的新鲜体验。

其次是精准的定位和灵活的创新。厦门国际会展酒店始终坚持为宾客提供"满意+惊喜"的极致服务理念,致力于为宾客提供高品质、符合现代饮食观念和适合宾客口味的美食,因此有了大长今美食节,这是2005年韩剧《大长今》广受人们好评时,厦门高星级酒店市场上唯一与此相关的主题美食节。酒店大厨充分了解现代人的营养需求,并对传统的韩式美食进行了改进,使之更符合中国食客的饮食习惯与口味,从而呈现出食客们喜爱的丰富的绿色美味菜品。

最后是懂得博采"他山之石"为己所用。吸取社会新兴事物中蕴藏的合理理念,结合酒店自身经营特点,通过一些新的举措来回馈宾客,同时吸引新的客源。大长今美食节的圆满举办就是有效地利用了当时人们追求"韩流"的新时尚,让宾客不出国门就能在充满异域风情的环境下享用心仪的美味,这是一次成功的营销活动。

资料来源:案例素材由国际会展酒店林青提供。

案例讨论:

结合本案例,说明公共关系专题活动对于酒店的发展有何重要意义?你认为"大长今美食节"专题活动成功的主要原因是什么。

专业词汇

公共关系专题活动　　公共关系创意

思考与练习

1. 旅游业公共关系专题活动主要有哪些形式?比较它们各自的特点。
2. 旅游业公关专题活动的策划应遵循哪些原则?
3. 旅游业公关专题活动策划的内容有哪些?应注意哪些问题?
4. 请说明组织各种形式的主题活动的基本方法和应注意的问题。
5. 为所在地或某旅游业组织设计一套完整的旅游推介专题活动方案,写出策划书。
6. 根据当地的传统习俗,模拟策划一套旅游业组织公共关系专题活动方案,尝试公共关系创意的思维过程。学生间展开交流,评出最佳方案。

第 7 章

旅游业公共关系礼仪

本章导读

旅游公共关系活动的开展过程也就是旅游组织的公关人员与旅游公众沟通交往的过程,在这一过程中,公共关系礼仪作为处理公共关系的重要手段,起着非常重要的作用。本章从旅游业公共关系礼仪的含义和理论基础入手,深入分析了旅游业公共关系礼仪的一般原则、意义,并重点介绍了旅游业公共关系活动中个人礼仪、公务礼仪、交际礼仪等主要内容。

第一节 旅游业公共关系礼仪概述

随着旅游业的飞速发展,国际间的交流日益频繁,各个国家、地区、民族之间的相互沟通与联系愈显重要。礼仪作为人际间相互交流的信息载体之一,越来越受到人们的普遍重视。中国向来以"礼仪之邦"著称于世,对于旅游业中礼仪的要求就更加严格。认识什么是旅游业公共关系礼仪,学习和掌握旅游业公关礼仪的基本理论和知识,有助于成功的人际交流,有利于旅游组织良好形象的塑造,有利于我国旅游业的健康发展。

一、旅游业公共关系礼仪的基本含义

礼仪是人类文明的产物,是人们进行社会交往的行为规范与准则,具体表现形式有礼貌、礼节、仪表、仪式等。

旅游业公共关系礼仪,通常简称为旅游公关礼仪,是旅游组织的公共关系人员或其他人员,为了塑造组织和个人的良好形象,而应当遵循的尊重他人,讲究礼节,注重仪表、仪式等一系列规范与程序。

二、旅游业公共关系礼仪的理论基础

旅游业公共关系礼仪的理论基础十分广泛,它涉及的学科主要有:公共关系学、心理学、旅游学、传播学、民俗学、宗教学、美学等,这些学科的基础理论为其提供了理论基础。

(一)公共关系学理论基础

公共关系礼仪是公共关系学的重要组成部分,公共关系学中的组织形象塑造、关系实现机制以及双向对称模式等基础理论研究成果,都为公共关系礼仪的开展提供了理论基础和借鉴。

1. 形象塑造

作为旅游业公共关系的一部分,旅游公关礼仪的目标是塑造旅游组织良好的形象。旅游公关礼仪是遵循礼节、礼仪的行为要求、提供礼貌服务的一种人际交往活动。它以个人为支点,既研究个人与个人之间的线形关系,又研究个人与组织,以及组织与公众对象之间的网状关系。它通过对礼宾规范、礼仪形式、礼貌礼节行为以及人际交往中的互动关系的研究,指导公关人员的仪容仪表、行为举止,有助于组织形象的塑造。

2. 关系实现机制

关系的实现要通过交往,而旅游公共关系活动的过程就是一种关系的"相互交往"。交往的条件,在于使用的语言或其他符号必须是双方共同理解的。关系实现机制理论不仅要求人们要努力提高对交往语言或其他符号的理解与认识,而且在旅游公关活动中,还应重视礼宾的内容、服务接待人员自身的素质与能力,因为,这关系到旅游接待服务的质量问题。

3. "双向对称"模式

现代礼仪的基本原则之一,就是交往双方或多方,都必须平等、互尊、互重。公共关系中所谓的"双向对称",就是指组织和公众信息传播的双向性以及双方利益分割的对称性。这两点对于旅游业公共关系礼仪的开展都有很强的适用性。

(二)传播学理论基础

传播学把人们传递信息时所采用的种种手段,如语言、文字、音响、手势、表情等都称为符号。礼仪符号,如礼貌语言、礼仪形态、礼仪形式或者是礼仪文书等,在传播学中被称为"信息符号"。从一定意义上讲,礼仪活动也是一种传播行为,因为它是以一种信息符号传播某种表示尊敬、友好的信息,通过这种信息的传播,达到社会交往、人际沟通的目的。具体来说就是:在旅游公关活动过程中,公关人员将尊敬、重视、友好、热情、欢迎等信息,编制成礼仪符号,通过符号的载体——礼仪表示的人或物,直接或间接地向旅游业公众传递信息,旅游业公众对此礼仪符号进行译码,并还原信息,而后获得相应的感受或服务。

(三)美学理论基础

爱美之心,人皆有之,尤其是旅游者在其旅游活动过程中,对美的追求是贯穿始终的。这就决定了旅游公关活动过程中的一切行为都应围绕美来展开。

旅游活动是一种高层次的审美活动。在旅游过程中,旅游者不仅有对自然美、生活美的追求,也有对社会美、艺术美的追求。因此,应该以美学理论指导旅游活动,以美的原则设计礼仪形式,规范言行举止,为旅游者提供自然美和社会美的天地。以审美的高度,通过礼仪符号,创造更广泛意义上的"共同经验的范围",实现跨文化传播的人际交流和情感沟通,这应该是美学对旅游业公共关系礼仪的指导意义之所在。

三、旅游业公共关系礼仪的一般性原则

现代文明社会,讲究以礼待人。旅游业作为一个典型的服务型行业,其公关人员更应该熟知公关礼仪的一般性原则,并将其适时、适度地运用到公共关系实践中,才能在最大程度上优化旅游业公共关系活动,产生理想的公关效应。我们将公关礼仪中的一般性原则归纳如下:

1. 平等待人

旅游公关人员应坚持国家与国家、组织与组织、个人与个人之间平等交往的原则,不论接待对象是组织还是个人,是内宾还是外宾,都要一视同仁,热情接待,不应该将公众分为三六九等,区别对待。

2. 真诚守信

真诚是开展公共关系活动的基本原则之一。真诚就是要做到心口如一,而不能虚情假意;要做到诚恳而友善,热情而亲切,主动而周到,理解而宽容。唯有如此,才会取得旅游公众的信任、支持与合作。

守信,就是要讲信用。旅游公关人员如果作出了某种承诺或者保证,就应该努力兑现。如果旅游公关人员言而无信,对于各种承诺、契约、合同等加以破坏,就会使旅游者失去对本旅游组织的信任,从而转向其他旅游组织,甚至会带来许多负面的"口碑效应",这对于一个旅游组织来说,其影响是非常严重的。

3. 合情合宜

凡事要讲究一个"度",旅游公关礼仪也要适度,并始终贯彻因时、因地、因人而灵活变化的原则。这就需要旅游公关人员在公关活动中做到热情有度,不卑不亢,各种礼貌用语、言谈举止要合乎情境。如请欧美客人用中餐,合宜的做法应是既要摆放碗筷,以保持中餐特色,又要摆放刀叉,以备不会用筷子的客人选用。

四、公关礼仪对旅游业公共关系活动的重要作用

1. 公关礼仪有利于旅游组织形象的塑造和提高

旅游者往往通过与自己接触最多的旅游公关人员的仪容仪态、言行举止来评判一个旅游组织的形象。公关人员通过言行举止表现出来的服务效果会在很大程度上影响旅游者对组织的喜爱程度。因此,良好的公关礼仪会给组织树立良好的形象,为组织赢得荣誉。

2.公关礼仪可以增加旅游者的愉悦程度

旅游者的旅游活动,从本质上可以说是一种审美活动,他们希望通过各种事物引起美感,以得到身心上的审美愉悦。研究表明,旅游者不但将静态的自然景观作为审美客体,而且还把旅游业公关人员动态的言行举止作为审美客体进行审视。旅游业公关人员微笑的表情、优雅的举止、得体的打扮、动听的语言,都会达到使旅游者"悦耳悦目"的审美效果,而且能唤起旅游者心灵深处的情感力量和道德力量,从而进入"悦志悦神"的审美境界。因此,公关礼仪可以强化旅游者的审美感受,增加其愉悦程度,使旅游者对整体旅游活动的评价产生很大影响。

3.公关礼仪可以提高旅游组织的服务质量

旅游组织的服务质量,一方面取决于组织的设备设施,另一方面取决于组织的服务人员,而且后者的作用更为重要。旅游组织通过开展旅游公关礼仪教育培训和实践活动,可以强化组织全体员工的社会公德意识、职业道德观念和服务理念,并最终形成完美的人格品质。这对于提高组织的整体服务质量有着不可估量的影响。

4.公关礼仪有利于营造理想的发展环境

随着我国改革开放的深入发展,越来越多异国他乡的旅游者涌入中国。他们对这个传统的礼仪之邦充满好奇与期待。作为国家的窗口行业,旅游组织有责任和义务全面贯彻实施旅游公关礼仪,在旅游服务过程中自觉讲礼貌、重礼节,展现公关人员良好的礼仪风范。这不仅体现了社会主义中国的道德风尚和传统美德,而且使国外的旅游者进一步了解和认识中国,扩大了对外影响,树立了良好的口碑,从而有利于营造理想的发展环境。

第二节 旅游业公共关系的交际礼仪

旅游业公共关系的交际礼仪是指旅游业公共关系人员在社会交往中应遵循的相互表示尊重和友好的行为规范与惯用形式。公关人员恰当运用交际礼仪的能力体现着旅游业组织的社会交往水平。公关人员的社交形象不仅代表了个人形象,更反映了所在组织的形象。交际礼仪涉及个人形象和人际交往礼仪等方面的内容。

一、个人的仪表、仪态

个人的仪表、仪态直接反映出一个人的精神面貌,良好的仪表、仪态是对交往双方的尊重。

(一)仪表

仪表,指一个人的外表,包括形体、相貌、服饰以及个人卫生、健康状况等。它是一个人精神面貌的外化,能够显示出一个人的道德修养、性格爱好和审美情趣等内在精神特质。我们常说第一印象在人际交往中有着非常重要的作用,而第一印象的产生往往取决于对交往对象仪表的认知。因此,旅游组织成员个人应该重视自己的仪表,在公共关系活动中,具体应从以下几个方面改善自己的仪表。

1. 仪容

仪容是指个人的头发、面容、手部、体味以及口腔卫生等几个方面。

(1)头发。头发整洁、卫生是最基本的要求。旅游业从业人员在条件允许的情况下,应该每天洗一次头发,以保持清爽和整洁。

一种美的发型能给人一种或庄重或活泼,或文雅或洒脱的感觉,根据不同的脸形、体形、年龄、气质、发质等选择合适的发型,可以扬长避短,增加人的整体美。

对旅游业从业人员发式的具体要求为:男士发式侧不过耳、后不过领;女士发式则应前不过眉、后不过肩,如果女士为长发,则应在工作时间束于脑后或者梳成发髻。

(2)面容。清洁、自然、大方是对旅游业从业人员面容的具体要求。对面容的美化不仅可以让自己在工作时心情愉快,更是对他人的尊重。因此,男士在上岗前应该洁面、剃须,女士则应淡妆上岗,切忌浓妆艳抹。

(3)手部。工作人员应做到:上岗前仔细洗手,保持双手清洁;无论男女都不能留长指甲、不能涂抹有色的指甲油,指甲内不能有脏东西,要保证指甲的清洁。

(4)体味。体味对于人际交往效果有很大影响,它能引起人们的嗅觉反应。旅游业从业人员应该养成良好的个人卫生习惯,经常洗澡、洗头,避免身体有异味;不要喷洒浓烈的香水;如果有狐臭等身体疾病,应及早治疗。

(5)口腔卫生。大部分人际交往都是通过近距离的语言交流完成的。旅游业从业人员应一天三次刷牙、漱口;每隔三个月,最长半年,洗一次牙;上岗前切忌吃韭菜、萝卜、蒜等易留异味的食品;如果有口臭、牙病等,应及时治疗。

2. 服饰

俗话说:人靠衣裳马靠鞍。又有人说:三分是长相,七分靠打扮。这些都说明了服饰对于美化一个人仪表的重要作用。服饰包括服装与饰物。对于旅游业从业人员服饰的具体要求如下:

(1)遵循国际通用的TPO原则。"T"即Time,就是指服饰打扮要考虑时代、季节以及一天中各个时段的具体变化。"P"即Place,就是指服饰打扮要与场所、地点、环境相适应。"O"即Object,是指服饰打扮要符合公关活动的目的。TPO原则是旅游组织在设计工作人员的服装时应首先遵循的原则。

(2)注意协调搭配。对于男士来说,应选择几套深浅不一的西装,并配备几条合适的领带;穿西装要配深褐色或黑色皮鞋,袜子的颜色要比西装深些,切忌穿白袜子;应遵从三色原则,即西装、衬衫、领带、腰带、鞋袜的颜色一般不超过三种,否则会显得杂乱无章。对于女士来说,作为职业女性,应选择相对保守一些的服装,剪裁应合体,做工应精细;鞋袜一定要保证干净、无破损,而且工作时尽量穿高跟鞋;要注意衣服与鞋袜颜色、质地的合理搭配。

(3)注意饰物的选择。原则上来说,旅游业服务人员,尤其是饭店服务人员是不允许戴饰物的,但是对于其他旅游从业人员,尤其是女士来说,适当的饰物佩戴,如胸针、项链、耳环、戒指等,可以起到画龙点睛、锦上添花的作用。在选择饰物时,应选择那些做工考究、质地上乘、小巧精致、设计简洁的,并且要考虑到与自己的服装、脸形、肤色、年龄、身份以及时间、场合等相协调。

(二)仪态

仪态,是指一个人在日常生活和工作中表现出来的体态和风度。它通常包括站姿、坐姿、行姿、表情、举止等内容。

1. 站姿

旅游公共关系礼仪中的站姿应能够体现工作者的自信、恭敬和亲切感。"站如松"是对站姿的基本要求,具体来说:男士应该双脚自然分开与肩同宽;女士应该双脚呈"V"字形或"丁"字形。无论男女,站立时都应端正、挺拔,身体重心放在前脚掌上,双臂自然下垂,挺胸收腹。

2. 坐姿

"坐如钟"。坐姿文雅、端庄可以给人沉静、稳重的感觉,并且能展现自己的气质风范。入座时要从容不迫、和缓平稳。穿裙子的女士,要用手将裙子稍稍向前拢一下再落座,坐下后将裙子抚平。入座后,坐姿要端正,上身挺直,双腿并拢,双手自然地放在膝上或扶手上,不要前俯后仰、左右摇晃,也不要跷起"二郎腿",将脚尖对着别人。起座时,动作要舒缓,并将衣服抚平。

3. 行姿

"行如风"。行姿可以显示一个人的精神风貌、健康状况以及性格特征。对旅游业从业人员的行姿的基本要求是:步履稳健、从容、线路走直线。行走时应抬头、收腹、挺胸,两眼平视前方,精神饱满,步幅、步速适中,且有节奏感。走路时用腰力,身体重心前移,两手前后自然地随身体摆动,手臂与身体的夹角一般在10~15度。

4. 表情

在人的面部表情中,眼神和微笑最具有礼仪功能。眼睛是心灵的窗户,通过眼神的变化,可以传递不同的信息。而微笑是世界上通用的语言,温暖的微笑可以让人如沐春风。有时,旅游从业人员仅仅通过合适的面部表情,并配合以适当的手势,就可以抓住顾客的心,大大增强其对本组织的好感。

5. 举止

举止,是一个人行为与风度的总称,是一个人性格、气质、文化水平以及道德素养的外在表现。要特别注意常被人称为"小节"的表现。如与公众交往时,身体不宜发出各种异样声响;公众场合不宜有随意剔牙、挖耳鼻等私密性较强的不雅动作;身患传染性疾病时应回避各种公共活动;不得对他人评头论足;公众场所交谈要把握好交谈的音量,不宜大声喧哗或窃窃私语等。"小节"虽小,但却能影响一个人的社交形象。

二、见面礼仪

俗话说:"闻名不如见面"。见面是一般交际活动的起点。旅游业从业人员第一次与旅游公众见面,能否给公众留下一个良好的第一印象,对以后各项活动的开展有很大影响。见面礼仪要注意几个关键环节。

(一)守时

"浪费别人的时间等于谋财害命。"在这样一个讲究时间就是金钱、时间就是生命的时代,对于时间观念的重视是怎么强调也不为过的。因此,旅游从业人员,无论是参加任何公务活动或私人拜访,都要遵守时间。遵守时间,不仅表现出对公众的尊重,而且还反映出一个人是否可靠、严谨、值得信任。不遵守时间,不仅会给公众留下不好的印象,还会丧失很多合作机会。

(二)称谓

人际交往中,称谓必不可少,而且十分重要。亲切而合宜的称谓表达出对他人的尊敬态度,能给人以愉悦感,从而打开沟通的方便之门。在与人交往时应多用通称、职业称谓和职衔称谓。一般对陌生客人常用通称,如"同志""小姐"(未婚女子)、"女士""先生"等;与熟悉的客人见面时常用职业或职衔称谓,以示敬重,如"马经理""李老师"等。在与外国人交往时,还要特别注意对方的称谓习惯,以免引起对方的误解、不满甚至反感。

(三)握手与问候

握手是见面后的第一个肢体语言,它也是目前国际上最通用的见面礼节。正确的握手姿势应是:距离对方一步左右,两足立正,上身微微前倾,面带微笑,以右手握住对方的右手。伸出的右手应四指并拢,拇指自然张开,上下摇晃三下即可松开。一次令人愉快的握手,感觉上应是:坚定、有力,代表着此人能够作出决定、承担风险、勇于负责。

与握手相伴的是真诚的问候致意,如"您好!""欢迎您的到来!""见到您非常高兴!""辛苦啦!""非常感谢!"等,这样会更加表现出自己的热情,增强握手的效果。

(四)介绍

旅游业公关人员可以通过介绍的礼节来缩短人们的距离,扩大交际范围,消除不必要的误会,拓展旅游业务。介绍分为自我介绍和为他人介绍。

进行自我介绍,一般要介绍自己的姓名、职业、所在单位,以及自己与所举办活动的关系。如果是正式场合,用语要规范,态度要郑重;如果是非正式场合,语气可以自然、轻松,表现出适当的幽默感,可以介绍一下自己的特长,以加深对方的印象。无论哪种场合的介绍,都要让对方感受到自己的真诚。

为他人作介绍的基本规律是:介绍的顺序一般是将地位低者介绍给地位高者;将年轻者介绍给年长者;对于地位、年龄相仿的男女,一般是将男士介绍给女士,将未婚女子介绍给已婚女子。

作介绍时,如有名片,一般要互送名片。递、接名片都应用双手,名片应正面朝向对方。接到名片后应致谢并认真轻读一遍,然后放入名片夹内,也可以暂时放在面前的桌上,但上面不应压放任何东西。若没带名片,应致歉。不得向他人强行索要名片。

三、交谈礼仪

交谈是人际交往中沟通信息、交流思想、表达感情的一种重要手段。成功的交际活动有赖于成功的交谈,而成功的交谈则有赖于交谈的艺术和交谈的技巧。全面把握交谈的艺术与礼仪,必须要注意交谈的态度、语言、内容和倾听。

(一)交谈的态度

态度是决定一次交谈成功的基础。如果态度不好,往往会使一次交谈还未开始便已经结束。在交谈过程中,交谈者既要坦诚相待、不卑不亢,又要充满自信、宽容大度。唯有这样,才能创造一个和谐的交谈氛围,才会让对方感受到你谈话的诚意,增加对你的信任感和亲切感。此外,交谈中还应时刻注意自己的言谈态度,努力做到语调轻柔、亲切,语速适中,停顿适时,节奏有序;在交谈过程中,应精神饱满,表情自然,目光温和,手势得体,切忌手舞足蹈,心神不定,无精打采。

(二)交谈的语言

首先要掌握表示尊重的语言及其表达方式。交谈是一种复杂的心理交往过程,人的微妙心理、自尊心往往在里面起着非常重要的作用。因此,旅游工作者应熟记或尽量多地记住交往对象的姓名、职务,在交谈时令对方产生亲切感和受重视感;应多用敬语、谦语,以充分体现对对方的尊重之情;应尽量用礼貌用语,如"请""您""谢谢""对不起"等,时刻牢记"六声",即欢迎声、问候声、应答声、致歉声、致谢声以及送别声。

其次要注意语言的表现力,一方面要力求做到吐字清晰、言简意赅、委婉含蓄,掌握交谈的语气;另一方面应注意语言的灵活和幽默,以增进与客人之间的感情。

最后对一些只可意会不可言传的事情、可能会引起对方不愉快的事情,不能直言陈述,而应用婉转、含蓄的方式表达。

(三) 交谈的内容

每一次交谈都有其目的性,交谈双方都有意无意地希望达成某种结论性意见。古语说:"道不同不相与谋。"如果是双方都明确交谈的目的,那么交谈内容就应该在简单的寒暄之后迅速切入主题。如果是一般的以增进感情为目的的交谈,公关人员应在交谈内容的选择上下一番功夫,可以选取对方感兴趣的话题、对方擅长的话题,或者大家都共同关心的话题。应遵循真诚友好的原则,尊重对方的风俗习惯、宗教信仰,切忌打探个人隐私。交谈的内容只有有的放矢,才能使交谈双方都获得满意的结果。

(四) 交谈的倾听

在交谈中,善于倾听他人说话也是一门艺术。根据美国学者保罗·兰金(Paul Rankin)的统计,在人们的日常语言交往活动中,听的时间占45%,说的时间占30%,读的时间占16%,写的时间占9%。由此可见听的重要性。在倾听时,一定要认真、虚心,听清对方的主要思想,并适时地提问,以表示你对谈话内容的关心、理解和重视,还应注意自己的体态语言,如应面带微笑,并进行适当的目光交流等。

四、馈赠礼仪

礼尚往来是人们在交际中增进感情、表达情意的一种常用方法。俗话说:"礼轻情意重。"因此,送礼并不一定要贵重,但一定要投其所好,选准时机,所谓"雪中送炭"更会让接受礼物的人大受感动。要注意选好时机,选好赠品及馈赠禁忌。

(一) 选好馈赠时机

馈赠礼品通常会选在节日、嫁娶、乔迁、拜访、探望或临别之时。在这些时机馈赠礼品通常会起到事半功倍的效果。

(二) 选好馈赠物品

馈赠的物品,要根据馈赠对象的性别、年龄、婚否、身份和兴趣爱好,进行精挑细选。如果对其兴趣爱好不甚明了,应选择具有鲜明地方特色、民族风情的小礼品。切忌馈赠的礼品太过贵重,以免给受礼者造成心理负担。馈赠的礼品一般要有精美的包装,以体现自己的良苦用心和对对方的重视。

(三) 注意馈赠禁忌

通常食品不作为馈赠的礼品,除非是地方特产,因为食品不宜保存,且没有保留价值;除非知道受礼者特别爱好,否则有害身体健康的礼品,如烟、酒等也不宜送;在一些国家或民族中有犯忌象征意思的物品也不要送,如在中国,不要送老年人钟表、白布等;此外还应注意社交中一些中外文化差异以及宗教禁忌。

案例 7-1 送礼人也怪

国内某家国际旅行社，为增进与客人的友好感情，特地定做了一批纯丝手帕，杭州制作的，名厂名产。每块手帕上都绣着花草图案，美观大方，装在特制的纸盒内，盒上印有旅行社社徽。在我们看来，这是一份很精致的小礼品。导游员带着盒装的纯丝手帕，到机场迎接来自意大利的游客。待致完热情、得体的欢迎辞之后，他代表本单位送给车上每位客人两条包装精美的手帕作为礼品。没想到车上一片哗然，议论纷纷，游客显出很不高兴的样子。特别是一位夫人，大声喊叫，表现得极为气愤，还有些伤感。导游员心慌了，好心好意送客人礼物，人家不但不感谢，反而很生气。中国人总以为送礼人不怪，这些外国人为什么怪起来了？原来在意大利和西方其他一些国家有这样的习俗：亲朋好友相聚一段时间后告别时才赠送手帕，取意为："擦掉惜别的眼泪。"人家兴冲冲地刚刚踏上盼望已久的中国大地，准备开始愉快的旅行，你就让人家擦离别的眼泪，人家当然不高兴，自然会议论纷纷。那位气愤的夫人之所以大声叫喊，是因为她所得到的手帕上面绣着菊花图案。菊花在中国是高雅的花，但在意大利是葬仪用花。凡是送给死者的物品，上面才有菊花图案，人家怎能不愤怒呢？增进感情之事就更无从说起了。

资料来源：杜炜，张健梅.导游业务（第二版）.北京：高等教育出版社，2006.

案例讨论：

从本案例中应该吸取哪些教训？类似案例中所表现出来的文化差异，你还能列举出更多的例子吗？

第三节　旅游业公共关系的公务礼仪

旅游业公共关系的公务礼仪，是指旅游业从业人员在日常旅游公关事务中约定俗成的、为组织成员所共同遵守的一系列行为规范与准则。它涉及旅游公关工作的方方面面，这里我们介绍几项常见的公务礼仪。

一、接待礼仪

礼宾接待工作，是公共关系部门的日常工作之一，应本着热情周到、礼貌待客的原则，做好这一工作。

（一）接待地点的安排

一般来说应设立独立的接待室。如果条件不允许，也应在办公室中安静的一角腾出一块地方，摆上沙发、茶几等家具，从容不迫地接待来访者。

(二)迎接客人

1.了解情况,准时迎接

迎接客人之前应先对客人的身份、地位、兴趣、爱好等加以充分了解,以便在安排住宿、行程等时有针对性。一般要提前15分钟到达迎候地点,不能让客人等候。

2.亲切问候,沿途讲解

接到客人后,应先向客人问候,然后做自我介绍。介绍完毕后,应接过客人的行李,如果客人不需要,也不必勉强。带领客人到事先准备好的交通工具上,并在途中向客人介绍未来的活动安排以及沿途的风景,直到将客人送至下榻地点。

3.安排休息,注意联系

将客人送至下榻地点后,除非客人主动要求,否则接待人员不宜久留,应让客人及时休息,以解除疲劳。不要忘记询问客人有没有特殊需要。临走前与客人约好下次见面的时间、地点,留好双方的联系方式。

在接待过程中,要充分了解客人的喜好,并采取适宜的方法,往往能起到意想不到的效果。如某旅游组织的一位接待人员到机场接到某位重要客人之后,发现客人的皮包、皮鞋、领带都是红色的,并对机场的一幅以红色为主色调的广告画大加赞赏。这位接待人员便猜测这位客人一定特别喜欢红色。因此,趁客人去洗手间之机,他打电话到已经安排好的饭店,告知客人的喜好,让饭店迅速将客房的窗帘、台布和床罩都换成了红色。当这位客人到达住处之后,大喜过望,忙询问服务人员是怎么回事。服务人员据实相告。结果,这位客人对该旅游组织赞赏不已。加上后来双方合作得非常满意,这位客人此后便成了该旅游组织的长期客户。

(三)安排来访者参观

旅游业公关人员可以安排来访者参观本组织的一些自然景观、建筑景观、生产景观、生活景观等,如公司美丽的风景、恢宏的建筑与设计、公司员工的联谊活动。在这一接待过程中,应注意的几个问题是:所参观的地区必须是整洁干净的;参观不能影响员工的休息或工作;带领参观的接待人员必须具有丰富的知识,深谙说话的艺术,并具有察言观色的灵活应变能力,以便能对来访者感兴趣的内容重点讲解;还应准备一些精美的印刷品,让来访者带回去,以加深其参观的印象。

(四)送别客人

客人临走前的工作同样不容忽视,否则会前功尽弃,使得以前的工作努力化为泡影。客人临走前,应做的工作具体有:

(1)向客人赠送合适的纪念品或当地特色产品,以示友好。

(2)无论乘坐何种交通工具,都应遵循"宁早勿迟"的原则,视具体情况提前到达客人下榻地点,等待客人收拾好行李,并协助客人退房。

(3)在去往火车站或机场的路上,询问客人在此地逗留期间是否过得愉快,若接待不周,向客人表示道歉;真诚地向客人征求对本组织工作的意见和建议,并对此表示感谢。

(4) 到达车站或机场之后,如有必要,应主动协助客人办理有关登机、车、船手续。

(5) 最后向客人表示惜别之情,并真诚希望客人下次到访。待客人离去后方可离开,否则会有失敬之嫌。

二、宴请礼仪

(一) 宴请前的准备工作

好的宴请服务是一项艺术,给人以美的享受。旅游组织要想组织一次成功的宴请活动,必须进行充分的准备工作,否则很容易会在中途遇到这样那样的问题。具体应做的准备工作包括:

1. 明确宴请的类型和规格

各个国家或者民族的宴请都有自己的一些特点和习惯。一般来说,国际上通用的宴请形式有宴会、招待会、茶话会、工作餐等。

(1) 宴会。宴会是指比较正式、隆重的设宴招待,按其规格不同,又可分为国宴、正式宴、便宴和家宴。在旅游组织公关活动中,经常举办的是正式宴会,它是指为了某项庆祝活动,宴请国内外来宾的活动。其目的通常有庆祝开业、做宣传、表示答谢等。这种宴会规格比国宴低,但也比较隆重,宾主均按身份、地位排位就座。另外,旅游组织还经常举办的一种宴会是便宴。便宴是非正式的宴会,常见的有午宴、晚宴,个别情况下甚至可以是早宴。这种宴会没有严格的礼仪,席间宾主比较随意,没有正式致辞,可以随意交谈。这种宴会可以用来宴请同行业者,作为大家互相交流、增进感情的一种方式。

(2) 招待会。招待会是一种经济实惠、灵活方便的宴请形式。其菜点以冷餐为主,酒水饮料品种很丰富;通常不排座次,主宾之间可以自由活动,随意交谈,广泛交往。招待会又可分为冷餐会、鸡尾酒会两种类型。旅游组织在举办完新闻发布会之后,通常举办招待会招待各家媒体工作人员。

(3) 茶话会。茶话会是一种简便的招待形式。时间通常安排在上午10点到下午4点,地点可以在会议室、客厅等。饮品以茶叶为主,并配备适当的风味小吃或甜点。旅游组织通常用它来招待内部员工,让大家在一个比较轻松的氛围内,畅所欲言,发表自己对组织现存问题和未来发展的看法。这也是内部公共关系活动的重要手段之一。

(4) 工作餐。工作餐是现代国际交往中又一种非正式的宴请形式,它甚至称不上是宴请。因为工作餐可以是早餐、午餐,也可以是晚餐。一般是采用分食的方法,快捷方便。宾主利用进餐时间,边吃边谈问题。不过应注意的是这种活动多与工作有关。

上述各种宴请形式,在菜点、酒水、座次等方面都有各自严格的要求,公关人员应具备这方面的基本常识。

2. 了解宴请对象并确保请柬的按时发放

每一次宴请都有其特定的目的,因此,根据宴请目的确定宴请对象,是确保宴请成功的又一要素。在这里,对客人的情况要做到"六知""四了解",即知国籍、知身份、知人数、知到席时间、知用餐标准要求、知接待单位或房间号码;了解风俗习惯,了解生活特点,了解用餐缓急,了解有无禁忌。在此基础上,拟定好宴请对象名单,并及时发出请柬。请柬发出一段时间后,如有必要,还应主动与宴请对象联系,确定其是否到场。

3. 选择合适的宴请时间和地点

为确保每位宴请对象都能准时出席宴会,还必须考虑宴请的时间和地点。比如,如果是宴请同行业者参加某个宴会,共商发展大计,一般不会安排在旅游高峰期,而是在高峰期到来之前。宴请一些政府官员,一般也不应安排在月底,因为月底他们工作通常会比较繁忙。另外,宴请的地点要考虑到达的方便性,既要考虑到与自己宴请的规格相称,又要考虑到成本问题。

4. 安排适当的主持人员和陪同人员

无论是正式或者是非正式的宴请,安排适当的主持人员或陪同人员是很有必要的。尤其是当宴请的对象来自不同地区、不同部门时,由于大家互不相识,很容易出现冷场。这时,需要主持人员或陪同人员主动找出一些话题来活跃气氛,以确保宴请在和谐的气氛中进行。

(二) 宴请的接待工作

宴请期间的接待工作是宴请活动的"重头戏",旅游业公关人员应做好以下工作:

(1) 宴会开始前,按规格摆好餐具和其他用品;将宴会使用的各种酒水饮料整齐地摆放在服务桌上,并准备好休息室用的各种茶壶、茶杯、开水以及消毒的小毛巾;宴会提前15分钟摆好冷菜。

(2) 在接待地点的显眼处,安排迎宾人员热情接待,确保用最真诚的笑脸将每一位来宾引入宴请地点。

(3) 当宾客进入宴会厅后,要为宾客安排好座位。引宾入座,要按照先女宾后男宾、先主宾后一般的顺序进行。宾客入座后,为其打开餐巾。

(4) 宴会期间,按菜单顺序上菜,上菜时主动报菜名;宾客进餐过程中,及时给客人斟酒、倒饮料,及时撤换餐具;主宾讲话时,服务人员站立旁边不要走动、不要交谈,保持场面安静。

(5) 宾客用餐完毕起身时,主动为宾客拉开椅子,并提醒宾客带齐个人物品,将宾客送到餐厅门口。若是大型宴会,服务人员应列队在餐厅门口两侧热情地欢送宾客,并真诚地希望宾客下次到访。

(三)赴宴礼仪

作为主办宴会的一方,应积极筹备。而作为赴宴的一方,也应该提早准备,并努力做到以下几点:

1.及时回复,准时赴宴

在接到请柬后,要根据自己的日程安排,对于能否赴宴应及时复函或打电话答复宴会主人;如果不能接受邀请,应说明具体原因,以免造成误会;接受邀请后,除非因特殊原因,都应准时赴宴,尤其是作为主宾更应如此;正常赴宴,一般应提前10分钟左右到达;赴宴时的服装应符合宴请规格,头发应梳理,男士要修面,女士要化妆;到达后要主动与主人和其他客人打招呼,将大衣、围巾、帽子等放在衣帽间,不要带入宴会厅内。

2.进餐过程中,要做到文明用餐

进餐时,先将餐巾铺在腿上,正确使用餐具;咀嚼食物不应发出声音,喝汤应用汤匙,取鱼刺、骨头等用餐巾掩嘴,用手取出,放在备用盘内;嘴里含有食物时,不应讲话;剔牙时用手遮口;饮酒要适量,不要强制性地敬酒;吃剩的饭菜、用过的餐具应放在盘内;如中途需离开,动作要轻,向周围的人表示歉意;如果用刀叉,应将刀叉呈"八"字形摆在盘内;宴会过程中,不应一味地埋头吃饭,而应主动与邻桌交谈,营造良好的用餐氛围。

3.向主人表示谢意,退席礼让

宴会结束时,应向主人表示谢意;离席时,应先让年长者、地位高者和女士先走;起座后,将座椅推入桌下;最后向主人和其他朋友打招呼离去。

三、会晤礼仪

会晤礼仪是指安排、接待会见、会谈方面的礼仪。旅游业公关人员经常为主客双方安排会见和会谈,有时也以主体的身份直接参与会见、会谈活动,因此,公关人员应掌握相关礼仪,以便做好相关工作。

(一)会见

会见是指主宾双方共同参与的、有目的的约会或见面。在国际上,会见有"接见"与"拜会"之分。一般将身份高者会见身份低者称为"接见"或"召见",身份低者会见身份高者称为"拜会"或"拜见"。接见和拜会后的回访称为"回拜"。

会见可分为礼节性会见、事务性会见等,或兼而有之。礼节性会见一般时间较短,话题广泛、轻松。会见时的座位安排主要有半圆形和门形会见席两种。事务性会谈相对比较严肃,一般涉及双方关系的交涉、业务商谈等,多采用方形会见席。

会见多安排在会客室,其座位安排有一定的程式,在安排时应遵守一般的礼仪规范,以免破坏会见的气氛或引起误解。一般来说,在面对正门的位置安排主宾、主人的座席,客人位于主人之右,其他宾客按礼宾顺序在主宾一侧就座,主方陪见人均坐于主人一侧。来宾较多时,可在后排加座,如有译员和记录员,则分别坐在主人和主宾之后。

(二)会谈

会谈特指就双方的合作或其他业务问题交换意见,其内容比较正式,目的性较强,主体性较强,如谈判等。会谈包括双边会谈、多边会谈。双边会谈多采用长方形会议桌,宾主相对而坐,以正门为准,主方就座于背门一侧,客方在正对门一侧。主人居中,主宾与之相对,其他人按照礼宾顺序左右排列。如果会议长桌一端向正门,则以入门方向为准,主、客双方分别就座于长桌的左、右两侧。译员一般安排在主人的右侧或后侧。多边会谈多采用圆形或方形会议桌,以示各方平等。

除了座位安排合乎礼仪,旅游业公共关系人员还应注意做好充分的准备和接待工作。准备工作主要有:准确掌握参会人员的名单、时间、地点;通知有关方面做好各项准备,如会场的布置、桌椅的摆放、灯光、多媒体设施的准备以及茶水、饮料的配备等,应安排专人负责,落实到位。接待工作一方面要安排好接待服务,还要注意相应的接待礼仪,主方人员应在会见或会谈正式举行之前的15~30分钟到达会场,提前站至门口迎候宾客。会见或会谈结束后,应与宾客一一握手或送至车前,并目送客人远行,以示尊重和友好。

四、电话、文书礼仪

电话和文书是公关工作中的常用工具,是组织与公众进行日常沟通的媒介。

(一)电话礼仪

电话是现代人生活、工作中必不可少的通信工具之一。但是,对于如何正确而礼貌地接、打电话,在日常生活中却很少有人注意。在旅游公共关系活动中,对于电话礼仪有明确的规定。具体表现在以下几个方面:

1. 打电话

(1)打电话首先应确定好通话时间和地点。除非是紧急事情,一般应在工作时间通话,而不应在三餐或中午、晚上休息的时间打扰别人。打电话时应尽量在一个比较安静的场所,以免造成通话的干扰。另外,在工作场所应尽量少打或不打私人电话、处理私人问题。

(2)打电话前应做好准备,确定要拨打的号码、要找的人以及要谈的内容,并准备好纸笔,以备做记录之用。

(3)拨通电话之后,要先说"您好",然后询问是不是自己所要找的单位或个人。确认后自我介绍,开始礼貌交谈。如果所要找的人不在,也不应该立即挂电话,而应向接电话者表示感谢,表示以后再打或请其转告。

2. 接电话

(1)只要是在工作场所,听到电话铃响之后应立即接听电话,最迟不超过三声,否则就被认为是不礼貌的。

(2)接起电话之后,应面带微笑并说:"您好!这里是×××公司/部门,我是×××。"如果是外事企业,应该先用英文说:"(Good morning/afternoon/evening! ×××corporation/department! This is×××speaking.May I help you?"然后再用汉语说一遍。切忌接起电话之后就用"喂!"这样的词语,会让人觉得很没有礼貌。

(3)如对方报出姓名并指定受话人时,应说,"请您稍候",随即寻找受话人,如果对方要找的人不在,也不应该马上挂掉电话,而应向其说明,询问是否需要留言或转告。

(4)在通话过程中,接听方应积极呼应,不时地以"对""是""好"作答,以表明正在认真倾听。要耐心而细致地解答对方的提问,如果自己解答不了或暂时不能给予明确答复,应向对方表示道歉,请对方稍等片刻或约定时间再给对方打过去。

(5)待对方挂掉电话之后,再轻轻地挂机。

3.接打手机

手机的使用除了应遵循一般电话礼仪以外,还应注意一些特殊规范,如在所有公务活动进行的过程中,最好关闭手机,不宜随意接听;若有要事,应到室外接听,以免影响正常工作;不得不当众接听时,应向周围人表示歉意,否则有失礼节。

(二)文书礼仪

旅游业公共关系文书礼仪的一般特点是:格式固定,对象明确,内容集中,结构严谨,语言简洁,热情洋溢,具有实用价值等。常见的具有代表性的文书主要有:请柬、祝词、贺词、贺信以及欢迎词、欢送词和慰问信等。

1.请柬

请柬,俗称请帖,是一种非常正式的邀请方式。一般旅游组织在举行重大的宴请活动或其他公共关系活动时,为了表示对被邀请者的重视和尊重;要向被邀请者发出请柬。

一张制作精美的请柬,不仅可以起到传情达意的作用,而且可以体现出一个旅游组织的能力和精神风貌,有时会起到意想不到的效果。

一般来说,请柬的内容和格式如下:

(1)封面。封面要写明"请柬"二字。

(2)被邀请人名称。被邀请者(个人或单位)名称应在抬头一行顶格书写。

(3)主要内容。交代活动(座谈会、表彰会、联欢会等)的内容、时间、地点。如果有演出节目,还应同时附上入场券。

(4)结尾。在内容交代完毕后,另起一行空两格写上"此致"或"致以";再起一行顶格写上"敬礼"。

(5)署名。在落款处写上邀请人或邀请单位(单位应加盖公章)的名称和发出请柬的时间(年、月、日)。

请柬的语言要简洁明确,文雅大方,热情洋溢。要让被邀请者透过请柬就能感觉出自己的受欢迎程度。

2. 祝词、贺词

祝词是指在各种喜庆场合对当事人或事件表示祝贺的言辞或书面材料。祝词和贺词在有些场合可以互用,但具体含义不尽相同。祝词一般是对未果之事给予祝愿,而贺词一般是对已果事件表示庆贺。

祝词、贺词的一般格式和写法如下:

(1)标题。标题应表明致辞人和致辞场合,如:××(致辞)在××典礼(致辞场合)的祝词/贺词。标题也可简化,如"祝词"或"贺词"。

(2)称呼。写明祝贺对象的姓名(个体)或称呼(群体)如:"××先生:""××经理:"或"各位领导:""女士们、先生们:"

(3)正文。这是祝词的主体部分。第一部分一般是致辞者表达祝贺之意;第二部分则概述受辞方所取得的成就,所庆贺事情的意义;第三部分则是展望前景,再次祝贺;第四部分结束语,可另起一行写上表示祝愿的词语。

(4)落款。在正文右下方署上致辞单位或致辞人姓名,其下署上成文日期。

祝词、贺词的语言要热情,充满诚意。多褒扬、赞美,而又不可过滥,以免有阿谀奉承之嫌。文体可灵活变化,避免呆板,达到祝贺目的即可。

3. 欢迎词、欢送词

迎来送往是旅游公共关系中的常见活动。为了向对方表示友谊之情,有时旅游组织的负责人应向来宾致欢迎词、欢送词。

欢迎词、欢送词的格式如下:

(1)称谓。

(2)表示欢迎或者惜别之情。

(3)简要回顾双方在此之前所取得的成果或建立的友情。

(4)向对方表示最良好的祝愿。

同样,欢迎词、欢送词的语言也要言简意赅,同时又不失真诚热烈。

案例 7-2 一则绝妙的酒店公关形象广告

住店客人"顺手牵羊"把酒店客房用品(非一次性易耗品)当作"纪念品"带走,这是一件令世界各地酒店经营者都十分头疼的事。由于这类事为数甚多,防不胜防,而且不可贸然得罪顾客,故大多数酒店经营者对此都感到棘手,拿不出妥善处理的好办法。本例介绍的美国芝加哥米德兰饭店(Midland Hotel)以一则客房告示巧妙地解决了这个难题。尤其耐人寻味的是,与其说它是一则预防客房用品丢失的告示,还不如说它是一个饭店公关形象的无形广告。

米德兰饭店在宽敞明亮的卫生间的梳妆台上摆着一个制作精美的小立架,架上的小卡片上印着一则耐人寻味的告示。告示的内容大致如下:

敬告天下的纪念品收藏家:

自从世间有旅馆伊始,就有将旅馆里的毛巾或其他物品收藏起来的客人。有时,他们甚至会收藏床单,信不信由你。他们收藏的物品甚至还包括钟表、收音机、烟灰缸,凡是可以装进箱子的东西都可能会被带走。

本店无意冒犯这些收藏家。不过,从另一方面讲,我们也要尽量保持您的房价不涨,又不想让饭店的成本增加。所以我们决定,不能像我们的对手那样,把毛巾白白地搭进去,或仅仅因为几个客人之所为就把整个房价涨上去。我们靠我们的自动感应器。每当"纪念品"被拿走时,它会自动通知服务台,其费用直接进入客人的账单。这种高技术的装置保护着我们,而价格保护着你们,只有这样做,才不会使您的旅行费用增加。

一则酒店客房告示,既保护了酒店的利益,又很尊重有不佳行为的客人,而根本上则是维护了绝大多数客人的利益,使广大宾客对酒店留下了良好的印象。它难道不是一则酒店公关形象的绝妙广告吗?

资料来源:《一则绝妙的酒店公关形象广告》,第一资讯网(www.91dyzx.com),2010-09-08.

案例讨论:

对该案例你怎么看?如何做好与顾客的沟通?该客房告示的文字处理有什么优点?

专业词汇

旅游业公共关系礼仪　交际礼仪　公务礼仪

思考与练习

1. 旅游业公共关系礼仪的一般性原则有哪些?
2. 怎样理解旅游业公共关系礼仪的重要作用?
3. 旅游业从业人员在日常工作中应注意哪些个人礼仪?
4. 试述旅游业从业人员的宴请礼仪。
5. 讨论旅游业从业人员在社交场合应注意的礼仪。
6. 结合前面学过的公共关系知识,设计一套庆典活动方案,说明对公共关系礼仪方面的要求,并模拟安排必要的礼仪准备工作,如请柬、礼品、祝词、贺词、礼仪队及礼宾接待等。

第 8 章

旅游业国际公共关系的展开

本章导读

随着国际旅游业的不断发展,一个国家或地区需要向更广泛的国际市场推广其旅游业整体形象,旅游业组织也需要及时、准确地了解国际旅游市场动向,了解国外旅游代理商、旅游承包商等的情况,了解有关对象国和地区的政治、经济、文化、社会等方面的信息,同时还需要向国外的公众、市场传播自己的信息,介绍自己的资源、产品、设施和服务,提高自己的国际知名度和国际信誉,并为国际旅游者提供优质服务,所有这些都需要积极开展国际旅游公共关系活动。可见,国际公共关系是旅游业公共关系的重要组成部分。本章将围绕旅游业国际公关的专门问题,对旅游业国际公关的特殊性、国际公关的环境、基本策略和工作方法展开论述。

第一节 旅游业国际公关的内涵和特殊性

一、旅游业国际公关的内涵

20 世纪 90 年代以来,国际公关的重要性已经成为各国公关界频繁谈论的话题。在 1991 年英国公共关系协会参与制作的《行动胜于语言》公关培训电视片中,该协会的年度主席就曾明确地指出:国际公关作为一种专业性领域,今后将会有很大的发展。

国际公关有两层含义,它一方面指国际公关界的交流与合作,另一方面则指跨国的公共关系实务活动。旅游业国际公共关系属于第二个层面,它主要是指旅游业组织运用传播的手段和方法,进入国际市场并与国外有关的各类公众产生联系,通过有计划而持久的努力,与各类公众建立相互信赖、相互理解的和谐关系,达到塑造旅游目的地、旅游业组织及其旅游产品在世界公众心目中的美好形象的目的。

旅游业包括国际旅游和国内旅游。对于一个旅游目的地而言,不仅要接待国内游客,还要接待来自世界各地的国际游客。对于旅游业组织而言,很多旅游业组织由于要经营国际旅游业务,要面对国际市场和国际公众。随着旅游业组织的经营国际化和网络全球化,旅游组织还要进行跨国经营。因此,国际公共关系自然是旅游业公共关系的重要组成部分。

中国旅游业进行国际公共关系活动,其根本目的非常明确。一方面,通过国际公关活动争取国际公众和国际舆论对中国旅游业的理解、认可和支持,为旅游业及其产品、服务塑造良好的国际形象,创造良好的国际声誉;另一方面,通过国际公关活动与外国新闻界、政府机构、饭店集团、旅游批发商、旅游经营商、旅游代理商等建立良好关系,同交往国消除民族文化隔阂,争取他们对中国旅游业的认可和支持,创造一个可被国际公众所接受和欢迎的旅游形象。

二、旅游业国际公关的特殊性

国际公关既然是公共关系的一部分,其构成要素自然也包括主体、客体、媒介这三部分,其特殊性也是通过这三要素表现出来的。

(一)旅游业国际公关的主体

在进行国际公关活动的过程中,一般公关活动的主体包括以下社会组织,如大型跨国公司、涉外经济组织、国际型公共关系公司、政府机构、从事各种对外交流活动的民间社团组织及企业等。这些社会组织有一个共同点,这是由它们自身性质、任务、目的、工作以及提供的产品或服务所决定的,即它们都要与广泛而又复杂的国际公众打交道。

在我国,旅游业国际公共关系的主体主要包括各级旅游行政管理组织、旅游协会组织和旅游业组织。前者如国家旅游局、各地旅游政府机构、旅游协会组织等,后者主要包括涉及国际旅游的旅行社、旅游饭店、宾馆、旅游交通部门、旅游景点、旅游商店等,它们是国际旅游公关的主要承担者,在旅游公关活动中具有主导作用。

随着旅游业的不断发展,我国旅游业组织需要及时、准确地了解国际旅游市场动向,了解国外旅行社、旅游承包商等的情况,了解有关客源市场的政治、经济、文化、社会等方面的信息。同时这些组织也需要向国外的公众、舆论、市场传播自己的信息,介绍自己的设施和服务,提高自己的国际知名度和国际信誉。此外,涉外旅游组织还要在国内为来华进行旅游、贸易、投资、考察、文化体育交流等活动的外国人做好接待工作,提供优质服务,所有这些都需要积极开展旅游业国际公共关系活动。

(二)旅游业国际公关的客体

旅游业国际公共关系的客体不是笼统的外国人的概念,而是与特定的国际公共关系主体存在利益关系的国外公众,如国外消费者、外国政府机构、新闻媒体等。旅游国际公众关系是旅游业同一切国外或外来相关公众之间的关系,对国际旅游的发展具有基础性和决定性的作用。国际公众与一般公众相比,有它的一系列特点,如由于国际公众处在不同的社会文化氛围和政治经济制度之中,他们的信仰、利益、兴趣、态度要比国内公众更为复杂;又如由于国际公众受多样化国际社会的影响,其变动性也大。国际公关活动面对的是国际公众,因此把握其特点是必要的。处理好涉外公众关系,对塑造旅游业形象,乃至整个国家的形象都至关重要。在处理涉外公众关系时除应把握一般原则外,还需要特别讲究工作技巧和方法。其中一个重要前提是要非常了解和熟悉对象国及对象国公众的情况。

(三)旅游业国际公关的传播与沟通

媒体的传播要素成为国际公共关系要素中的最复杂要素。由于旅游业国际公共关系的主、客体至少处在两种异质的文化中,因而连接它们的信息传播就必须是跨文化的传播。也就是说,传播者向处在不同文化中的受众传播信息。由于两者之间的文化背景、社会习俗、生活经历和语言等方面的不同,要达成双方的沟通和理解就需要克服更多的障碍。要成功地展开旅游业国际公共关系活动,相关人员不仅要具备对外交流的语言能力,还要对不同国家特别是对象国家的文化习俗、传播媒介、人际交流等方面的知识有充分的了解,以便"入乡随俗",灵活运用。在国际旅游公关传播活动中,要按照传播规律来进行传播沟通,尤其要恰当运用跨文化的传播媒介及沟通手段,有效地把信息传递给特定的目标公众。

由于国际旅游具有涉外性、综合性、旅游产品的独特性、旅游产品消费与生产的同一性等特点,国际旅游公共关系在传播沟通的内容和技巧上就比一般的公共关系更为广泛、复杂。例如宣传,国际旅游公关借助传媒而进行的宣传比其他工商企业更广泛,方法也更多。如可利用名人效应、民俗民情、考古发现等进行宣传,也可搞大型活动、体育比赛等。又如广告,因为受景点的季节和度假时节等的限制,要特别选好国际旅游公关广告的时机,而且国际旅游文化消费的特点决定了国际旅游公关广告的涉及面较广,制作难度相对较大。

案例 8-1　斯里兰卡旅游局公关中国

斯里兰卡被誉为"印度洋上的珍珠",在自然风光、人文历史方面有着独特的魅力。在全球知名的旅游指南《孤独星球LP》评选的2013年度全球最受欢迎的10个旅游目的地国家中,斯里兰卡荣登榜首。为了促进斯里兰卡旅游发展,该国特设旅游促进局,并把中国作为其最有潜力的市场加以大力推广,该国推出的网上电子签证和斯里兰卡航空开通的北京、上海、广州直飞科伦坡的国际航班,极大地便利了中国游客的旅行体验。

自斯里兰卡获得中国政府的旅游目的地国资格(ADS)后,来自中国的入境游客明显增多。2003年,前往斯里兰卡的中国游客人数比上年增加了67%。而来自中国的游客数量显然还有很大的增长空间。因此,斯里兰卡的新政府对旅游及相关产业给予高度的重视,尤其对中国市场的开发分外关注。

早在 2004 年斯里兰卡便着手研究一些新的举措,包括简化签证申请、新的航空服务协议和配套旅游营销活动等,以吸引更多中国游客来斯旅游。他们将中国的 3 大商业中心北京、上海和广州作为进行旅游推广的重点城市,这 3 个地区拥有最多的游客数量。2004 年斯里兰卡旅游局负责人便与斯里兰卡入境游旅行社代表团一起出席北京国际旅游展。在为期数日的展览上,来自斯里兰卡的演员们进行了精彩的歌舞表演。

2014 年 6 月 26 日,由斯里兰卡旅游局、斯里兰卡驻华使馆主办的斯里兰卡旅游推介会在北京中国大饭店举行。本次推介会旨在为中斯两国业内人士提供一个交流的平台,加强双方的合作关系,共同开拓斯里兰卡在中国的旅游市场,向中国游客介绍斯里兰卡美丽的旅游胜地。会上,斯里兰卡旅游局携 50 家领先地接社与中国 70 余家优秀组团社进行了深入的洽谈,为进一步的合作打下了坚实的基础。斯里兰卡驻华使馆大使兰杰特·乌杨高达先生在致辞中表示,中斯两国是传统友好国家,近年来两国双边关系发展迅速,各领域交流不断加强。他希望两国旅游部门加强合作,共同推广斯里兰卡旅游,促进市场健康发展,实现双赢目标。为进一步提高斯里兰卡旅游在中国游客中的知名度,斯里兰卡还于 7 月 4 日至 6 日在上海举办了大型联合推广活动——"斯里兰卡闪耀上海"。

据报道,2014 年上半年中国赴斯游客数目环比增幅均超过 150%,2014 年总数有望突破十万大关。斯里兰卡计划 2016 年吸引中国游客的目标为 27.5 万人次,为了实现这一目标,斯里兰卡政府加强对基础建设的投入,提高游客接待能力,同时针对目标市场展开一系列的营销推广活动。

资料来源:北京现代商报.2004-07-29;江文兵.斯里兰卡旅游推介会在京举行,人民网,2014-06-30.

案例讨论:
结合案例,说明开展国际旅游公关活动的意义,与在国内开展公关活动相比有什么难点?

第二节 旅游业国际公关的环境分析

任何一个旅游业组织在进入国际市场时,都不可避免地会碰到错综复杂的公共关系环境。为了在激烈的竞争中占领国际市场,加强和改善自身竞争能力,旅游业组织应加强对国际市场环境的研究和分析,以便调整和控制自己的公关策略。旅游业国际公关活动的环境包括政治、法律、经济、社会文化、人口等环境。

一、政治、法律环境分析

国际旅游活动和政治是密不可分的。从国际市场的开拓到国际市场的经营都会受到对象国(就国际旅游而言,对象国既包括客源国和地区,也包括目的地国家和地区)的政治和法律因素的影响,所以特别要注意其政治、法律环境的分析。

(一)目标市场的国家政治稳定性

旅游业组织开展国际公关活动最关心的就是对象国的政治环境稳定与否。尤其是旅游组织一般都是以追求长期利润为其战略目标的,政治环境的突变往往会破坏旅游业组织战略目标的实现,甚至给其带来毁灭性的打击。所以在收集公关信息时,不仅要注意观察目标市场的目前政治气氛,还要尽可能了解该国将来的稳定程度,洞悉其政治与经济走向。某个国家或地区的社会环境不稳,既可能给本国的旅游经营带来风险,也有可能给旅游业带来机会。例如,中东地区的不稳定使相当多的国际旅游者选择到中国来旅游。公关人员应了解整个国际环境尤其是对象国社会环境的变化,才能尽可能地避免经济风险,甚至可以不失时机地利用环境的变化,审时度势,采取更为有效的公关策略。

(二)旅游产品对国际市场产生的影响

涉及国际旅游业务的组织要有政治敏锐性,要及时了解所经营的旅游业务和旅游产品在对象国和地区是否会引起政治性的保护或排斥。如果其旅游业务和旅游产品对对象国的经济目标是有益的,往往会受到该国政府的保护;反之,如果对对象国基本上没有益处,或者会带来某些恐惧感,就不会受到该国政府的保护。同时,还要掌握国际政治事件对对象国政治经济的影响,以及在对象国开展旅游业务可能带来的风险和阻力。

(三)法律环境影响

法律环境,主要是指各种经济立法,如专利法、商标法、广告法、竞争法、投资法、商品检验法、环境保护法、反倾销法、关税征收法,以及保护消费者权益的种种法令。这些法律全部都是不可控制因素。一般说来,西方发达国家经济立法比较完备,其目的有的是为了保护竞争,有的是为了保护社会利益,有的则是为了保护消费者,这些法令对旅游业组织的国际公关活动影响较大。

二、经济环境分析

旅游业经营的国际经济环境主要包括市场规模和经济特征。

(一)市场规模

一个市场规模的大小直接关系到旅游业组织值不值得去开发这个市场,所以旅游业组织在进入某国市场之前,首先要掌握该国的市场规模。决定旅游市场规模的主要因素是国民收入水平和人口。

1. 国民收入水平

国民收入水平的高低是决定一个国家能否成为有吸引力的旅游客源市场的重要因素之一。收入水平高,则购买力也高。通过对国民收入水平的分析,可以计算市场潜在的旅游需求。对国民收入的分析通常包括国民生产总值(GNP)、人均国民收入和收入分布情况三个方面。国民生产总值可以反映一个国家的经济发展水平和市场销售潜力。人均国民收入是衡量一个国家居民生活水平及市场商品需求的重要指标。考虑到旅游消费的特殊性,还要特别考虑该国的收入分布情况、居民家庭收入和可自由支配收入的情况,为旅游经营的相关决策提供信息和依据。

2. 人口

人口结构往往决定市场产品结构、消费结构和市场需求类型。主要体现在:

(1)人口与市场规模有直接联系。一般情况下,一个国家的市场规模与其人口总数成正比。

(2)人口的年龄结构是构成细分市场的因素之一。不同年龄段的人口构成不同的细分市场,使细分市场具有一定的特征。

(3)人口性别结构直接影响购买动机和消费模式。由于男性和女性的购买动机和购买行为有所不同,给市场需求带来一定的差别。

(4)家庭是消费的基本单位,家庭户数的多少、家庭规模的大小和家庭决策方式对市场需求的影响很大。

(5)人口的地理分布和人口密度会直接影响旅游业组织的市场策略。

(二)经济特征

在研究一国的经济环境时,还要研究它的经济特征。主要包括:

1. 基础设施

包括交通、运输、动力、通信和各种商业基础设施,这些对市场消费需求有很大影响。例如某国基础设施完备,那么其旅游活动效率相对就高。

2. 自然条件

包括自然资源、地形、气候条件等,这是评价旅游资源的重要标准。如不同的气候条件对旅游产品的设计就会有不同的要求,对旅游者的流向也会产生影响。

3. 城市化程度

城市化程度越高,消费水平越高,条件就越完善,经济就越活跃,对旅游的需求就越高。

三、文化环境分析

旅游业国际公关的最大一个挑战就是对象国对旅游业组织所在国的文化缺乏理解。这种理解的缺乏,要求旅游业组织对国外公众进行培育,对于潜在的客户和消费者进行教育,这不可能一蹴而就,因为每个国家都有自己的文化和特色。因此,对于对象国文化环境的了解和分析对于旅游业经营而言更为重要。文化环境包括物质文化水平、教育水平、宗教信仰、语言文字、审美观和价值观、社会结构等。只有了解和掌握对象国的文化环境,才能展开有针对性的公关活动。

(一)物质文化水平

物质文化是指人们在生产过程中所使用的技术、知识、工具、方法以及生产出来的产品和产品的分配、消费方式。一个国家或地区的物质文化水平越高,其技术就越先进;经济越发达,对商品质量的要求就越严格。由于各国的物质文化水平差异很大,所以,需求结构和商业习惯也不尽相同。掌握这些情况,有利于旅游业组织采取不同的公关策略,便于组织拓展相关业务,设计适当的旅游产品。

(二)教育水平

一国的教育水平越高,该国居民对新产品的认识、鉴别能力就越强,理性购买的程度就越高,就越容易接受文字的宣传介绍;反之,教育水平不高,在选择和使用某些商品时就会出现盲目性。因此,社会的教育水平直接决定着居民的消费需求结构和购买行为的产生。旅游业国际公共关系的展开所采取的策略应充分考虑到对象国或地区的居民受教育水平及其对我国和我国相关地区的了解程度。

(三)宗教信仰

世界很多国家和地区的居民都有自己的宗教信仰,有的甚至以宗教立国,教旨、教义高于一切。宗教对于人们的价值观、消费行为和生活方式具有深刻的影响。一方面宗教禁忌限制了教徒对一部分产品的需求;另一方面又往往会促进替代产品的需求。所以,旅游业组织在拓展国际业务,制定公关策略时,一定要调查对象国及地区的宗教信仰特征,在传播方式的选择、产品标志的设计、广告宣传的口号、专题活动的安排等方面应避免产生因宗教信仰而引起的文化冲突,以防给旅游业公关活动甚至旅游经营活动带来负面影响。

(四)语言文字

在国际公关活动中,语言文字是与公众进行信息沟通的重要工具。拓展国际市场,各种业务洽谈,产品介绍,根据顾客的意见和要求调整和改进产品等,都需要选用一定的语言文字。因此,公关人员应熟悉和掌握国际公众的母语或他们所熟悉的语言,以利于做好公关工作,提高工作效率。

(五)审美观和价值观

审美观是指消费者对商品的"美、新、特"的基本看法;价值观是人们在社会生活中形成的对各种事物的态度和看法。由于人们的审美观和价值观不同,所以购买动机和购买行为就有很大差异。只有掌握目标公众的审美观和价值观,旅游业组织在开展国际公关时,才能在产品式样、造型、色彩、包装等方面的设计上更有针对性。

(六)风俗习惯

风俗习惯包括人们在一定的社会物质生产条件下长期形成的风尚、礼节、习俗、惯例、行为规范和人们的禁忌、避讳、偏好等。这些习俗主要体现在人们的饮食、服饰、居住、婚丧、节日、道德伦理、行为方式和生活习惯等方面。只有了解了当地风俗习惯,公共关系传播才能更容易被目标公众所接受。

(七)社会结构

社会结构也会影响国际公关活动。社会结构主要包括居民的家庭结构、社会各阶层等。不同社会阶层的消费者在产品的选择上和使用上,在休闲活动方式的选择上,在信息获取和信息处理上,在购物方式上以及对媒体的选择上都会有所不同。

第三节 旅游业国际公关的基本准则和策略

一、旅游业国际公关活动的基本准则

(一)遵守国际惯例

遵守与公共关系工作有关的国际惯例是开展国际公共关系活动的一项基本准则。1961年,国际公关协会有了自己的《国际公共关系行为准则》,1965年该协会又在雅典通过了《国际公共关系道德准则》。这两个文件对国际公共关系从业人员的行为提出了一些原则性的要求,如注重信息的真实性和充分的交流,尊重和维护人类的尊严,对社会和公众利益负责等。所有国际公共关系工作者都应遵守这两个文件所规定的准则。

此外,国际公共关系领域还有一些更为具体的国际惯例,如在向社会公众广泛传播信息的过程中,注重保守组织和客户的商业机密;公共关系职业性服务机构要在公平竞争的基础上寻求公共关系项目,不得向自己已有客户的竞争对手提供服务等。这些通过人们长期的公共关系实践所形成的成文或不成文的国际惯例必须为国际公共关系工作者所遵守。在开展国际公共关系活动时,不断了解和把握变化发展着的各种国际惯例是做好相关工作的必要前提。

(二)理解和研究各国、各地区的地方特点

承认世界的多样性,尊重各地区、各国的地方特点,是开展国际公共关系活动的另一个基本准则。地方特点一般包括政治制度、法律法规、生活水平、文化传统、礼仪禁忌、宗教信仰、交往语言、风俗习惯等。

理解和研究各国、各地区的地方特点,对于成功地开展国际公共关系活动至关重要。做到这一点,要注意以下问题:其一,要承认人类社会多样性和差异性,善于在求同存异的基础上,开展各方面的工作;其二,本着理解和包容的态度,深入研究

和平等对待各地区、各国的文化特点,防止和避免因受原文化的影响而产生的偏见;其三,"入乡随俗",在尊重对方文化的基础上,展现本民族的特色,有特色的文化才具有世界性;其四,要通过实践活动不断积累经验,注意吸取教训。

(三) 放眼全球

在今天这个不断发展变化的世界中,国际社会成员的相互依存、相互影响的作用比以往任何时候都深刻而广泛。因此,在开展国际公共关系活动时,以全球性的眼光来思考和看待公共关系工作所涉及的问题是开展国际公关的一个基本原则。这就要求国际公共关系工作者应该做到:充分了解国际政治、经济形势的变化和发展趋势;关注人类社会共同面临的重大问题,如全球经济发展的不平衡,国际金融市场的波动,生态环境的保护,恐怖组织的活动,威胁人类生存的疾病的传播等;重视现代科学技术的发展,尤其是新闻传播媒介和技术的应用;掌握公共关系理论研究的新成果和公共关系实务发展的新动态。

二、旅游业国际公关的基本策略

国际公共关系要实施有效传播,公共关系的主体就必须走进当地文化之中,在深层次的文化的理解之中实施传播,这是国际公关成功与否的关键和难点所在。为此,要采取科学的公关策略。

(一) 全球化策略,本土化执行

全球化策略、本土化执行是企业界和传播界达成共识的跨文化传播的策略。这一策略同样适用于全球化时代的中国旅游国际公关。旅游业组织制定全球化策略的时候要"大处着眼",充分考虑政治、经济、文化、发展水平、媒介关系、公众现状、公共关系标准等因素;实施本土化执行时要"小处着手",包括制订一个适合本土执行的计划,充分运用本土的公共关系人力资源。全球化策略、本土化执行是全球化时代国际公共关系策略的基调。如雀巢咖啡的广告语,原来"速溶,方便"的诉求就很难唤起中国消费者的欲望。改成"味道好极了",由于符合中国大众的文化心理,而大受欢迎。

(二) 以多元化的传播策略影响多样化的公众

良好的传播通常都是非常个性化的传播。现在我们面临的时代有两个鲜明的特点:一是公众多样化,二是信息爆炸。在这样的环境下,传播管理面临前所未有的挑战。依赖单一的传播手段将组织信息通畅送达目标公众通常是很难实现的,所以学界提出"整合营销传播"的概念,以多元化的传播策略影响多样化的公众。从操作层面看,将广告、公共关系、大型活动或专题活动、销售推广、包装设计、企业形象识别系统(CIS)等手段加以综合运用,即形成整合营销传播,这些整合的元素不是一种简单的拼凑,而是相互配合的系统化组合。

旅游业国际公关的特点决定了采取此种策略的必要性。具体而言,就是旅游业组织以营销策略为基础,拟定一个各有侧重同时相互协调的整体传播策略,通过多种方式和途径与各类公众进行有效沟通,影响复杂而多样的国际公众,从而在国际公众的心目中建立起关于旅游目的地、旅游业组织及其产品的全方位的、系统的、鲜明的品牌形象。

（三）选择良好的合作伙伴

开展国际公关,选择一个卓越的国际公共关系服务机构作为合作伙伴是非常重要的。组织在选择合作伙伴的时候,特别要注意从"资质+经验"的角度选择合作伙伴。资质是指公共关系专业机构的专业素质,包括人才的专业素质、实践个案的专业素质;经验是指专业人员的经验和专业机构的资历,尤其是专业机构的资历。

（四）恰当利用双方的文化差异

国际旅游的有效传播有两条捷径可以选择:一是吸收对本土文化有深刻认识、有工作经验的人士加盟;二是选择对跨文化传播有深刻理解,或具有跨国实施传播管理经验的人士加盟,其目的在于能够恰当地利用双方的文化差异。

文化差异既可能成为旅游业国际公关的障碍,也可能成为旅游业国际公关的契机,关键在于旅游业公关人员是否深谙双方文化、能否把握住文化的融合点。例如,许多世界著名饭店集团在进入中国市场时都选择了有一定寓意的中文名称,如"喜来登""凯悦",为饭店形象的塑造发挥了不小的作用。

文化差异不仅体现在语言上,而且,还有时间、空间、礼仪、象征等方面的非语言沟通的文化因素,都需要引起足够的重视。

例如,1997年的"新世纪—中国"美国大型促销活动就是一次典型的国际公关活动。此次宣传促销首次在国外市场上采用了"大篷车巡游"的方式:所有促销人员分乘4辆彩色大巴,车身绘有长城、故宫、桂林山水、秦兵马俑、东方明珠、丝绸之路等中国旅游经典景点,很醒目,富有吸引力。自6月15日在美国首都华盛顿的自由广场开幕启程后,车队历经纽约、费城、里士满、奥兰多,行程逾4000公里,一路浩浩荡荡,成为一个充满活力、移动的大广告。促销团在上述城市和芝加哥接受了新闻采访,进行了一系列拜访并举办了9场大型活动。所到之处,无不受到热烈欢迎,并且受到新闻媒体的广泛报道。这次活动使当地居民、旅行代理商、当地政界及商界人士加深了对中国的了解,对赴中国旅游产生了浓厚的兴趣。

第四节 旅游业国际公关的工作程序和主要任务

一、旅游业国际公关活动的工作程序

从原则上讲,旅游业国际公共关系的工作程序与一般的公共关系工作程序是一样的,但是在处理具体内容时更多地针对国际环境、国际公众和国际舆论。旅游

业国际公关活动同样要遵循调查、策划、实施和评估四个步骤。

（一）旅游业国际公关的调查研究

在旅游业国际公共关系活动中，旅游业组织要调查研究与组织有关的各种国际性信息，为制订科学、合理的公关活动方案提供依据。它侧重于调查国际公众和国际社会的情况，帮助组织清楚地认识国际环境的种种变化，以便更有成效地开展国际公关活动。

国际公关的调研与一般公关调研的区别在于：国际公关调研更复杂，难度更大。由于国际公共关系调研的内容广泛，公众类型复杂，费用开支较大，加上各国不同的政治、经济和文化背景因素的影响，国际公关调研的进行、实施和安排，应听取专门的国际公关人员的意见，国际公关调研工作更需要公关人员的精心组织和周密安排。国际公关调研的内容主要包括：组织的自身情况，如组织的涉外性质和发展方向；组织的国际形象，在国际上的知名度、信誉度等；组织面对的国际公众的情况，如他们的需求、利益及态度等，在此基础上，寻找出组织与其公众双方利益的共同点；组织所处的国际社会环境，如国际上直接或间接影响组织所有活动的政治、经济、法律和文化因素。

（二）旅游业国际公关的策划

国际公关策划指对组织的国际公关形象和国际公关活动方案进行构思和设计，其目的常常是为了树立一国或地区的旅游业及旅游组织在国际公众中的良好形象。策划的要素包括：明确国际公共关系活动的具体目标；确定活动所针对的目标公众；制定传播战略和策略；进行经费预算；做好时间安排。

计划的制订要经过准备、草拟、论证和审定四个步骤。前期准备工作，主要是搞好调研，掌握国际社会及有关的详细资料，并准备必要的物质条件；草拟书面报告，将酝酿中的计划写成文字，包括背景概述、目标体系、传播渠道、费用预算、时间安排、人力分配等；计划论证，主要是对计划的可行性进行论证；计划审定，计划须经过组织的审核和批准，以确保公关计划目标与组织总体目标相一致。

（三）旅游业国际公关的实施

国际公关在实施过程中要抓好以下环节：正确地选择公众对象和传播媒介；对计划进行必要的补充和调查；采取一定的保证措施以及时排除计划实施中的障碍。因为国际公共关系的实施过程也就是信息的传播过程，因此公共关系人员要精心组织国际公共关系信息，要根据国际公众的特点，提供符合公众国情和习惯的信息，以便于公众的理解和接受。由于计划本身的不周全或国际风云的变幻会使得公共关系计划在实施过程中时常与实际情况脱节，这就需要公共关系人员分析问题产生的原因，对症下药，及时采取措施清除障碍，以保证公关计划活动的顺利进行。

(四)旅游业国际公关的评估

旅游业国际公关评估的重点是:①调查内容是否完整无误,计划是否合适,经费支出是否在预算之内,公关人员从中积累哪些经验等;②分析传媒对活动的报道情况,如是否符合公关人员的创意,有无负面影响等;③收集各种能说明活动效果的定量指标;④了解活动是否涉及预定的目标公众,是否成功地改变或影响了这些公众的态度、观点、行为,是否对实现组织的总目标起到了一种无形的推进作用。

二、旅游业国际公关的主要任务

旅游业的国际公关活动内容丰富多彩,其主要任务可以概括为以下三方面:

(一)建立旅游信息传播网络

国际公关工作的基础就是信息传播网络。信息传播网络包括新闻传播媒介、公关公司、相关旅游企业、政府有关部门、重要的企业及财团、知名人士、各界人物代表、普通公众代表。建立旅游信息传播网络的基本要求是双向、畅通和高效。因此,要特别注意以下主要环节:

1.有计划、合法地建立传播网络

目前世界上绝大多数国家都与中国建立了外交关系,许多国家都有官方或民间的友好协会,在开展国际公关活动时,可以先与这些组织建立关系,通过它们进一步与各行各业、各个层次的公众建立信息网络。

2.积极地与当地社会团体建立联系

在一些国家中,企业家或公关人员要定期举行联谊会等进行业务洽谈,交流信息,新闻界则是不定期地举行新闻发布会、研讨会等。旅游业组织公关人员可以利用这些时机与当地社团建立联系,广交朋友。

3.与新闻传播媒介建立密切联系

(1)主动向记者提供有价值的新闻信息

旅游业国际公关人员与新闻记者、编辑们的关系,很大程度上影响公关活动的效果。与记者、编辑的交往要注意把握时机,为他们提供有价值的新闻。

(2)必要时举办新闻发布会

在国外举办新闻发布会要特别注意安排周全。要认真做好准备,材料真实并有新闻价值,最好附上图片。另外,还可以用酒会或家宴形式请某一家媒介记者采访,形成独家新闻。

(3)注重利用重大节日传播信息

为了搞好与新闻界的关系,还应注意利用重大节日,如中国的节庆日或对象国重大节日等。可以在报纸、广播或电视上做广告,向电视台提供电视片等,既宣传企业,又加强与新闻界的联系。

(4) 建立与对象国一般公众的联系

旅游业组织公关人员要采用多种形式建立与对象国一般公众的联系,例如举办展销会;通过当地人的代理公司进行售后服务;举办客户联谊会;举行招待会等。

(二) 做好日常公关工作,塑造良好的国际旅游形象

国际公关的日常工作主要集中在情报工作和协调工作两方面。

1. 情报工作

情报工作包括经常和系统地搜集、反馈社会环境和各类公众的信息。旅游业组织要在科学研究这些信息的基础上,撰写调研报告与活动计划以及计划实施后的总结报告,以对公关活动的效果和企业形象作出比较可靠的评估与测定。

2. 协调工作

协调工作主要是处理公关活动中的各种关系,编制活动经费和执行程序,组织和实施各种具体活动,如宴请、谈判、参观、演讲、展销会、研讨会等,以及编辑刊物、发布信息等。

(三) 监测社会环境,分析发展趋势

通过各种渠道监测国际社会环境、洞察各种变化是国际公关的一项重要任务。其目的在于根据监测的情况进行分析研究,向组织预报近期及长期发展趋势,预测重大公关活动可能遇到的问题,为组织的决策以及公关活动的展开提供参考依据。监测国际社会环境包括:

1. 政治环境的变化

一般情况下,不仅要监测对象国的各种政策法令的变化,还要注意对象国政局的变化。在各国总统选举、议会选举、地方选举时,尤其要注意各派对华政策及其可能对旅游行业及旅游业组织造成的影响,特别是不利的影响。

2. 经济环境的变化

要注意观察市场行情、股票、汇率的变化,生态环境、资源开发的变化等。

3. 舆论与人文环境的变化

主要包括监测新闻媒介舆论与各类公众舆论的变化,如人们的价值观念、道德风尚、兴趣爱好、消费需求与结构的变化等。

案例 8-2 北京旅游局的伦敦推广

2005 年 2 月,中英两国首度开放旅游市场,北京和伦敦作为两个国家的代表性城市,希望加大双方旅游市场开发力度。北京市旅游局委托嘉利公关顾问公司,在英国举办大型系列公关活动以提升北京作为旅游目的地在英国的城市形象。

嘉利公关委托其伦敦分公司协助北京市旅游局,于 2005 年中国农历新年在英国举办了"北京风情舞动伦敦"为主题的大型系列公关活动,并对此进行了活动策

划、现场组织、贵宾邀请、媒体传播等活动，包括伦敦街头盛装巡游、北京旅游说明会和新闻发布会等。

这是北京市旅游局第一次在伦敦通过专业公关公司的配合，结合当地风俗，通过街头巡游、英国官方推介会等形式推广旅游，向英国公众全面地展示北京这座古老神秘而又美丽的东方城市。

本次活动持续了近一周，得到北京市政府和伦敦市政府的大力支持，整个活动从策划准备到组织实施只用了短短的三周时间，由于运用了专业公关人士，所以系列活动组织得有声有色，英国众多媒体对此进行了100多篇报道和转播，活动期间，有近20万英国市民及外国观光游客在近1周的时间内，在现场观看了表演；活动获得了巨大成功。

北京市旅游局旅游促进二处负责人说："今年春节期间在英国举办的'北京风情舞动伦敦'，在英伦三岛取得了轰动影响，15万份北京旅游宣传资料被英国人一抢而空；595英镑的'北京9日深度游'受欢迎程度让组团社欣喜不已。据悉，中国驻英使馆春节放假后的第一天，签证处就为1200多名英国公民办理了赴华签证。而在接下来的工作日中，每天的签证量都在600份以上，以往的赴华旅游淡季变成了旺季。"

这次活动是2005年春节期间，中国政府举办的规模最大的海外城市推广和春节庆祝活动；也是本土公关公司第一次为本国政府部门在海外进行项目推广，同时在英国，也成为最大型的一次由中国官方组织的伦敦春节庆祝活动，上至政府，下至市民，强烈地感受到一股浓郁的中国风刮遍整个伦敦。由于在短短的三周内完成了此次北京旅游局大型系列公关活动的策划与组织工作，活动的承办方嘉利英国分公司受到了英国公关界同行们的一致关注与好评。

活动从筹备到完成仅用了四周时间。主要活动成果：

1. 改变英国公众对北京的印象，成功推广"新北京"形象。

2. 活动结束后，中国驻英国大使馆春节后第一天，签证人数达1200人，创下历史同期最高纪录，之后每天保持在600~700人，是往年同期签证人数的2倍。（中国驻英国大使馆）

3. 活动结束后，根据北京旅游局公布的统计数据显示：2005年3月，北京市接待英国旅游者为11 570人，比去年同期增长41.1%，比2005年1月增长128.6%，比2005年2月增长74.4%。（北京旅游局）

资料来源：中国公关网（www.chinapr.com.cn）。

案例讨论：

分析该项活动取得成功的主要原因。结合本案例了解如何进行公关活动的效果评估。

专业词汇

国际公共关系　旅游业国际公共关系　国际公关准则

思考与练习

1. 旅游业国际旅游公共关系的特殊性体现在哪些方面？
2. 在开展旅游业国际公关活动时，对于国际环境的分析应包括哪些内容？
3. 如何理解旅游业国际公共关系的基本准则？
4. 开展旅游业国际公关活动应注意采取哪些基本策略？
5. 如何在国际公关活动中巧妙地利用文化差异？举例说明。
6. 请采用文献调查法搜集旅游业组织开展国际公共关系活动的案例，并作评析。

第 9 章

旅游业公共关系危机管理

本章导读

处于复杂环境的旅游业组织经常会受到各方面的影响,有时造成公关危机,严重损害旅游业组织的日常活动及公关形象。因此,旅游业组织在公关活动中要时时监测危机迹象,在进行危机诊断基础上进行预防。对于已发生的公关危机要及时进行处理,危机消除后还要做好公关形象重塑工作。本章不仅将阐述公关危机的基本概念和原理,还将讲解危机监测、预防与处理的具体操作方法。

第一节 旅游业公共关系危机的分析

旅游业以及旅游业组织并非总是处于理想的稳步发展状态,由于环境因素复杂多变,发生公关危机可能性也在不断增加,公共关系危机有时会严重破坏旅游业及其组织形象,甚至给旅游业经营造成巨大损失。

一、公关危机的概念及特点

(一)公关危机的概念

世界旅游组织(WTO)把危机定义为:影响旅游者对一个目的地的信心和扰乱继续正常经营的非预期性事件。旅游业公关危机就是指危及或损害旅游组织良好形象的潜在或已发生的破坏性事件。

公关危机是组织与其公众之间由某种非常性因素引发的某种危险的、非常的状态,它是组织公共关系严重恶化的反映。公关危机可导致组织与公众之间的关系迅速恶化,组织正常业务受到影响,生存和发展受到威胁,形象遭到严重损害。

(二)公关危机的特点

1.普遍性

公关危机普遍存在于旅游业组织之中,任何旅游业组织都不可能完全避免公关危机的发生。公关危机是普遍存在的、不可避免的、客观的,作为管理者要时刻有危机意识,迎接危机的挑战。

2. 突发性

公关危机多具有突发性、紧急性和高度不确定性的特点,危机的爆发往往是在当事者毫无思想准备的情况下发生的,因此出乎人们意料,使人措手不及。

3. 严重性

公关危机不仅给当事者带来不可估量的损失,使当事者的正常活动陷入混乱,极大地破坏当事者的公众形象,而且也很可能给公众带来恐惧和惊慌,有时甚至还会给社会造成直接经济损失。

4. 影响性

公关危机的突发性和严重性最能刺激人们的好奇心理,从而成为社会舆论关注的焦点和热点,同时更是新闻媒介的最好的"新闻素材"与"报道线索",有时还会牵动社会各界公众的"神经",成为人们街头巷尾议论的话题。

5. 时效性

公关危机对旅游业组织的影响立竿见影。危机一旦爆发,在短时间内,就会对旅游业组织的公关形象及日常活动造成影响,因此,在危机事件爆发时,管理者和全体员工都要反应迅速,思维敏捷,及时把握控制与解决危机的最佳时期。

6. 余波性

公关危机爆发后,会给旅游业组织或个人造成直接损失和间接损失,其严重损失常常使人们留下深刻的记忆,以至于在很长时间以后,公众一遇到类似事件还会浮想联翩,旧话重提。因此,危机给组织所带来的负面影响也往往很难在短时间内完全消除。

7. 不规则性

对旅游组织来讲,每次危机产生的原因、表现形式、事件范围、影响程度、损失程度都不尽相同,呈不规则表现形态,因此解决的方式也没有一成不变的固定模式,多采用非程序化决策。

(三)旅游业公关危机事件的分类

从国内外一系列危及旅游业发展的危机事件的成因、性质及影响范围等方面来看,公关危机事件可分成不同的类型(见表9-1)。不同性质和类型的危机事件,对旅游业造成的负面影响的程度不同。因此认清危机事件的性质、类型并采取正确措施来应对是十分重要的。

表 9-1　旅游业公关危机事件的分类

分类标准	危机事件类型
基本成因	自然危机(洪水、地震等)
	人为危机(恐怖袭击、战争、经济动荡、政局混乱等)
主要性质	政治性危机(国内政治形势的混乱、战争、国际关系不稳定等)
	经济社会性危机(国内或国际经济秩序的动荡、经济形势的恶化等)
	安全性危机(流行病、灾害、恐怖袭击等)
影响范围	国际危机:全面性国际危机(影响旅游客源地与目的地) 　　　　局部性国际危机(影响旅游客源地或目的地)
	国内危机:全面性国内危机(影响旅游客源地与目的地) 　　　　局部性国内危机(影响旅游客源地或目的地)

二、旅游业组织公关危机产生的原因

(一)旅游业组织公关危机的内部成因分析

1. 产品质量问题

组织所遇到的公关危机,很多都是由产品质量问题引发的。对于旅游业组织来说,所提供的产品多为无形的服务。旅游产品的无形性使得消费者不易检查旅游产品的质量,如此便使得因产品质量问题引发的公关危机较为多见。

2. 领导者管理理念不正确

旅游业组织管理者的管理理念指导着组织的活动,正确的管理理念会使组织走向成功,而错误的管理理念则会给组织带来危机。作为服务业的旅游业,其产品的诸多特性更加需要领导者具有远见卓识,以正确的、先进的管理理念指导企业发展。

3. 组织疏于沟通

旅游业组织和公众之间的信息交流和沟通有利于公众理解、支持本组织。组织若无视沟通或沟通意识淡薄,对本组织面对的复杂的公众关系认识不清,管理理念的封闭性,缺乏与公众环境的沟通、协调,就可能会导致公关危机。

4. 忽视情感沟通

在体验式经济时代,沟通感情比销售产品更为重要。如果旅游业组织同公众建立起良好的感情基础,那么当组织遇到困难,比如管理中出现失误,或出现偶然性的质量问题,基于组织同公众进行过感情交流和思想融通,公众对组织的理解和认同,危机是可以得到化解的。我国不少旅游业组织在营销过程中,更多的是利用广告宣传、人员推销等表层策略,而很少或根本没有和公众进行感情沟通,所以即使出现微小的失误也不会得到公众的理解和支持,有可能小事扩大,形成危机事件,甚至危及组织生存和发展。

5. 公关决策失误

公共关系工作是组织与公众之间的一种信息交流行为,在信息交流过程中,必须严格遵守以客观事实为基础、以公众利益为主导、以科学方法为保证的原则,以确保信息交流正常进行,消除公众与组织之间的隔阂,达到动态平衡。公关活动有自觉和不自觉之分,公关水平有高有低,公关效果优劣不同。如果旅游业组织的公关活动违背公关原则,传播信息不真实,甚至有意弄虚作假,或者技巧运用不合法,会严重损害公众利益,导致公关危机。

6. 法制观念淡薄

旅游业组织经营活动的正常开展,除了必须遵循经营的基本准则和社会伦理道德之外,还必须要守法,严格依法办事。组织的任何一员是否具有法律意识,是否知法、守法,是否将组织的经营活动置于法的监督、保护之下,这对于正常开展经营活动,规范组织管理行为,树立良好的组织形象有十分重要的意义。然而事实上,的确有的组织法律观念极为淡薄,置国家法律于不顾,霸气十足,随意践踏公众的起码权利,终于酿成组织公共关系危机。

7. 组织管理缺乏规范

管理缺乏规范的含义有两个:一是指组织基础工作差,管理的规章制度不健全,以至于工作无定额、技术无标准、计量无规矩、操作无规程,凡此种种给组织管理带来极大的麻烦,也给公共关系带来诸多的隐患;二是指员工的行为不规范,以至于员工工作不讲质量,不讲服务礼节,不讲商务信誉,不讲职业道德,甚至严重损害公众利益和伤害公众感情。旅游业员工素质低下已成为制约旅游业发展的"瓶颈",这些都有可能成为引发公关危机的祸根。

(二)旅游业组织公关危机的外部成因分析

作为社会的细胞,组织总是在一定环境中生存和发展的。环境的变化可以给组织带来机会,也可以带来威胁,引起公关危机。

1. 自然环境突变

自然环境如气候、地形地貌的变化是不以人的意志为转移的,它往往给组织的活动带来意想不到的打击。虽然自然环境变化所造成的危害是不可抗力所致,组织本身并无过错,但突发事件发生后,若不加重视或处理不当,也会转化为公关危机。例如,日本一航空公司因天气原因推迟了航班,致使乘客滞留机场。这是由不可抗力导致飞机航班延误的例子。该航空公司为美国乘客作了妥善安排,却对中国乘客置之不理,此举引起了国人的极大愤慨。日航公司的这种对不同国籍的乘客区别对待的做法将其推到了危机的边缘。因此说,即使危机事件产生的原因是自然环境突变造成的,但若旅游业组织不加重视或处理不当,同样会造成公关危机,严重破坏组织形象。

2. 恶性竞争

当今世界市场竞争激烈,一些旅游业组织靠正当竞争无法立足,于是便利用恶性竞争手段,如散布谣言恣意损害竞争对手形象,或盗用竞争对手的品牌生产假冒品,或进行比较性广告宣传有意贬低竞争对手产品,这些恶意竞争行为都可能导致同行的公众关系恶化,使利益被侵害的组织陷于公关危机。

3. 政策体制原因

国家的经济管理体制和经济政策是旅游业组织难以控制的外部因素,它对组织的经营和发展产生更大的影响和制约作用。组织都希望国家的经济管理体制和经济政策有利于本行业的生存和发展,但这种希望在某种特定情况下又总是不可能完全达到的。如果体制一直不顺,政策发生变化,那么,组织就有可能在经营活动中遭受很大风险,出现严重的问题,甚至使某些经营活动陷入一种欲进不能、欲退不忍、欲罢不行的窘境,这样,组织出现暂时的公共关系危机是完全可能的。

4. 公众误解

公众对旅游业组织的了解并不是全面的,有的公众会因信息的缺乏或专听一面之词而对组织形成误解,这既包括社会公众对组织的误解,也包括媒介公众对组织的误解。无论是哪一类误解都可能会引发组织的公关危机,尤其是媒介公众的误解更可能使误解范围扩大,程度加深,形成极为不利的舆论环境,造成严重的旅游业组织公关危机。

5. 顾客行为责任

在旅游业中,因顾客自身错误行为而引发对旅游业组织声誉不利的危机事件屡屡发生。比如顾客因在饭店下榻不遵守饭店的规章制度而遭受人身或财产损害,如果饭店不认真解决,认为这是顾客自己造成的,则会引起顾客的投诉,一经媒体宣传,便会对自己产生负面影响。因此,当责任并不在自己时,也要引起组织重视,因为不管谁的原因,组织形象一旦受损只会对组织本身不利。

6. 相关经营者行为责任

这里存在合法和非法两种情况。合法经营者在市场经济条件下拥有经营自主权,是否代理某旅游业组织的商品取决于代理商的自主权以及与旅游业组织的合作关系。如果这种合作关系不融洽,代理商有可能无中生有,制造对旅游业组织不利的风波。另外,在体制转轨过程中,由于经营思想的差异,法律的不健全和商标意识的淡薄,一些不法经营者趁机向社会提供假冒伪劣的旅游产品,损害公众利益,直接危及原有旅游业组织的生存。

总之,在现实中,旅游业组织处于内部和外部环境的各种交互作用之中,因此,不可避免地要面临和处理各种复杂的公关危机。

案例 9-1 希尔顿的"双树旅馆事件"

两位在西雅图工作的网络顾问——汤姆·法默(Tom Farmer)和沙恩·艾奇逊(Shane Atchison)在美国休斯敦希尔顿酒店的双树旅馆(Double Tree Club)预订了一个房间,并被告知预订成功。

尽管他们到饭店登记的时间是在凌晨两点,实在是个比较尴尬的时间段,但他们仍然很安心,因为他们的房间已经预订好了。但在登记时,他们立刻被泼了一桶冷水,一位晚间值班的职员草率地告诉他们,酒店客房已满,他们必须另外找住处。这两位住客不仅没有得到预订的房间,而且值班人员对待他们的态度也实在难以用言语表达——有些轻蔑,让人讨厌。甚至在他们的对话过程中,这位职员还斥责了客人。

这两位网络顾问当时就离开了,然后制作了一个严厉的但又不失诙谐幽默的幻灯片文件,标题是"你们是个糟糕的饭店"。在这个文件里记述了整个事件,包括与那名员工之间不可思议的沟通。他们把这个幻灯片文件电邮给酒店的管理层,并复制给自己的几位朋友和同事看。

这一幻灯片文件立刻成为有史以来最受欢迎的电子邮件。几乎世界各地的电子邮箱都收到了这份文件,从美国休斯敦到越南河内,还有两地之间的所有地区。这份幻灯片文件还被打印和复印出来,分发到美国各地的旅游区。双树旅馆很快成为服务行业内最大的笑话,成为商务旅行者和度假者避之不及的住宿地。传统媒体的评论员们也将这一消息载入新闻报道和社论中,借此讨论公司对消费者的冷漠和网络对于公众舆论的影响力。

接着,法默和艾奇逊收到了 3000 多封邮件,大部分都是支持他们的。对此,酒店的管理层也迅速有礼而大度地做出反应。双树旅馆毫不迟疑地向他们俩道歉,并用两个人的名义向慈善机构捐献了 1000 美元作为双树旅馆的悔过之举。双树的管理层还承诺要重新修订旅馆的员工培训计划,以确保将此类事件再次发生的可能性降到最低。另外,双树旅馆的一位高级副总裁在直播网络上与法默和艾奇逊就此事展开讨论,以证明饭店认真对待此事。

资料来源:从希尔顿的"双树旅馆事件"看危机公关.霍卫平.中国酒店.2009-04-16;travelsohucom.

案例讨论:

本案例中公关危机产生的根源是什么?为什么影响如此之大?你认为该双树旅馆处理公关危机的方法如何?饭店常常会发生哪些公关危机?

第二节 旅游业公关危机的监测及预防

一、旅游业公关危机监测

(一)公关危机监测制度

公关危机监测是指对组织的公关系统中已经或可能出现的危机迹象进行监视和预测,收集各种反映危机迹象的信息。进行公关危机监测,目的就是对组织公关危机迹象进行识别、诊断与评估,并作出危机警示,防止和消除组织公关危机隐患,对组织可能出现的公关危机事态进行早期矫正与控制,保证组织的公关系统以及日常活动处于良好的运行状态。对公关危机进行监测本身并不是根本目的,对危机进行有效的预防和控制才是公关危机监测的根本目的。

(二)公关危机监测方法

1. 确定危机迹象监测的对象

迹象监测需要确立重点对象。重点对象一般应是组织公关系统中的重要影响因素和重要实践领域。不同组织要根据具体情况,把最可能引发危机的影响因素或最可能出现危机的实践领域作为重点对象。

2. 明确危机迹象监测的任务

(1)过程监测。即对监测对象的活动过程进行全过程监测,对监测对象同组织的整个公关活动过程的关系状态进行监测,对监测对象同整个组织其他活动环节的关系状态进行监测,对监测对象与组织的外部环境的相互关系进行监测。

(2)信息处理。即对大量的监测信息进行整理、分类、存储,建立监测信息档案,形成系统有序的监测信息成果。

3. 采用危机迹象监测的有效手段

危机迹象监测指标体系及其测量工具是危机迹象监测过程必不可少的基本手段,电子计算机以及其他的现代化手段则是进行危机迹象监测的重要辅助手段。监测手段越先进、越适用,监测信息越全面,信息的可信性和有效性就越强。

二、旅游业公关危机预防

(一)公关危机预防含义

公关危机对组织良好形象造成严重损害,但大多数公关危机是可以通过严密的监测加以预防的。预防是指组织对其危机隐患及其发展趋势进行监测、诊断与预控的一种危机管理活动。其目的在于防止和消除危机隐患,保证公关系统和经营管理系统处于良好的运行状态。

(二) 公关危机预防的意义

1. 有助于培养全体员工的忧患意识

在当代信息社会,由于组织所处的社会环境更为复杂,所面临的公众对象更为多样,公共关系的制约因素更是层出不穷且变幻莫测,因而,出现危机的可能性日渐增大。为了保持组织公关系统的良性运营,就必须对全体员工进行危机教育,培养全体员工的忧患意识。危机预防的实战演习可说是最为重要且极有帮助的培养方法,它不仅能使全体员工亲临其境,而且还能通过实战演练促使全体员工自觉实践,深入理解。

2. 能有效减少公共关系危机的发生概率

(1) 对公关系统造成危机的诸多因素很多是可控的,只要对这些可控因素加以有效控制,使其保持正常状况,而不让其转化为非正常状态,就有可能大大减少危机发生的概率。

(2) 危机的发生原因中,主要原因在于旅游业组织自身。这表明,只要旅游业组织从对内部因素的严格控制做起,防患于未然,就可以有效减少公关危机的发生概率。危机预防工作正是一种有组织、有计划、有科学规程的公关危机控制工作,它不仅对可控的危机因素进行控制,而且对难以控制的危机因素也设法进行必要的预防;它不仅特别重视通过优化组织自身行为来控制组织内部各种危机因素的形成和发展,而且也切实监测组织外部各种危机因素的滋生与蔓延。因此,危机预防能有效减少危机的发生概率,把它降低到最低程度。

3. 有利于公关危机的及早消除

危机的及早消除是指在危机尚未爆发的时候就使危机得以化解和平息。危机的及早消除的可能性来自于危机形成的过程性。任何公关危机的形成都有一个过程,即潜伏期、初显期、爆发期。无论在危机形成的哪一个阶段,公关系统都会产生一定危机信号,显示出一定的危机征兆,只不过在不同阶段公关系统所产生的危机信号和显示的危机征兆在量上有着较大的差异而已。公关危机预防就是根据危机形成过程的阶段理论,采用各种科学的监控手段,对公关系统所产生的危机信号和所显示的危机征兆进行监测,以便在危机形成的第一阶段(潜伏期)和第二阶段(初显期)就准确地发现危机的苗头,分析危机发展的趋势,并采取果断措施,把危机消除在萌芽之际,化解于爆发之前。

4. 有利于提高公关危机的处理水平

公关危机事件和公关危机带来的危害都需要组织去处理、消除。但是,同样是进行危机处理,不同组织处理的水平是不一样的。危机处理水平如何,是由多方面的因素决定的,如人员、经费、物质设施、组织机构、信息、策略等。如果各方面的因素都处于准备充分和运行良好状况,则公关危机的处理水平就高;反之则低。公关危机预防是一种未雨绸缪的危机处理准备工作,它通过对全体员工进行危机教育,组织危机应变小组进行专门培训,设立领导小组进行指挥协调,制订应变计划与应变对策以应对危机,做好物质技术和经费准备以应付不测,并通过对公关系统长期的和持续不断的监测与诊断获取充足的危机发生发展情况的信息等,实际上为危机处理打下了良好的基础,这对于提高旅游业组织的危机处理水平是极有作用的。

(三)公关危机预防的战略

旅游业是一个对产业环境十分敏感的产业,发生在国内外的危机事件必然对旅游业产生显著的影响。在社会稳态情况下,经济及社会运行相对安全、平稳,公众对未来的预期与行为是稳定的,此时的旅游市场供给和需求在正常的范围内波动。而危机的爆发,导致人们的预期和行为可能发生重大改变,影响旅游愿望和出游行为,从而引起旅游供给和需求的重大波动,使本来稳定与均衡的旅游市场陷入危机之中,甚至危害旅游目的地的形象。例如:2003年初,一场突如其来的疫情,使正在高速发展的中国旅游业受到了前所未有的灾难性的打击,"非典"给中国旅游业造成了旅游总收入减少2768亿元的巨大损失,中国旅游业自1989年以来第一次面对负增长的严峻形势。在全球范围内,受SARS疫情、恐怖主义威胁以及经济衰退的影响,许多航空公司取消了航班,饭店客房空置,大量业内员工被解雇,旅游业减少了大约700万个就业机会。

由此可见,鉴于危机事件的频发性和严重性,以及旅游行业的特性,对旅游业的危机预防显得尤为重要。

1. 思想准备

旅游业组织的每一个员工都要从思想上做好应对各种公关危机的准备,具有高度的"防患"意识。为此要开展形式多样的危机教育,让全体员工都了解公关危机的特征和危害,使全体员工都具有一种预防危机的责任感,具备优化自身行为、预防各种危机的思想。旅游业组织可通过印发公关危机管理手册,观看录像,在组织网页上进行宣传等形式向员工全面介绍应对危机的方法,让全体员工对出现危机的可能性有足够的了解,做到警钟长鸣。旅游业组织只有具有强烈的危机责任感,才不至于在危机来临之际因准备不足而措手不及,丧失主动权,丧失抢先控制事态发展、抢先采取补救措施的可能。

2. 组织准备

这是指为组织公关危机预控对策行动开展的组织保障活动,具体体现在:

(1)设置危机管理机构。公关危机预防与特定的危机处理不同,特定的危机处理是一次性的,而危机预防是日常性的,应该常抓不懈。因此,在组织中设置公关危机日常管理机构是非常必要的。任何组织都需要有危机管理的措施,唯一不同的是根据组织的性质和大小,其实施情况有所变化。旅游业组织应组建危机管理小组来制订或审核危机处理方案及其方针和工作程序。危机日常管理机构不仅可以承担危机迹象的日常监测、识别、诊断、评估和预警预控工作,而且可以向组织内外公众表明组织认真负责的管理态度。危机管理机构一般由组织管理者、公共关系部门负责人组成,他们具备多方面特长,彼此之间应配合默契;成员组成的原则是领导主持,专家依据需要参与,优势互补。

(2)建立危机管理制度,约束组织成员的公关行为,保证组织危机管理方针、政策、措施的有效实施。建立危机管理制度很重要的一个方面是确定危机发生时共同遵守的准则,如危机发生时尽量不要混淆事实真相;不要做无谓的争论;不要小题大做;不要在事情未弄清之前随便归罪于别人;不要在实施沟通计划时偏离组织的政策等。

(3)训练危机应急队伍。在这方面的要求是:一是进行公共关系专业培训和提高应对公关危机事件能力的培训;二是进行公关危机事件的应对策略的培训;三是建设危机管理案例库,让组织从中吸取经验教训;四是进行综合性的预防演习,以检验公关危机管理预案的可行性程度,修正不足,提高组织危机反应速度。

3. 条件准备

在危机管理中,一般需要准备的条件大致可以分为三类:

(1)危机管理经费的准备。危机管理离不开经费的支持。在危机预防管理阶段,一般应有日常的公关危机经费预算。在危机出现后,经费的使用也是必需的,这些经费虽不能做预算,但还需要事先有所准备,不能临时抱佛脚。

(2)危机管理设备的准备。这主要包括:复印机、传真机、能收发电子邮件的电脑、联通内线和外线的多部电话机、移动电话、摄像机及其空白影带、录放机及空白磁带等。

(3)危机管理信息资料的准备。每一个组织特别是企业都需要有以下能随时取用的书面材料:董事会成员、企业名誉管理者、法律顾问、主要客户和供应商、工会领导人、地方官员(包括公安、消防和医疗方面的人士)、社区负责人、主要的传媒联系人等利害攸关人士的住址、电话及传真号码、电子信箱等;主要负责人的资料和照片;员工的资料;所有设备的统计资料;与团体和供应商的主要合同以及企业常设机构和派出机构的资料,等等。以上资料要归类存档,以便于查询,从而帮助组织特别是企业尽快地解决公关危机。

4. 基础工作准备

组织公关危机预防的基础工作十分重要。危机"病毒"是普遍存在的,它环绕在组织周围,每时每刻对组织都构成威胁,任何组织想要战胜危机,超越危机,就必须努力增强自身的"免疫力",苦练内功,夯实基础,组织只有做好各项基础性工作,才能保证效率高、质量优、服务好、效益大,才能增强对环境的适应能力和竞争能力,使管理系统有序地进行,减少和消除存在的"危机"。为此,要不断强化公关意识,全面提高员工素质,加强与各类公众沟通,建立"揭短露丑"的信息反馈系统,严格执行科学的管理制度,及时了解公众情绪,防止因一些枝节问题引发公关危机。

(四)公关危机预防程序

1. 公关危机迹象监测

公关危机监测涉及组织管理的各个环节、各个岗位、各个部门,以及每个员工,甚至涉及设备、环境、管理方式和管理职能,是一项复杂的系统工程。任何组织都应重视公关危机监测工作,且必须运用科学规律、科学规范、科学方法、科学手段进行危机监测管理。公关危机监测水平如何是评价一个组织的管理水平、衡量一个管理人员的管理能力高低的一项重要指标。进行组织公关危机监测,要根据不同组织的具体情况,把最可能引发危机的影响因素或最可能出现危机的实践领域作为重点监测对象,对监测对象的活动进行全过程的内外关系状态监视,对大量的监测信息进行整理、分类、存储,建立监测信息档案,形成系统有序的监测信息成果。

2. 公关危机迹象识别

公关危机迹象识别是指根据危机迹象监测收集的有关信息,在比较分析的基础上,判断危机迹象的实际存在状态。它可以通过对已经获得的有关危机迹象的监测信息的分析,具体确定和描述公共关系系统中已经出现的危机迹象,为开展危机迹象诊断做好认识上的充分准备。危机迹象识别要注意以下几个问题:

(1)必须具有确定的识别指标。识别指标是识别危机迹象的准绳,通过这种准绳可以衡量危机迹象是否确实存在和存在状态如何。一般可采用两类识别指标:一是通用的公共关系状态指标,二是专用的公共关系危机状态指标。前者用于比较分析,后者则可以直接测量。

(2)危机迹象识别必须进行综合的比较分析。在社会组织的整个公共关系系统中,各因素相互联系、相互影响、相互制约,一个因素或环节上出现的危机迹象可能是另一个因素或环节上的危机迹象造成的,一个层次上的危机迹象可能是另一个层次上的危机迹象引发的,正因为这样,公共关系危机迹象的识别必须进行综合分析,反复比较,多方判断,以实现对危机迹象的全面把握。

(3)危机迹象识别必须达到准确有效的描述。准确有效的描述是相对于危机迹象识别结论而言的。准确,就是要求表述准确,不能含糊其词,文不达意;有效,就是指识别结论能够有效地说明问题,并能有效地运用于危机预防管理和具体处理之中。为了做到准确有效,一般要求对危机迹象不仅作性质方面的描述,而且要作数量方面的描述,以达到对危机迹象有较大深度的把握。

3. 公关危机迹象诊断

危机迹象诊断是指根据危机迹象识别的结果,利用与危机迹象相关的各种信息,对已被识别的危机迹象进行基本成因分析、发展趋势预测和可能损失评估,为危机预警预控提供依据。仅对危机迹象进行监测、识别而不对危机迹象进行诊断,危机迹象就不可能得到正确的解释和评估。因此,必须在对危机迹象进行监测与识别的基础上进行有效的诊断。有效诊断一般应抓住以下几个方面来进行:

(1)深入分析危机迹象产生的原因。公关危机产生的原因是多方面的,危机迹象的诊断必须尽量从多方面找原因,挖根子,以便使危机预防工作真正落到实处。

(2)合理预测危机迹象的发展趋势。根据危机迹象之间的因果关系对危机迹象进行将来时的逻辑推论。进行危机迹象发展趋势预测,首先必须明确的是,危机迹象发展趋势预测是建立在准确的危机迹象成因分析的基础上的,这就要求分析危机迹象产生的原因必须深入、具体、客观;其次必须明确的是,危机迹象之间的因果关系有其过程特征,这就要求进行危机迹象发展趋势预测时必须分析危机迹象的进行过程,把握其规律性;最后必须明确的是,危机迹象的成因和过程都是十分复杂的,要运用科学的方法,以保证预测结论符合逻辑,真正有效。

(3)恰当评估危机迹象可能带来的损失。危机迹象可能带来的损失是指当危机迹象成为危机事实后对组织的公共关系、经营管理、公众、社会环境可能造成的损害。危机迹象可能带来的损失的评估任务主要有两个:一是对现已被确认的危机迹象正在造成的损失进行评估;二是对现已被确认的危机迹象在将来一定时期内可能造成的损失进行评估。对危机迹象可能带来的损失的评估结论是进行危机预警预控的"决策"依据。

4.公关危机预警预控

危机预警预控是指在对危机迹象进行了有效监测、识别、诊断的基础上,根据危机迹象的现实情况和发展趋势,对可能出现的危机事态发出必要的警示和作出必要的控制。进行危机预警预控的工作任务可分为两项:

(1)公关危机预警。预警就是对可能出现的危机事态发出警示。在社会组织内部,警示对象又包括组织的领导者、公共关系人员和全体员工,警示的目的是引起他们对危机的了解和重视,以便他们做好必要的应对准备。在社会组织外部,警示的对象是与可能出现的危机密切相关的公众,警示的目的是向他们通告危机的信息,以便他们及时离开危机险境,有效避开危机危害。

(2)公关危机预控。危机预控就是对可能出现的危机事态进行提前控制。发出危机警示并不是根本目的,对危机进行有效的预控才是公关危机预防的根本目的。危机预控在于采取措施,使危机消失于未萌发状态,这就是"防患于未然"。一般来讲,危机预控的关键工作内容主要包括三个方面:一是进行公关系统的结构性调整,以使公关系统不至于出现大的震荡,达到全面的平衡与稳定;二是及时解决初步出现的各种公关问题,哪怕是看来非常细小的公共关系问题;三是对于不可控制的危机发展事态要及早制订危机应急方案,做好危机事态的应对准备。

第三节 旅游业公关危机的处理

旅游业组织公关危机可以预防,但并不是都可以被消灭于潜伏阶段,因此,还必须在公关危机预防的基础上,做好公关危机事件的处理。只有将二者紧密结合起来,才能取得公关危机管理的最佳效果。

一、旅游业公关危机处理原则

(一)公关危机处理含义

公关危机处理是指组织针对由非常性因素引发的公关危机事件,采取有效措施,作出妥善处理,以维护组织的良好形象,改善组织的公关状态。面对严峻的公关危机局面,积极的公关危机处理使组织能在最短的时间内,以适当的成本解决危机,与媒体进行有效沟通,与消费者及其他相关公众进行有效沟通,通过运用各种有效手段,迅速控制危机事态,解决危机问题,扭转危机状态,保护组织自身的合法利益。

(二)旅游业公关危机的处理原则

1. 及时性原则

危机的苗头一旦出现,应在最短时间内查明究竟哪个环节出了问题,是什么原因造成的,有没有采取补救措施,并以最快的速度搜集信息,发布信息,采取应急措施。组织一定要抓住处理问题的最佳时机,以免局势失控和造成无法挽回的损失。无论面对的是何种性质、何种类型、何种起因的危机事件,组织都应积极进行处理,即使起因在受害者一方,也应首先消除危机事件所造成的直接危害,以积极的态度去赢得时间,以正确的措施去赢得公众,创造妥善处理危机的良好氛围,而不应采取消极的态度,强调客观因素,推诿搪塞,从而贻误处理危机的时机,造成危机处理的被动局面,引发更大的危机。

2. 公众利益原则

旅游业组织在危机处理时,应首先考虑公众的利益,对旅游业组织来说,就是顾客的利益。应对给顾客带来的不便与损失表示歉意,承担应负的责任,与公众代表共同商定解决方案,多从顾客的角度考虑,减少双方的损失。归根结底,顾客利益实质上就是组织的长远利益,为顾客着想就是为组织自身着想。

3. 统一口径原则

统一口径原则是指组织在处理危机过程中应保持各方面的一致性,最重要的是言行一致。危机处理中一言既出,事关全局,影响甚大,所以必须注意统一口径,避免组织人员的言辞差异。坚持这一原则还能给公众留下组织是团结战斗的整体,组织领导人有能力、有诚意处理好这一公关危机事件的印象;否则只会使已经岌岌可危的组织信誉更加脆弱。同时还应注意前后政策一致,统一宣传口径,不能自相矛盾;还有,对内对外和对所有公众不要有歧视言行,否则会造成不必要的法律纠纷。

4.信息透明原则

信息透明是指对有关危机事件及其处理的信息知道多少就要传播多少,不要有所取舍,更不要隐瞒或歪曲。组织与相关公众在问题解决之前和解决过程中必须进行信息的沟通。组织要主动地与新闻媒介取得联系,公开事实真相,争取公众和媒体的理解与支持,避免媒体的不利报道,使问题的处理能在组织的控制之下按部就班地执行。

二、旅游业公关危机处理程序

为使组织公关危机处理有效进行,必须制定出一个反应迅速、正确有效的处理程序,以避免处理过程中的盲目性和随意性,防止出现公关危机处理中的重复和空位现象。

(一)采取紧急行动

1.成立危机处理临时机构

公关危机爆发后,领导者和公关管理人员应立即组织有关人员成立专门的危机处理临时机构。这种机构是危机处理的领导部门和办事机构,一般由组织的主要领导者负责,公关管理人员和有关部门的负责人参加,为危机事件的有效处理提供强有力的组织保证。

2.迅速隔离危险险境

当出现严重的恶性事件和重大事故时,为了组织及社会公众的生命、财产不受损失或少受损失,要采取各种果断措施,迅速做好保护公众和财产的工作,为恢复组织的良性营运状态提供保证。

3.努力控制危机蔓延

在严重的恶性事件爆发后的一段时间里,危机不会自行消失,相反,它还可能进一步恶化和转化,迅速蔓延开来。因此,必须采取得力措施,控制危机蔓延态势,努力使公关危机所造成的损失降低到最低程度。明智的方法是:真诚对待公众,及时让公众了解真实情况,表明处理事件的态度,迅速着手处理事件。

4.及时搜集有关信息

在危机爆发和延续的过程中,公关管理人员还应及时进行全面观察。观察的内容主要包括:危机事件发生的时间、地点、涉及人员、影响范围、发展情况、危害程度等。在危机事件得到控制后,还要迅速进行调查,从事件本身、亲历者、目击者和有关人士那里广泛全面地搜集信息,详细做好记录,还应利用录音、录像、拍照等记录手段,为善后处理提供充分的信息基础。

(二)积极处理危机

在这一阶段,关键是要遵循正确的工作程序,融积极性与规范性于一体,确保有效地处理危机。

1. 调查情况

将所收集的关于危机事件的综合信息进行分析研究,并形成基本的调查报告,为处理危机提供基本依据。

2. 确定对策

危机处理人员提交危机事件的专题调查报告之后,应及时会同有关职能部门进行分析、决策,针对不同公众确立相应的对策,制订消除危机事件影响的公关方案。在这个环节中,最重要的工作就是对危机所影响到的组织内部公众、受害者公众、新闻媒介公众、政府公众、顾客公众和社区公众等各方面公众采取相应的对策。对策如何,直接影响着公关方案的运作和效果。

3. 实施方案

组织制定出危机处理的对策后,就要积极组织力量,实施消除危机方案。这是工作的中心环节,在实施过程中应注意:调整心态,以友善的精神风貌赢得公众的好感;工作中力求果断、精练,以高效率的工作风格赢得公众的信任;认真领会公关活动方案的精神,做到既忠于方案,又能及时调整,使原则性与灵活性均得到充分的体现;在接触公众的过程中,注意观察、了解公众的反应和新的要求。

4. 评估总结

组织在平息危机事件后,一方面,要注意从社会效应、经济效应、心理效应和形象效应诸方面,评估消除危机的有关措施的合理性和有效性,并实事求是地撰写出详尽的公关危机处理报告,为以后处理类似的危机事件提供参照性文献依据;另一方面,要认真分析危机事件发生的深刻原因,切实改进工作,从根本上杜绝公关危机事件的发生。

(三)重塑组织形象

公关危机得到处置,并不等于组织公关危机处理结束,公关危机处理还要进入重建组织良好形象的营运阶段,只有当组织形象重新得到建立,才谈得上转"危"为"安"。

1. 树立重建良好公关形象的强烈意识

任何公关危机事件的出现,都会不同程度地使组织的形象受到不同程度的损害,使组织的公共关系状态发生不同程度的逆转。为此,组织必须进行公关形象的恢复和重建工作。除了平时应有的公关意识外,在公关危机处理中,还必须树立强烈的重建意识,要有重振旗鼓的勇气,要有再造辉煌的决心,而不能一蹶不振。只有当组织的公关形象重新得到建立,危机处理才能谈得上真正的完结。

2. 确立重建良好公关形象的明确目标

重建良好公关形象的目标是消除危机事件带来的形象后果,恢复或重新建立组织的良好信誉和美好声望,再度赢得公众的理解、支持与合作。具体可分为四个方面:

(1)使公关危机事件的受害者或其亲友得到最大的安慰,取得他们的谅解。
(2)使利益受损者达到心理平衡,并再度成为组织的支持者。
(3)使观望怀疑者消除疑虑,成为组织的忠实合作者。
(4)使组织的知名度和美誉度达到有机统一,吸引更多的事业上的关心者和支持者。

公关危机处理只有依具体情况达到上述相应目标,才可称得上高明的危机公关。

3.采取重建良好公关形象的有效措施

(1)对内要以坦诚的态度安排各种交流活动,以形成组织与其员工之间的上情下达、下情上达、横向联通的双向交流,保证信息畅通无阻,以增强组织管理的透明度和员工对组织的信任感;吸引员工参与决策;制订组织在新环境下的生存与发展计划,让全体员工形成"危机已去,希望在前"的新感受。

(2)对外要同平时与组织息息相关的公众保持联络,及时告诉他们危机后的新局面和新进展;针对组织公关形象受损的内容与程度,重点开展某些活动弥补形象缺损;恢复正常的公共关系状态的公关活动,与广大公众全面沟通,并以过硬的服务项目和产品在社会中公开亮相,从本质上改变公众对组织的不良印象。

三、旅游业公关危机处理策略

公关危机处理的策略是指具体进行危机处理所须采取的对策与方式及其相应的原则规范。采取正确的公关危机处理策略,对于尽快平息组织公关危机,有效重塑组织形象,迅速恢复改善公关状态,具有十分重要的意义。

(一)充分利用媒体的宣传作用

新闻宣传具有受众多、宣传面广、传播迅速、可信度高等特点,由此决定了它的巨大影响力是其他任何公关传播手段都无法比拟的,因此,有"得传媒心者,得公众"之说。危机期间,组织在与媒体打交道时应做到:

1.积极与媒体合作

危机由于影响大,危害深,势必引起各方面的关注。组织应从"公众必须被告知"的理念出发,主动与媒体合作,及时向社会说明组织对待危机事件的态度,公布危机事件的起因、发展的趋势和组织准备采取的解决措施,这样既可以说明危机真相,澄清毫无根据的流言蜚语,又可以表明组织积极、真诚、负责任的态度。对于一时难以查明或无法确定的事实,要如实说明,并尽快查明真相。查实后,及时通报,不能遮掩、推诿或提供虚假不真实的消息。这样组织就可以掌握对外报道的主动权,发布及时、准确的信息,使自己成为发布危机信息的权威渠道,影响舆论的方向,与媒介合作控制危机。

2. 真诚面对公众和媒体

危机期间，组织是社会关注的焦点，舆论报道的中心，一个有责任感的组织的科学处理方式是向社会提供准确的信息，以真诚面对公众，真诚是获取公众信赖的有力手段。这就要求组织在事实未完全明了之前，不要对事发的原因、损失以及其他方面的任何可能性进行推测性的说明，不轻易地表示赞成或反对的态度，绝不能用虚假或猜测的信息去敷衍公众，这样只会损害自己的信誉和形象。特别是因组织自身的失误所造成的危机，应毫无隐瞒地承认自己的错误并主动采取措施弥补过失，保证今后不再犯同样的错误，让社会了解自己是一个负责任的组织。

3. 注意与媒体打交道的技巧

危机期间，组织必须确定一个合适的发言人来发布有关的信息，以一个统一的声音对外。作为发言人，他必须具备一定的专业知识，必须经常与组织管理层保持密切的联系，掌握有关情况，了解危机的最新进展及组织的应对措施，以便及时、准确地向公众通报。在发布信息时，要避免使用专业术语和含混不清的语言，尽可能用一些通俗易懂的语言来表达。发言人要耐心回答记者的提问，由于职业的缘故，记者的提问往往语言比较尖锐，这就要求发言人表现出合作、主动和自信的态度，有高度的耐心，心平气和地回答记者的各种问题，不可采用隐瞒、搪塞、对抗的态度。对因某些原因眼下确实不便发布的消息，也不能简单地以"无可奉告"来拒绝，而应说明理由，求得记者的同情和理解。

（二）全面沟通

在组织发生危机时，公共关系人员通过传播沟通工作以及对有关危机信息的管理，帮助组织很好地处理与受危机影响的各种重要公众的关系，即在危机发生时或发生后，尽可能地与公众保持良好关系，尽量满足公众利益和组织需要。与公众的沟通包括三方面：

1. 让员工享有知情权

员工不应仅仅知道公开的信息，而应该让他们知道得更多一些。如果员工处于对组织现状了解得不全面的尴尬状态，组织不太可能从员工那里得到更多的支持，弄不好还会祸起萧墙，在内部产生不稳定因素。而渡过危机，关键靠员工的信心和努力。员工不仅要了解现状，还应了解事态的进展，组织应随时与他们沟通。当然，同时还应要求员工不要对外散布消息，因为只有组织的发言人才是组织对外发布消息的唯一渠道。

2. 告知公众事情的进展

对旅游企业来说，危机爆发后，社会各界，包括公司股东、主管部门、经销商等都在等待来自公司的最新消息。所以，应经常透露一些对他们有价值的信息。如公司正在和政府合作，调查正在进行中，或正在作出某种选择，等等。

3. 保持与顾客的沟通

为了在顾客心目中树立旅游业组织的良好形象，组织会经常给顾客打电话、写信，与顾客沟通、交流。在危机发生后，为了重新塑造组织值得信赖的形象，还应继续做这些工作。最好是写一封"致顾客公开信"发表在各种媒体上。

在沟通中还要做到：

（1）沟通要及时。危机发生后，组织要尽可能快地掌握事件的原因、经过和全过程，并尽可能快地召开最高领导层会议作出决策。召开新闻发布会告知公众真相，让公众了解组织，为争取公众的谅解和支持作准备；满足媒介和公众对信息的渴望，避免出现"信息真空"；也可以把舆论的控制权掌握在组织的手中，从而控制舆论、引导舆论。实践证明，在危机爆发期，沟通越及时，危机处理得就越好。

（2）克服一切沟通障碍。在跨区域、跨国的危机事件中，旅游业组织要克服语言、文化、经济、风俗民情等一系列的沟通障碍。

（3）耐心而冷静地听取公众尤其是受害者的意见，避免与受害者及其家属发生争辩与纠纷。

（4）最好的沟通是行动。公共关系沟通不仅要靠"说"，更要靠"做"。真诚的行动胜过千言万语。

（三）正面跟踪宣传

组织公关工作的重要内容就是运用现代传播沟通工具进行大量的、广泛的信息传递，宣传组织，塑造形象。如果说"揭丑"是反向宣传，那么，这里所讲的宣传策略就是对组织的正向宣传。危机处理完毕后，一个重要的工作就是如何重新塑造组织优良形象。一旦爆发危机事件，组织往往立刻成为社会、公众关注的焦点，掩盖事实或置之不理，都不是挽回危机影响的良方。因此，组织除了及时主动地将危机事件的处理过程及结果告知公众外，还要大力开展宣传活动，将处理危机的正确态度、有力措施、整改方案借助大众传媒和公关专题活动传播出去，变危机事件为提高组织知名度和美誉度的机会。此外，在组织整改和逐步走出困境的过程中，将每一个进步和发展通过新闻报道方式宣传给公众，让公众了解组织、支持组织，以达到重新塑造组织优良形象的目的。

（四）法律调控

市场经济是法制经济，组织要善于运用法律调控手段来处理公关危机，维护自身形象。法律调控主要包括两方面：一是根据事实，依照有关法律条款来处理；二是遵循法律的程序来处理。运用法律手段处理公关危机，不仅使组织能很好地遵循处理危机的正常程序，而且能有效地保护组织和公众的合法权益。尤其是当旅游业组织受到其他组织的不正当竞争，致使其信誉受到侵害、形象受损时，借助法律便能澄清是非，以正视听，恢复组织的真实形象，并且还能有效地打击不正当竞争行为,从而更好地维护自身形象。

(五)利用外脑

危机发生后,组织应综合考虑各种因素,判断可能出现的各种情况。而组织内部人员此时往往不能客观地预料可能出现的最坏情况,如果此时遇到组织与公众的看法不一致,甚至谣言四起的情形,则很难协调。这时,组织可依靠权威意见来帮助澄清事实,站在不同角度的外部专家的观点、意见,可以更加客观地判断事态发展,并制定有效措施,平息危机。组织可借助的权威有两种:一是有影响力的权威机构,如政府机构、专业机构、消费者协会等;二是有地位、有身份的权威人士,如公关专家、行业专家等。

(六)损失补偿

损失补偿特指在旅游业组织出现严重异常情况,特别是在出现重大事故,给公众造成了较大损失时,旅游业组织必须承担责任,在这种情况下,组织应给予公众一定的精神补偿和物质补偿,以弥补公众的损失。在重大事故中,如有遇难者,这种补偿还应使其家属满意。

(七)协商对话

协商对话是指通过运用协商对话的形式,开展旅游业组织与当事者公众之间的平等交流和双向疏导,双方在互相倾听和思考对方意见的基础上,化解积怨,消除隔阂,统一认识,平衡关系,达到新的合作,以积极的态度处理好已经出现的公关危机事件。

(八)创新突破

公共关系工作的最大特点是创造性,处理公关危机更要发挥创造性,渗透着公关创造性的危机处理结果往往是"旧貌换新颜",有时甚至还会出现一个出乎人们预料的美好结局。其实,所谓创造性策略就是在设计危机处理方案时,要充分考虑各方面的条件和因素,因人、因地、因事而制宜,寻找组织走出危机的突破点,这将对公众、社会、组织都有益处。

(九)注重后效

组织公关危机处理要着眼于当前公关危机事件本身的处理,又要着眼于组织良好公关形象的塑造,不能采取权宜之计和短期行为,而应从全面的、整体的、未来的、创新的高度进行组织公关危机事件的处理,变公关危机为公关机遇,努力取得多重效果和长期效益。查明了导致危机的原因,采取了措施,并不说明处理公关危机的工作就此结束,组织还应对整个事件作一个全面总结,反思一下危机为何会发生,组织工作是否存在疏漏。危机消除后,组织公关活动不能停止,可通过做公关广告或赞助社会活动来进一步塑造良好形象,赢得公众的信赖与支持,以提高组织的知名度和美誉度。

案例9-2　墨西哥旅游业是这样走出地震危机的

旅游业是个非常朝阳而又脆弱的行业,任何一种情况(强烈地震、森林大火、政治动乱、战争……)都会严重危及一个国家和一个地区的旅游业。但是正如世界旅游组织秘书长弗朗加利所言,旅游业本身具有很强的恢复性,经历过一次危机后会变得更成熟。

从"9·11""巴厘岛""蒙巴萨""阿富汗""巴尔干""亚洲金融危机"等事件到1991年海湾战争都没能把旅游业拖垮。值得一提的是,经历过严重地震灾害的墨西哥旅游业,在沉寂7个月后又重新兴旺起来。

墨西哥是世界上有名的旅游国家,旅游业发达。旅游业成为墨西哥经济的重要支柱不是偶然的,墨西哥有着丰厚的旅游资源。

墨西哥首都墨西哥城是世界最大的城市之一,它是举世闻名的古玛雅文化、中美洲阿兹特克族人文化和托尔特克文化的发祥地。墨西哥城的查普尔特佩克公园是全城的旅游中心,被人们称为"墨西哥城市之肺",这里建有露天音乐厅、儿童园地、动物园,这里四季如春、景色绮丽、气候宜人。

这样一个受到世界各国游客喜爱的著名旅游国家,却因1986年发生的一场大地震而使它的旅游业骤然遭受到空前的巨大打击。人们当时谈"墨"色变,那里再好玩,谁还敢去呢?墨西哥的旅游人数由几千万人一下子几乎降为了"零"。当时已订好了机票、饭店的游客,纷纷取消了出游的计划。

在这危机时期,墨西哥出资请了美国的著名公共关系专家来到墨西哥出谋划策,意在挽救国家经济重要支柱的旅游业。美专家通过一番深入的调查和努力,了解了墨西哥地震后的真实情况,通过电视、新闻等诸多媒体向外如实地报道损失,使游客对墨西哥地震后的现状有一个正确、直观、现实的了解,打消了对墨西哥震后惨状的猜测、疑虑和可怕的想象。

然后,墨西哥又出巨资到美国、日本等发达国家邀请文艺、体育和政界名流到墨西哥旅游。在他们下榻的饭店客房里、在著名的景区和街头巷尾,到处留下这些名人的身影,然后由墨西哥新闻界将这些录像在世界各地播放,用名人效应解除人们来墨西哥旅游的顾虑,引起外国游客对墨西哥的探究心理,在短时间内取得了极大的效果。经过7个月的沉寂之后,墨西哥的旅游业又兴旺起来,游客人数竟超过了地震前,墨西哥的旅游业不但没有因此而崩溃,反而通过努力使许多相关的行业也兴旺起来。

更有意思的是,因为大地震,人们对墨西哥玛雅民族从人类大家庭消失的谜团竟有了新的解释。

资料来源:乔奕.中国旅游报.2003-04-12.

案例讨论：
结合本案例分析旅游业公共关系危机处理的基本原则和方法。

专业词汇

公共关系危机　公关危机监测　公关危机预防　公关危机处理

思考与练习

1. 旅游业公关危机的特点是什么？
2. 旅游业公关危机产生的原因是什么？对旅游业有哪些影响？
3. 为什么要建立旅游业公关危机监测制度？监测方法有哪些？
4. 什么是旅游业公关危机预防？为什么要进行危机预防？
5. 旅游业公关危机处理的原则是什么？公关危机爆发后应如何处理？
6. 假设某家饭店发生了一起导致客人伤亡的火灾事故，饭店应怎样处理？作为公共关系人员，你该做些什么？
7. 搜集公共关系危机处理的正反案例，总结其经验教训。

第 10 章

旅游目的地形象塑造中的公共关系

本章导读

旅游形象是旅游目的地的无形资产,是目的地持续发展中不可或缺的要素。目的地的环境、布局、建筑、风俗等是它的外表形象,目的地形象的精髓在于它的内在形象。良好的目的地形象必将有力地提升目的地的综合竞争力,从而激发目的地所在区域的可持续发展能力。本章将分析公共关系在旅游目的地形象塑造中的作用,并针对旅游目的地发展的不同阶段探讨应采取的公共关系策略。

第一节 公共关系在旅游目的地形象塑造中的功能

一、旅游目的地形象与公共关系

旅游目的地形象包括发射性目的地形象和接受性目的地形象,前者是指旅游目的地经营管理者所设计和传播的形象,后者是指公众所感知的旅游目的地形象。在旅游目的地形象的塑造方面,其成功与否的评价标准应该是从供给角度出发的发射性目的地形象和从需求角度出发的接受性目的地形象是否吻合。从公共关系的角度来研究旅游目的地形象塑造的问题,利用的是双向沟通的方式,既为旅游目的地服务,也为旅游客源市场服务;既为各类形象塑造的主体服务,也为各类形象感知客体服务。它着重建立组织与公众之间的相互沟通和理解,形成一条由"目的地形象塑造主体的信息通过传播媒介到达形象感知客体,再反馈到目的地形象塑造主体"的循环,从而改变单一的只考虑信息发布不考虑接收的局面。

现代公共关系已有一百多年的历史,它作为一门塑造形象的科学和艺术,非常注重组织与组织、组织与公众之间的真诚沟通、坦率交流、仔细倾听、及时反馈、互动理解、建立信任。在战略层次上,通过协调各种沟通手段,公共关系可以在提高和保持目的地形象和地位方面发挥先锋作用;在战术层次上,公共关系可以用来创造并利用机会向一般公众或目标群体传达选定的信息。① 旅游公共关系,既为旅游目的地服务,也为旅游客源服务;既为各类旅游主体服务,也为各类旅游客体服务。因此,恰当的公共关系对旅游目的地的发展十分必要。它对旅游目的地形象的塑造和确立发挥着重要的战略、战术作用。旅游目的地初创时期、顺利发展时期和遇到危机时期,以塑造、传播旅游形象为主体的公共关系活动在旅游目的地形象塑造方面发挥了如下功能:初创时期鲜花铺路、顺利发展时期锦上添花、遇到危机时排忧解难。

二、旅游目的地形象塑造的阶段划分

1980 年加拿大学者 Butler 在《旅游目的地生命周期概述》一文中,借用产品生命周期模式来描述旅游目的地的演进过程。他提出旅游目的地的演化要经过 6 个阶段:探索阶段、起步阶段、发展阶段、稳固阶段、停滞阶段、衰落或复苏阶段。

从事旅游目的地形象研究的学者沿着 Butler 的思路,总结出旅游目的地在不同的生命周期阶段表现出的形象特征,并提出了相应的形象战略,如表 10-1 所示。这对于旅游目的地发展的不同阶段所运用的公关策略具有指导意义。

表 10-1　旅游目的地形象生命周期模式

阶段	形象特征	形象战略方向
探索	知名度低,探险者乐园	树立形象
起步	新型旅游目的地	形象广告促销
发展	高知名度的正热或过热旅游目的地	弱形象战略
稳固	热了比较久的旅游目的地	反促销
停滞	美誉度下降,不再时兴的旅游目的地	形象危机处理战略
衰落	美誉度低,衰落的旅游目的地	设计新形象
复兴	重新发展的旅游目的地	重新定位和形象传播

资料来源:李蕾蕾.旅游地形象策划:理论与实务.广东旅游出版社,1999:91.

此表非常清晰地指明了旅游目的地在不同阶段所表现出的形象特征,并对各个阶段所需要采用的形象战略做了初步的描述。公共关系活动作为一种独特的形式贯穿于目的地形象周期的每一个过程。按照这一思路,我们将旅游目的地形象的塑造分为三个阶段,即形象创建阶段、形象维系阶段和形象危机阶段。

---

① 维克多·密德尔敦.旅游营销学.中国旅游出版社 2001:234.

（一）形象创建阶段

在这一阶段中,旅游目的地正处于初始发展阶段,或是新开发的旅游目的地。其旅游形象属于潜意识而自然形成,是长期形成的关于某一地理区域及其自然景观的总体认识,即本底感知形象。在这一阶段,只有少量的"探险型"游客;旅游设施方面还很少或很简陋。在漫长的发展时期,旅游形象以本底感知形象的形式处于一种自然演化的过程中,这种感知随着旅游地的自然和社会环境的变化而发生变化。

随着旅游业市场的发展,广告开始出现,意味着旅游地开始向外宣传,促销旅游产品,传播旅游形象。因此,旅游地开始有意识地设计、塑造旅游形象,吸引游客,旅游形象初步发挥其经济功能并产生一定的经济效益,旅游形象演化开始步入旅游形象经济化的过程。此阶段,虽然当地开始投资于旅游业,公共部门也开始对旅游基础设施进行建设,但旅游产品还处于初级开发阶段,旅游有明显的季节性,在很大程度上还是旅游资源或者旅游资源简单包装而成的初级产品,旅游产品的形象、旅游地的旅游形象都建立在旅游地的旅游资源或初级旅游产品基础上。此时旅游地的发展应处于其生命周期的探索和起步阶段,外界游客对目的地的感知还很低。此时,旅游目的地为吸引更多的游客前来,取得更好的经济效益,必定要应用各种手段来提高目的地的认知度。

（二）形象维系阶段

在这一阶段中,旅游接待量开始迅速增长,游客数目甚至超过当地居民数,旅游目的地已经有明确的客源市场,外来投资比重增多,并逐渐占据控制地位;人造景观开始出现,并取代自然的或文化的吸引物,"中间型"游客取代"探险者"。此时的旅游地已经形成成熟的旅游市场,产生大量的旅游广告,市场促销宣传以及旅游形象的传播力度加强,且游客也已成为旅游地旅游形象的传播者。虽然这一时期的游客总量还在增加,但增长率已经开始下降,直接表现为旅游经济效益下降。另外,大量游客的旅游活动一旦严重影响旅游地居民的活动,居民对于游客的态度便会逐渐转为冷淡,旅游地在游客中的良好形象也开始变差。此时,旅游目的地的发展应处于其生命周期中的发展和稳固阶段,此时的旅游目的地进入成熟期,旅游地形象处于高认知度时期。目的地此时所要做的主要工作就是维持其良好的形象,取得更好的经济效益,同时确保目的地的可持续发展。

（三）形象危机阶段

此阶段的游客量达到最大,达到容量限制,但旅游市场范围严重萎缩,环境、社会问题都已经出现。同时,旅游地为保持游客规模、招徕游客,可能兴建一些表现历史文化的人造设施,因此,视觉景观形象因素中自然成分的比重逐渐减少,人工成分比重加大,自然和文化的吸引物或许被"人造"设施所取代,旅游地形象与环境相脱离。在此阶段,旅游地不但失去在游客中的良好形象,而且现有旅游形象也已经陈旧,急需更新或重塑旅游形象。

目的地生命周期的衰落阶段表现为:旅游地游客量减少,旅游市场衰落,旅游地竞争力非常弱,旅游经济效益低微、运转不顺畅。旅游地需要重新关注市场,竭力发掘资源的潜力,以资源为依托,紧密结合市场,设计塑造旅游形象,力图重振昔日雄风、力挽狂澜。在复苏阶段,旅游地增加人造景观吸引力,或是挖掘历史文化内涵,或是发挥未开发的自然资源的优势,整合资源,游客量增加。当目的地到达生命周期中的停滞阶段和衰落阶段时,旅游地的形象自然会出现危机。

三、公共关系在旅游目的地形象塑造不同阶段的功能

塑造形象是公共关系的核心功能。在旅游目的地形象塑造的不同阶段,公共关系所发挥的功能也不尽相同。

(一)目的地初创时期——树立、推广形象

在旅游目的地的初创时期,公共关系有两方面的特征,一是具备了塑造组织形象的物质基础。经过前期的充分调查论证,组织的初创一般都是精心策划的符合社会公众需求的旅游产品和服务,在经营理念、旅游设施建设等方面具备了一定的基础,这也为公共关系工作的开展奠定了基础条件。二是此时目的地公共关系的开展工作处于"零"起点,目的地的认知度、美誉度及整体形象塑造都是从"零"开始的。

初创时期目的地公共关系的主要任务是:扩大影响,迅速提高目的地的知名度。传播推广的内容应特别突出组织与众不同的特色,宣传目的地的"独特风格、独特形象"。

(二)目的地发展时期——强化、升华形象

在发展时期,目的地已经拥有较为良好的形象,其产品和服务都能得到公众的好感和好评。但是在市场竞争日趋激烈的今天,任何优势都是比较而言的,旅游目的地应该居安思危,通过不断的公共关系工作,以保持竞争优势,不断扩大知名度,提高美誉度,提升已有的良好形象。此时,组织应该不断加强宣传、大力进行旅游营销,不断扩大其影响力,强化形象,实现目的地真正的可持续发展。

目的地要持续不断发展,就要进行创新,不断推出新的产品和服务,这时公共关系的主要任务就是消除公众的怀疑心理,引导他们接受新的产品和服务。并以此作为新的契机,不断升华目的地的良好形象。

(三)目的地危机时期——维护、挽救形象

目的地的发展不可能是一帆风顺的。在复杂多变的环境中,目的地随时都可能遭受突如其来的灾难而陷入危机之中。如各种自然灾害、疾病、政治暴乱、恐怖主义等;再则,目的地组织自身的产品质量、服务、安全问题,与公众的沟通问题及来自竞争对手的恶意竞争等都会损害到目的地的形象。这些事件的发生会具有"轰动效应",会迅速提高目的地的知名度,同时事件的负面影响又使目的地美誉度

大大降低。

在这一时期,公共关系的主要任务就是处理好危机事件,分析危机的源头,采取有效的方法扭转对目的地发展的不利局面。

第二节 目的地形象塑造中的公共关系构成要素

一、目的地形象塑造中的公共关系主体

1. 当地政府机构

在现阶段,我国政府在整个目的地的协调开发和联合营销、形象建设和推广、保护消费者利益、旅游基础涉及建设、规范社会行为、维护社会安定及保护环境等方面发挥着不可替代的作用。在政府所参与的旅游活动中,更加重视宣传旅游目的地的整体形象,而不是针对某个旅游企业;更加重视各方面的利益协调和平衡,在目的地遭遇危机时,能够利用政府所特有的公信力和良好信誉使游客相信旅游目的地正在向好的趋势发展。旅游局是政府机构的重要代表。

2. 目的地旅游业经营者

旅游业的经营者是旅游目的地整体形象形成的重要主体。包括直接从事旅游业经营的各类企业组织,如旅行社、酒店、旅游景点、购物商店等。这些旅游企业为了增加经济效益,通常会对外宣传企业自身的形象、产品和服务等。他们通常通过线路宣传、打折促销、开业庆典、名人到访等形式来达到提高自身形象,从而提高其经济收益的目的。旅游业经营者成功的公共关系活动,不但能提高企业自身的形象,往往也能使目的地的整体形象得到提升。

3. 旅游协会组织

行业协会是一种非营利性的社会组织。目前我国的旅游协会有着信息提供和协调两大功能。目前,随着市场经济的发展,行业协会在拓展国内外旅游市场,加强旅游宣传促销,介绍旅游资源、旅游产品,吸引游客,促进旅游业持续、健康、快速发展方面发挥了越来越重要的作用。

4. 当地旅游从业人员

当地旅游从业人员是旅游目的地形象塑造中的重要个体。从旅游产品特性的角度来看,旅游从业人员的服务水平和服务态度也是旅游产品的组成部分。他们对游客提供服务的过程,也是和顾客交流的过程,即顾客了解旅游目的地的一个直接窗口。因此,从业人员的素质和形象的塑造,对旅游企业的形象塑造,甚至对整个目的地的形象塑造都构成了直接的影响。

5. 当地居民

当地居民作为旅游目的地的组织部分,在目的地形象塑造中有重要作用,它既

是公共关系的主体,不少地方在塑造目的地形象时都注意到当地居民的参与;当地居民也是公共关系的重要客体,是旅游目的地人文环境的重要组成部分。

二、目的地形象塑造中的公共关系客体

1. 游客

旅游业的一切开发工作和接待工作都是针对和围绕旅游者而进行的。没有旅游者,便没有旅游活动,也不会有旅游目的地的经营。所以对于旅游目的地来说,游客就是其生命线,也是目的地公共关系工作的主要对象和最终目标。游客感知形象如何,直接关系到目的地形象的好坏,他们的口碑效应也会对目的地的长远发展形成巨大的影响。旅游目的地要想生存和发展,就必须同游客建立良好的关系。在实际的公共关系活动中,要尊重游客,将游客利益放在第一位;为游客提供各种优质、人性化的服务;主动与客人沟通,征询意见并及时妥善地处理好各类游客投诉,这是目的地公共关系能顺利、持续发展的基础。

2. 当地社区居民

旅游目的地所在社区是组织生存和发展的重要环境,它与目的地组织在空间上紧密相连,在利益上不可分割。当地社区不但为旅游目的地提供所需的一些公共设施,还为目的地提供了熟知当地风俗习惯、风土人情、交通等的员工。当游客在目的地游览时,有些游客会探寻不同的风景,有些会更加关注休闲娱乐,有些则热衷于了解当地的风土人情,不管何种方式的行为,都会不可避免地与当地居民进行接触。因此,当地居民的态度如何,是游客实地参观过程中形成形象感知的一部分,也就成了目的地形象塑造中公共关系工作的主要客体。

3. 旅游业其他间接的支撑者

旅游业的其他间接支撑者包括与旅游业相关的其他一些服务行业,如金融、保险等,还包括一些为旅游业提供产品的其他行业,如农业、渔业及为旅游业提供宣传的新闻媒体等。这些行业看似和旅游业毫不相关,但由于旅游的综合性,它们在旅游者的来访活动中为之提供相应的辅助服务。它们提供的产品或服务的质量的好坏,直接关系到公众对整个目的地形象感知的形成。因此,旅游目的地组织要有效地对这些支撑客体开展公共关系活动,使它们为旅游目的地形象的塑造增加正面的砝码。

三、目的地形象塑造中的公共关系媒介

传播沟通是联结公共关系主客体的媒介。在目的地形象塑造中,服务是旅游产品的核心,而服务多表现为客我的直接交往,这本身就是一种沟通媒介,即人际传播。此外,公共关系主体运用各种传播技术,如各种广告、音像制品、刊物等的编辑与制作,组织各种专题活动,包括节庆活动、目的地推介活动、展览展销活动等;

旅游目的地的管理者和相关主体在进行公共关系活动时,既利用传统大众媒介如电视、广播、报纸、杂志等传播信息,也越来越多地采用各种新媒体如互联网网络平台、手机微信、手机APP、微博、QQ等进行传播。后者在双向沟通上常常表现得信息量大且更为便捷,因此,越来越受到大众的青睐。

第三节 旅游目的地形象塑造各阶段中的公共关系策略

针对旅游目的地不同阶段中形象塑造的要求,采取适当的公共关系策略才能取得事半功倍的效果。

一、形象创建中的建设型公共关系策略

在旅游目的地形象创建之初,公众的认知度还不高,目的地的管理者应运用各种策略和手段来与外界沟通,建立起目的地在外界公众心中的良好形象。主要公共关系策略有:

(一)政府主导的形象建设策略

在政府主导型的公共关系策略中,由政府负责组织、协调、监督、控制其他社会公众共同参与旅游目的地的形象创建活动;政府对旅游目的地形象创建提供一部分的资金支持,以用于目的地的形象建设,或是对参与目的地形象建设的旅游企业、相关行业进行补贴等。政府主导型公共关系策略的好处在于能充分发挥政府宏观调控、综合管理的优势,集中各种社会资源形成合力。在对外宣传的过程中,凭借政府的公信力能够迅速提高目的地在公众中的知名度。对于发展滞后或刚刚处于开发阶段的目的地,政府主导型的公共关系是其形象创建的现实途径。

政府在对旅游目的地进行形象建设时要注意以下几点:

第一,形象建设要突出地域特色。旅游目的地的形象建设从内容到形式都应具有鲜明、突出的独特个性,给人以与众不同的新鲜感,从而产生强烈的吸引力。政府应全力以赴在创新上做文章,力争做到人无我有、人有我佳,唯我独尊、独具特色,在旅游市场上最具竞争力,更能提高旅游者的满意度,适应特定旅游者的需要。

第二,要精选形象包装。精选的形象建设能够点燃和提高旅游者对于旅游目的地的兴趣,有助于增加旅游者的平均花费量和他们停留的时间。政府应组织旅游企业界人士、学者、市民、游客以及其他潜在消费者对旅游目的地形象的内涵进行研讨,抽象出地域形象的精华予以建设。

(二)政府主导、企业参与的公关宣传策略

政府牵头、企业参与的旅游目的地节庆、节事、事件活动是目的地形象创建中的重要公关形式之一。这些活动是对旅游目的地形象要素进行整合的主要实施方式。它将旅游目的地高质量的产品、服务、娱乐、背景、人力等众多因素围绕某一主

题进行组织与整合,全面盘活了目的地静态设施与服务。另外,活动期间,大众媒体的集中报道将迅速提升目的地的认知度和美誉度,高效推广目的地形象。

这些活动需要鲜明的活动策划,更要耗费巨大的人力、物力与财力,是一个庞大的系统工程,事关全局,影响深远,没有政府的具体组织实施是不可能成功的。而市场化运作下的节庆、节事、事件活动往往容易单纯地将运作目标集中于经济利益的获取,忽视其社会效益和环境效益。因此,政府在活动的规划与宏观协调、组织上应起到牵头作用。当然,具体活动与实施仍然需要企业参与,走"政府主导、部门联动、企业主体、市场运作"的路子。

二、形象维系中的维系型、进攻型公共关系策略

目的地经过了形象创建阶段,其产品形象逐渐为公众感知和认可,目的地开始逐步进入发展期和成熟期。这一时期,目的地的市场形象已经建立,目的地的宣传费用可以相对减少,市场上开始出现同类型的旅游目的地的竞争。公共关系在这一阶段的目标将以建立美誉度为主,将公关和宣传的重点由介绍目的地转向树立目的地的旅游形象,逐渐培养各界社会公众对本地旅游产品的信任,进一步打开目的地产品在社会上的声誉。这一阶段所应用的公共关系策略主要有:

(一)形象维系中的全面沟通协调策略

旅游目的地作为一个开放型的组织,其组织各部门之间既存在一定的内在联系,又受到外部环境的影响。因此,内外环境的协调发展非常重要。公共关系在目的地的发展中的协调作用主要表现在与公众沟通信息、建立感情,取得理解和支持等方面。与公众的信息沟通是公共关系的基本职能,对内包括目的地旅游从业者的沟通、各职能部门之间的沟通等;对外包括目的地组织与游客之间、与社区之间、与新闻媒介之间、与政府之间的沟通等。在处理顾客关系时,应坚持市场导向,树立"顾客第一"的经营理念,一切为顾客着想;要和新闻媒介建立起相互了解和相互信赖的合作关系,并及时向新闻媒介实事求是地传播有关目的地的信息;要和社区居民和睦相处,承担起对社区的必要社会责任,改善社区关系等;要加强与政府部门的沟通,在开发新的项目时,争取得到政府的政策支持和资金支持。

在目的地的协调发展过程中,要注意:

第一,完善协调机制,强化横向沟通。因为目的地在发展的过程中,需要政府、企业、公众分别完善各系统内的横向协调机制,确保信息在系统内部的快速、真实传递,它是实施纵向沟通的基础。

第二,加强媒体管理,建立沟通系统。政府是旅游应对网络的核心主体,信息传递经过一个从政府到社会团体、企业和公众的纵向过程。必须借助媒体,建立有效的政府—媒体—公众(旅游者)的纵向沟通机制,确保各方主体的信息对称。

(二)形象维系中的生态公关策略

生态公共关系是指社会组织在运营过程中,为解决组织与自然环境的矛盾,塑造组织良好的公益形象,围绕生态平衡和环境保护问题,所进行的一系列信息传播活动和采取的行为规范。目的地作为旅游活动赖以生存和发展的重要载体,其生态平衡和环境保护问题,始终是生态公关的出发点和基本点。生态公关面对的客体,不仅指社会组织的相关公众,而是全社会。主要包括内部的员工公众,外部的顾客公众、政府公众、媒介公众、社区公众,及各种特殊的社会团体、群体和个人。生态公关的最高境界和终极价值在于,创建一种以最小的环境代价取得最佳经济、社会效益的和谐状态,走可持续发展的道路,达到社会组织稳定发展和地球生态平衡的"双赢"效果。

目的地是旅游业赖以生存的载体,环境问题是目的地发展中的重要问题。作为形象塑造的主体,目的地组织应以务实的心态,做好生态公关工作。这不仅是旅游目的地对于人与自然以及社会发展与环境之间关系的审视与反思,也是自身可持续发展的必然选择。

(三)形象维系中的开拓式公共关系策略

开拓式公共关系主要是目的地采取主动出击的方式来树立和维护良好形象的公共关系活动模式。一般在目的地的成长期,当目的地组织与外部环境的矛盾冲突已成为现实,而实际条件有利于组织的时候,目的地组织就应该采取各种独特的、新颖的方式来树立良好的目的地形象,最终赢得消费者的信任,并在其他公众心目中留下了深刻的印象。同时,该策略还体现出目的地的开拓和创新精神。开拓式公共关系的特点是抓住一切有利时机,利用一切可利用的条件、手段,以主动进行的姿态来开展公共关系活动。

三、形象危机中的矫正型、防御型公共关系策略

对于旅游目的地形象危机的出现,可以有多种原因:第一是目的地到了生命周期的衰落阶段,对游客的吸引力开始下降;第二是旅游地的内部管理使目的地的信誉下降,从而引起形象危机;第三是外界不可控因素的影响等。针对不同原因造成的形象危机,目的地应采取不同的公关策略,重塑旅游目的地的良好形象。

(一)针对不可控因素引起的形象危机中的形象矫正性公关策略

第一,充分利用新闻媒体的正面宣传作用。新闻界既是组织赖以实现公共关系目标的重要媒介,又是其必须要尽力争取的外部公众。新闻工作者利用舆论的力量对广大公众产生巨大影响。

第二,危机后的目的地形象重塑策略。危机发生后,一方面受影响国家或地区需要调整宣传内容,着重强调政府和地方机构是如何消除危机影响、确保危机不再发生,消除旅游者的恐慌心理和此前建立的不良印象。另一方面向目标市场宣传

新的旅游形象,以替代在危机中受到破坏的原有形象,重新启动旅游业。

危机事件的消极影响处理不当,有可能引起旅游地的长期萧条。必须利用危机事件引起市场关注的机遇,及时做好市场疏导工作,扭转区域旅游形象对事件旅游的疏导要按照事件的进展"有利(益)、有节(奏)"进行。

(二)衰退阶段中的防御型公关策略

对于旅游地的生命周期可以通过人为的控制、调整使旅游地的生命周期得以延长,从而改变旅游地在"自然生长"状态下的运行轨迹。随着旅游地管理能力的增强,旅游地通过人为的策划而延长生命周期的可行性越来越大,并将成为必然的趋势这也是旅游地可持续发展的需要,即对旅游地的生命周期中衰退阶段的到来进行防御,推迟它的到来。公共关系通过对环境的观测和调查及时把握公众舆情,了解游客的反馈,以便采取相应的防御型策略。

旅游地要有危机意识,在目的地的快速发展期和平稳期时就要"居安思危",采取各种有效的措施,包括推出更加有吸引力的新产品,重塑旅游形象,延缓甚至避免旅游目的地衰退期的到来。

案例　杭州的旅游形象塑造和推广

- 杭州旅游形象标志的CI策划工作

2002年,有关部门邀请全国著名的形象策划设计师进行杭州旅游形象策划,经过专家和学者多次研究、评比,选出了3个预选方案,在《杭州日报》上公布征求市民意见,在吸收大多数市民和专家的意见的基础上,确定了"大尾凤蝶"作为杭州旅游的形象标志,杭州旅游从此有了自己的形象特征和标志,使杭州旅游宣传进入了个性化标志的时代。

- 广告宣传

2002年,杭州旅游委员会投拍了杭州旅游的形象广告片和系列专题宣传片,制作完成了杭州旅游形象广告片中的情感篇、缤纷篇、意境篇,以及5分钟、10分钟两个杭州旅游专题片。

2003年,邀请了德国电视摄制组来杭州拍摄杭州旅游专题片,接待了台湾墨客杂志、旅报和日本的电视记者来杭州考察。并邀请中央电视台"夕阳红"栏目来杭州拍摄了以龙井茶为主要内容的专题片,并在中央一套、二套和四套中播出。

2004年,拍摄制作了以"女子十二乐坊"为形象代言人的旅游广告片和宣传专题片,策划编印了一系列以"女子十二乐坊"为形象代言人的招贴画等,在日本主流媒体投入广告费用1000万元大力推广杭州形象,充分发挥了"女子十二乐坊"作为代言人的价值与功效。

● 旅游宣传册

2002年，杭州旅委制定了一个系列的宣传制作计划，已经制作的宣传品有杭州旅游招贴画"山水杭州""人文杭州""爱情杭州""休闲杭州"一套四张，杭州旅游法文、德文、日文、韩文、英文、中文繁体、中文等版本，"杭州旅游"活页，《爱情之都——杭州》等宣传资料，初步形成了比较齐全的旅游宣传品系列。

2003年，根据年度计划和形式需要，通过招标等不同方式编印了一些宣传资料：《新杭州新天堂》，用于向海外旅行商和有关机构的宣传；《杭州人游杭州》用于向杭州市民和各地来杭州的游客散发；《江南山水，人间天堂》用于北方市场促销；杭州旅游这页用于宾馆饭店和旅游咨询点，供游客免费索取；《走遍杭州》系列：《逛西湖》《吃啥西》《游郊外》《爬山去》《泡杭州》《看宝贝》以清新的笔调全面展现杭州；制作《CITY旅游》杭州专辑；与苏州联合制作《苏杭天堂之旅》宣传册；制作了100个杭州特惠游易拉宝，用于放置上海30家旅行社100个门市部；制作了《品杭帮菜，游新西湖，观西博会》优惠手册，向上海市民散发。

2004年，落实了《杭州旅游指南》多语种读物的编印、布点和配送任务；制作《生活在天堂——杭州》2004百姓生活游三折页；针对香港市场，制作"美丽之都·魅力杭州"宣传册；编印《泡泡杭州》日文手册；出版《游走杭州——享受丝绸般的美感》；编印《2003中国（杭州）国内旅游交易会参会指南》；制作杭州旅游对日宣传专题片、广告片。

● 节庆活动营销

2002年精心策划了"中国民间艺术游——欢乐杭州"活动方案。

2002年3月底以精心策划并举办了第一届中国杭州西湖龙井茶开茶节意在打响杭州茶文化品牌，树立杭州茶都形象。

2002年，在西博会期间，杭州旅游推出了"西博之旅"活动，精心编排和推出了20条"西博之旅"特色旅游线，首批推荐20家有实力、信誉好的旅行社组织"西博之旅"，并给予相关的优惠措施，取得积极成效。在西湖博览会期间，杭州市旅委与下城区政府联合举办了中国杭州丝绸时尚节，意在打响杭州丝绸文化品牌，树立杭州的丝绸之府形象。西湖国际烟花大会是杭州旅游的金名片，也是西博会的重点项目。

2003年10月12日，在新开放的杨公堤景区组织举办了"风雅西湖"大型无我茶会。

2004年初举办中国国内旅游交易会。

● "走出去"促销与新闻宣传

2002年下半年，杭州市政府专门组织了近百人的促销团，由副市长带队到日本、韩国进行大规模、大力度促销宣传。另外，还组团参加法国尼斯博览会、德国柏林国际旅游展，邀请法国望远镜公司来杭州拍摄旅游电视专题片，并在法国主流媒体上播出。与杭州市国际贸促会合作在国际日报、京华中原联合日报、欧洲时报等海外媒体上开辟了杭州旅游宣传片的专栏并进行宣传。

2003年,组织落实了杭州旅游形象广告在日本和香港电视媒体的播出。从2003年7月底推出了以杭州为中心的旅游产品,力推"住在杭州、游在周边"的旅游新概念,并在针对在沪日本人的日语杂志《漫步上海》上推出杭州休闲旅游的广告,吸引驻沪日本人来杭州度假休闲。

2003年9月17日至10月1日,利用在法国的中国文化交流中心举办为期半个月的"杭州旅游文化展",受到法国公众的关注和欢迎,并对法国、德国等欧洲市场进行全面宣传促销,分别在法国的巴黎,德国的柏林、法兰克福等地举办杭州旅游说明会。

- 网络促销

2003年通过招标建立了杭州旅游网(http://www.gotohz.com),以简体中文、繁体中文、日语、韩语以及英文向世界展示杭州。一个功能齐全又符合杭州文脉、地脉的国际化网站,是杭州旅委向世界介绍杭州的最基本步伐。

杭州导游网(http://www.hzforyou.com)是介绍杭州旅游景点、宾馆饭店、旅游信息、导游服务、土特名产、旅行社等的站点。

- 最新宣传口号

"Hangzhou, Living Poetry"(杭州,诗意之旅)。这是2016年1月出炉的杭州旅游英文宣传口号。与之配对出炉的,还有中文宣传口号"最忆是杭州"。这一中一英宣传语被广泛应用于杭州旅游海内外宣传推广中,力求吸引更多世界游客到杭州体验独特的"诗意之旅"。

- "诗画浙江"走进北美展示东方魅力

按照国家旅游局统一安排,浙江省旅游局组团赴北美加拿大、美国两国,参加2018中加旅游年开幕式及"美丽中国"洛杉矶推介会,向当地民众展示丰富多样的浙江旅游资源和产品,并在美国举办了2018浙江旅游(洛杉矶)业界交流会,与洛杉矶旅游业界人士以及当地浙籍华人华侨进行交流洽谈,为拓展美洲旅游市场夯实了基础。

当地时间3月21日晚,2018年"中国—加拿大旅游年"开幕式在加拿大多伦多隆重举行,国务院总理李克强和加拿大总理贾斯廷·特鲁多分别向开幕式致贺词。李克强总理在贺信中指出,2018年"中国—加拿大旅游年"将为双方扩大旅游往来、加强人文交流、深化务实合作带来新的契机。期待双方共同努力,推动两国民众在美好的旅游经历中传播友谊的种子。

在会议期间,加拿大小型企业及旅游部长兼众议院政府领导人楚萱歌、加拿大驻华大使麦家廉亲临浙江省旅游代表团展台,与浙代表团成员亲切交谈。楚萱歌表示,此前曾来过浙江杭州,对杭州的如画风景印象深刻,希望通过中加旅游年,能有更多的加拿大游客将浙江作为旅游目的地,也希望浙江民众能前往加拿大旅行。她还指出,杭州是支付宝的家乡,加方将利用旅游年的契机,增加适合中国游客需求的服务场所和支付宝等便利的消费支付方式,开启两国友好关系的新篇章。

在洛杉矶举办的"美丽中国"洛杉矶推介会首次以京杭大运河为主题,开展一系列推介活动,浙江杭州作为京杭大运河的重要城市,被多次提及并受到广泛关注。在美期间,浙江省旅游局还举办了2018浙江旅游(洛杉矶)业界交流会,浙江代表团与美国旅游业界人士以及当地浙籍华人华侨举行了深入交流洽谈,并全程用英文做了"诗画浙江"和杭州旅游主题推介,全面展示了丰富多样的旅游资源和特色线路。旖旎的秀丽山水,特独的东方魅力,让美国的旅游业者惊叹不已,家乡的巨大变化也让不少参加洽谈的浙籍华侨感动万分。美国旅游推广局副总裁艾伦·伍丁施瓦兹先生指出,整个美国旅游行业非常期待在今年九月能够到杭州参加中美旅游高层论坛第十届峰会,更期待美丽的杭州人间天堂能够给大家带来众多人文和历史美景。

资料来源:崔凤军.旅游宣传促销绩效评估方法与案例.北京:中国旅游出版社,2006.

中国杭州(政府网),http://www.hangzhou.gov.cn/col/col949485/index.html.

浙江旅游电子政务网,http://www.tourzj.gov.cn/play/Default_zixun.aspx.

案例讨论:

结合本案例,说明公共关系在塑造和推广旅游目的地形象方面所发挥的作用。本案例中采用了哪些方式和途径?有何启发?

专业词汇

旅游目的地形象　建设型公共关系　维系型公共关系　进攻型公共关系　矫正型公共关系　防御型公共关系

思考与练习

1. 公共关系在旅游目的地形象塑造中具有哪些功能?
2. 请结合某具体旅游目的地(如某个国家、城市、古镇、景区等)分析其旅游公共关系的构成要素。
3. 旅游目的地形象塑造可以划分为哪几个阶段?每个阶段的主要特征是什么?
4. 在目的地形象创建阶段为什么要采取建设型公共关系策略?举例说明有哪些方法?
5. 在目的地形象维系阶段通常应采取怎样的公共关系策略?说明理由。
6. 在目的地形象危机阶段应采取哪种类型的公共关系策略?举例说明。

参考文献

[1]杜炜.饭店优秀公关案例解析[M].北京:旅游教育出版社,2007.
[2]张岩松等.公共关系案例精选精析[M].北京:经济管理出版社,2000.
[3]林汉川,李觅芳.公共关系案例教程[M].上海:复旦大学出版社,1997.
[4]刘强,彭洪峰.公关经理MBA强化教程[M].北京:中国经济出版社,2002.
[5]中国国际公共关系协会推荐.最佳公共关系案例[M].合肥:安徽人民出版社,2005.
[6]吴建勋,丁华.公共关系案例与分析教程[M].北京:清华大学出版社,2013.
[7]王晓进等.公共关系实务大全[M].北京:北京工业大学出版社,1997.
[8]江明华.企业公共关系实务[M].北京:北京大学出版社,1997.
[9]邢颖.企业实用公共关系学[M].北京:中国商业出版社,1996.
[10]张逌英.公共关系学[M].上海:同济大学出版社,1999.
[11]江林.21世纪企业公共关系构筑[M].北京:中国物资出版社,2002.
[12]王培才,刘瑞军.公共关系[M].北京:中国科学技术出版社,2003.
[13]张岩松.企业公共关系危机管理[M].北京:经济管理出版社,2000.
[14]任仲祥等.营销公共关系学[M].天津:天津大学出版社,1996.
[15]万力.名牌公关策划[M].北京:中国人民大学出版社,1997.
[16]晓燕.公关礼仪[M].南昌:百花洲文艺出版社,1997.
[17]甘朝友等.旅游业公共关系[M].天津:南开大学出版社,1999.
[18]刘代泉等.旅游公共关系[M].重庆:重庆大学出版社,2002.
[19]李祝舜等.旅游公共关系学[M].北京:高等教育出版社,1999.
[20]张国洪.旅游公共关系[M].天津:南开大学出版社,1998.
[21]杨军,陶犁.旅游公关礼仪[M].昆明:云南大学出版社,1996.
[22]王春林.旅游接待礼仪[M].上海:上海人民出版社,2002.
[23]申葆嘉.旅游学原理[M].上海:学林出版社,1999.
[24]杜炜.旅游心理学.第2版.[M].北京:旅游教育出版社,2010.
[25]杜炜,张建梅.导游业务.第2版.[M].北京:高等教育出版社,2006.
[26][美]维克多·密德尔敦.旅游营销学[M].北京:中国旅游出版社,2001.
[27][美]罗伯特·罗雷.管理公共关系学——理论与实践[M].李景泰等译.天

津:南开大学出版社,1990.

[28][美]艾尔·巴比.社会研究方法基础[M].邱泽奇译.北京:华夏出版社,2002.

[29]杜炜,赵雅波.旅游目的地形象塑造中的公共关系策略研究[C].旅游目的地营销与管理论文集.北京:中国旅游出版社,2011.

[30]施懿超.旅游公共关系研究[J].桂林旅游高等专科学校学报(旅游学科建设与旅游教育增刊),1999(10).

[31]卢山冰.公共关系理论发展百年综述[J].西北大学学报(哲学社会科学版),2003(2).

[32]张香兰.企业公关危机的成因探析[J].经济师,2000(1).

[33]张岩松.论企业公关危机管理模式[N].大连理工大学学报,2002(12).

[34]李九全,李开宇,张艳芳.旅游危机事件与旅游业危机管理[J].人文地理,2003(12).

[35]中国公共关系网.www.chinapr.com.cn.

[36]李蕾蕾.旅游地形象策划:理论与实务[M].广州:广东旅游出版社,1999.

[37]中国公共关系网.www.chinapr.com.cn.

后 记

《旅游业公共关系理论与实务》自2005年出版以来已历经13年。随着国民经济的发展、网络技术的普及、人们意识观念的变化以及我国旅游业的迅猛发展,旅游业公共关系也在发生着变化。事实进一步表明,公共关系在旅游业的发展中发挥着重要作用。公共关系既是一种重要的战略意识,又是不可或缺的管理手段。值得欣慰的是,在我国开设旅游专业的高校中,大都开设了旅游公共关系的课程,很多学校将其列为专业主干课程和特色课程。

旅游公共关系学主要研究在旅游经营管理活动中,旅游业整体以及旅游业各类组织如何针对旅游业和旅游活动的特点,运用公共关系的相关理论和方法,实现为旅游业整体及旅游组织塑造形象、营造环境、协调关系的目标。

本教材力求理论与实践并重。一方面对旅游公共关系的理论问题进行比较详尽的阐述,以利于学生打好理论功底,另一方面也以一定的篇幅介绍旅游公关的操作方法和技巧,以加强其应用性。本书注重公共关系理论基础和引进新知识、新方法,突出旅游业公关的针对性和特色。第3版主要是在第2版的基础上增加了第十章的内容。该章阐述了公共关系在旅游目的地形象塑造和推广过程中发挥的作用和途径。随着我国旅游业的发展进入一个新的阶段,旅游目的地形象塑造和推广越发显示出它的价值。公共关系策略是培育旅游客源市场的有效途径;保持目的地与客源地良好的公共关系是稳定客源市场的重要保证;积极展开公共关系专题活动是激发客源市场活力的必要手段。

第3版保留了教材的原有结构和风格。每章开始有本章导读;文中提供经典案例和讨论题,便于师生更好地展开案例教学,开阔视野,启发思考,为理论联系实际提供丰富的资源;最后提供专业词汇和思考与练习。

衷心地感谢旅游教育出版社一直以来的大力支持;感谢本书参考文献的作者,他们的观点和材料对本书的写作给予了很大的启发;感谢所有案例的作者,是他们的热心帮助使本教材拥有如此丰富的案例资源;感谢曾积极参与案例搜集整理工作的赵雅波、褚真真和张洁。

　　最后,衷心地感谢广大读者,真诚地希望继续得到您的支持和帮助,对于本书的不足之处,敬请您提出宝贵意见。

杜　炜
2018 年 4 月
于南开大学旅游与服务学院